Research on
West African Development
(2017-2020)

西非发展研究
(2017-2020)

赵蜀蓉 主编

中国社会科学出版社

图书在版编目（CIP）数据

西非发展研究：2017—2020／赵蜀蓉主编．—北京：中国社会科学出版社，2022.5

（电子科技大学西非研究系列丛书）

ISBN 978-7-5203-7808-6

Ⅰ.①西… Ⅱ.①赵… Ⅲ.①社会发展—研究—西非—2017—2020　Ⅳ.①D743.069

中国版本图书馆 CIP 数据核字（2022）第 009204 号

出 版 人	赵剑英
策划编辑	周　佳
责任编辑	张冰洁
责任校对	韩天炜
责任印制	王　超

出　　版	中国社会科学出版社
社　　址	北京鼓楼西大街甲 158 号
邮　　编	100720
网　　址	http://www.csspw.cn
发 行 部	010-84083685
门 市 部	010-84029450
经　　销	新华书店及其他书店
印　　刷	北京明恒达印务有限公司
装　　订	廊坊市广阳区广增装订厂
版　　次	2022 年 5 月第 1 版
印　　次	2022 年 5 月第 1 次印刷
开　　本	710×1000　1/16
印　　张	15.25
插　　页	2
字　　数	248 千字
定　　价	86.00 元

凡购买中国社会科学出版社图书，如有质量问题请与本社营销中心联系调换
电话：010-84083683
版权所有　侵权必究

序　言

"今天，全世界都在关注非洲。所有种族的人都把注意力转向了那片广袤的大陆，而非洲人开始问自己一个尖锐的问题——我怎么了？这种兴趣是如此生动、强烈和突然，以至于人们倾向于对它可能预示的事情保持警惕。它激发了非洲年轻人想象中的邪恶和善良……白人世界越来越意识到自己在经济上对非洲的依赖，而当经济状况和没有肤色界限的法律无情地拥抱我们时，将我们团结在一起的纽带将更加紧密。"

这段话对我们了解非洲很有启示，它揭示了世界（特别是白人世界）与非洲的关系。

然而，以上这段话是谁说的？什么时候说的？

我们怎么也想不到，这段话是一位黄金海岸（今加纳）的知识分子——格拉夫特·约翰逊（J. W. de Graft Johnson）在 1929 年说的。他的著作《西非国家地位之望：年轻的非洲所思对年轻的英国所言》（Towards Nationhood in West Africa: Thoughts of Young Africa Addressed to Young Britain）表达了一位西非民族主义知识分子对非洲前途的思考。

西非包括毛里塔尼亚、塞内加尔、冈比亚、马里、布基纳法索、几内亚、几内亚比绍、佛得角、塞拉利昂、利比里亚、科特迪瓦、加纳、多哥、贝宁、尼日尔和尼日利亚，以及西撒哈拉和加那利群岛（西班牙属地）。[①] 这里地理环境优越，物产丰富，河流、湖泊、海湾、港口，应

---

① 有的学者将毛里塔尼亚划入北非。"阿拉伯撒哈拉民主共和国"于 1976 年 2 月 27 日宣布成立。目前，阿尔及利亚和毛里塔尼亚均承认西撒哈拉的独立地位，摩洛哥认为西撒哈拉是自己领土的一部分。1984 年，"阿拉伯撒哈拉民主共和国"首次作为非洲统一组织成员出席第 20 届非统首脑会议，摩洛哥为此退出非洲统一组织（2018 年又申请加入非洲联盟并获同意）。中国政府目前未承认"阿拉伯撒哈拉民主共和国"。

有尽有。西非历史上产生了无数英雄豪杰，近代以来也养育了诸多具有远见卓识的民族知识分子。他们为非洲的光明前途而生，为非洲的平等自由而战，最终赢得了民族主义运动的胜利，获得国家独立。对这样一块历史悠久、传统优秀和人杰地灵的土地，国内却一直没有人专门研究。

电子科技大学西非研究中心于 2017 年 4 月成立。在公共管理学院教授赵蜀蓉的领导下，中心聚集各方面资源，积极开展西非国别和区域问题研究，努力打造集人才培养基地、学术交流平台、西非研究智库为一体的中非合作研究新模式，旨在促进中国与西非国家在政治、经济、科技、文化和教育等领域广泛合作与交流。电子科技大学西非研究中心自成立以来，硕果累累，已产生重要影响，主要表现在以下方面。

第一，中心创始成员的独特性与多元性。西非研究中心是由电子科技大学与加纳大学、加纳海岸角大学、加纳行政管理学院、加纳教育大学和加纳发展大学共同筹建的联合研究中心。这在国内尚属首例。此外，中心还吸收了德高望重的前外交官、正在西非国家打拼的年富力强的企业家、高校的老师以及正在攻读学位的非洲年轻学者。2021 年 3 月，中心入选教育部高校国别和区域研究备案中心。

第二，中心自成立以来，发表了大量的合作研究成果。2017—2020 年，以电子科技大学西非研究中心为作者单位发表的 SCI/SSCI 期刊论文共计 40 余篇，其中不少用英文发表，主要聚焦加纳、尼日尼亚、贝宁和塞内加尔等西非国家。这些成果中既有对西非地区相关问题的研究，如公共管理、经济、政治与社会治理等领域的热点与重点问题，也有对中非关系的研究，还有关于中国脱贫及发展经验对非洲启迪的研究。中心还与环球网合作创立了"西非漫谈"栏目，从 2019 年 12 月 23 日栏目创立以来，至今已发表有关非洲（特别是西非政治、经济、社会、历史、文化、教育、旅游以及中非合作等）方面的文章 40 余篇。有的文章题目新颖，如《科特迪瓦旅游业展望》（2020 年第 15 期，总第 16 期）；有的切合实际，如《贝宁高等教育助推减贫：如何借鉴中国经验》（2020 年第 19 期，总第 20 期）；有的专题明确，如《利比里亚的教育制度》（2021 年第 17 期，总第 42 期）等。

第三，与一些研究中心专注于学术研究或仅以发表学术论文为目的的不同，西非研究中心结合国家发展战略，注重学术研究与地方需求相结合、学术活动与增进中非友谊相结合，从事相关的实用性研究并促进与非洲留学生的互动。西非研究中心从各方面配合中非关系的健康发展，承担了有关本地区与非洲对接的研究报告，如《四川省网信企业进入非洲大陆自由贸易区研究》，探索适合四川省不同类型网信企业进入非洲市场的模式与实施路径。为了鼓励非洲留学生发现中国、关注中国，西非研究中心从2020年起开始举办"我眼中的中国——发展与变化"征文比赛。目前已举办两届，受到非洲留学生的热烈欢迎。新冠疫情以来，中心还专门设立了"西非漫谈——抗击疫情专稿"栏目，记录抗击疫情的对策和经验，如由首任中国驻非洲联盟大使旷伟霖执笔的《中非团结一致、共同抗击新冠病毒的一年》（专稿第11期，总第25期）。

第四，关于不同非洲国家的历史、文化、制度、发展等方面的文章，或是单独由非洲国家的学者完成，或是由非洲国家和中国学者合作撰写。如2000年10月发表在《国际金融与经济学杂志》（*International Journal of Finance & Economics*）上的《加纳研究新视角：金融与增长的相互联结》（"Finance-Growth Nexus: New Insight from Ghana"）由非洲学者（Appiah-Otoo Isaac）和中国学者（Song Na）合作完成，《贝宁人眼中的孔子学院：一所特殊的学院》由电子科技大学西非研究中心助理研究员、贝宁国立大学的吉尤姆·穆穆尼撰写，《加纳传统政治制度溯源——酋长制》由电子科技大学经济与管理学院的加纳留学生 Enoch Amoah 完成。还有一些当地华侨的亲身感悟，如长期在加纳创业的电子科技大学校友、加纳中华工商总会会长兼西非研究中心顾问委员会委员唐宏撰写的《非洲大陆自由贸易区成立对非洲及加纳影响的几点思考》等文章。

《西非发展研究（2017—2020）》是由电子科技大学西非研究中心组织编撰、以西非问题为研究对象的学术集刊，也是西非研究的资料性文献。集刊不仅收集了西非研究中心的研究成果，汇总了国内有关西非研究的论文信息，还有大事记和相关研究资料，为研究西非提供了全面的信息。我相信，随着集刊的出版和逐渐完善，中国的西非研究将更上一层楼。

古人曰："未出土时先有节，便凌云去也无心。"

我对电子科技大学西非研究中心的未来充满信心。

李安山

2021年9月

自　序

电子科技大学西非研究中心成立于 2017 年 4 月，是由电子科技大学与加纳大学、加纳海岸角大学、加纳行政管理学院、加纳教育大学和加纳发展大学共同筹建的联合研究中心。2021 年 3 月，中心入选教育部高校国别和区域研究备案中心。

中心以加纳、尼日利亚、贝宁等西非国家和西非地区为重点研究对象，开展西非国别和区域问题研究，打造集人才培养基地、学术交流平台、西非研究智库为一体的"1+1+1"中非合作研究新模式，旨在促进中国与西非国家在政治、经济、科技、文化和教育等领域广泛合作与交流。

《西非发展研究（2017—2020）》是由电子科技大学西非研究中心组织编撰、以西非问题为研究对象的学术集刊，也是西非研究的资料性文献。《西非发展研究（2017—2020）》属首卷，汇编了 2017—2020 年国内外有关西非发展的研究，其宗旨是全面、客观地展示西非研究的智慧产出和西非研究中心四年的成果。西非发展研究首卷出版后，中心将以年度报告的行式呈现有关西非研究的国内外重要学术成果与热点动态。

首卷《西非发展研究（2017—2020）》由"电子科技大学西非研究中心成果"（第一篇）、"西非研究文献选介"（第二篇）和"西非大事记"（第三篇）构成。第一篇"电子科技大学西非研究中心成果"包括中心 2017—2020 年智库建设与学术交流成果。中心在智库建设中，坚持服务好国家对非战略和"一带一路"倡议，成果以论文（SCI/SSCI 论文、CSSCI 论文与论文集论文 CPCI）、专著和研究报告形式呈现。2017—2020年，以电子科技大学西非研究中心为作者单位发表的论文有 100 余篇。本书首先选取了 9 篇代表性 SCI/SSCI 论文、9 篇 CSSCI 论文和 5 篇 CPCI 论

自 序

文，既全面客观地展示了中心的研究成果，又突出中心在西非研究领域的专业性；其次梳理西非研究专著 5 部，即《电子科技大学西非研究系列丛书》专著 3 部、《中国脱贫攻坚调研报告——黔东南州岑巩篇》与《全球背景下的中国与非洲：相遇、政策、合作与移民》；最后选取《"一带一路"倡议下四川企业"走进非洲"的国际产能合作风险与应对策略》《四川省网信企业进入非洲大陆自由贸易区研究》两份报告，以期呈现中心在西非研究领域的相关成果。中心在推进中非学术交流中，坚持中非学术与文化交流互鉴，通过国际会议和学术讲座打造西非论坛与西非研究系列讲座品牌。学术交流成果首先介绍了中心依托"中国西部海外高新科技人才洽谈会"和"公共管理国际会议"等平台举办的"西非经济与社会发展"高水平学术会议 4 场。其次通过"成电讲坛"打造西非研究系列讲座，2017—2020 年开设西非研究系列讲座共计 13 场。本书选取了以中非关系、非洲历史与文化等为主题的 4 场专题讲座进行整理与回顾。最后通过在环球网开设"西非漫谈"专栏，定期发表有关西非国家（但不局限于西非国家）的文章，以促进对西非问题的研究与讨论。2019 年 12 月上线至 2020 年，中心共计发表文章 41 篇，本书收录的"西非漫谈"专栏文章共计 23 篇。

第二篇"西非研究文献选介"由"西非研究论文选介"和"西非研究专著选介"两部分组成，聚焦中国关于西非研究的学术动态，注重学术性和创新性。在突出重点和热点研究领域的基础上，本书选取梳理了 2017—2020 年有关西非国家与地区政治、经济、文化和民族等问题的国内外重要研究成果。

第三篇"西非大事记"，梳理了西非国家与地区 2017—2020 年的时政热点和社会动态，按年份整理西非国家与地区的 47 条大事记，以期为西非研究的机构、学者、实践者提供有效资讯。

《西非发展研究（2017—2020）》的编撰得到国内外中非研究学者与研究机构的大力支持。本书引用了大量国内外的相关书籍和资料，仅作学习交流之用，不作商业用途，在此对编撰时引用观点的作者与出版社表示衷心的感谢。同时，感谢电子科技大学公共管理学院匡亚林和任洋两位博士研究生对本书的编辑，感谢西非研究中心团队成员沈锐陈、邹涛、林敏和李振岩等老师的辛勤付出，特别感谢中心学生团队成员刘沁雨、孟雅琪、郑舒意、张苑、张海琳、王昆莉和杜莹等对资料的收集与整理。本书的编撰与出版离不开"电子科技大学 2021 年哲学社会科学繁荣发展计划"（项目编号：Y03021299900402）的大力支持与资助。

2017—2020 年是西非研究中心不断成长的四年，也是中国—西非研究不断进步的几年，我们尽力在首卷《西非研究发展（2017—2020）》中总结中心的研究成果和动态，反映这四年有关中国—西非研究的学术性文献。由于收集材料、数据的渠道和方法的限制，以及人力和精力的有限，梳理过程中难免存在不足或疏漏之处，敬请专家和读者们批评指正。

赵蜀蓉

2021 年 8 月 8 日

目 录

第一篇 电子科技大学西非研究中心成果

第一章 西非研究论文 (3)
一 SCI/SSCI 论文 (3)
二 CSSCI 论文 (16)
三 《2017 公共管理国际会议（第十二届）暨西非研究论坛（第一届）论文集》论文 (28)

第二章 西非研究专著 (38)
一 《电子科技大学西非研究系列丛书》 (38)
二 《中国脱贫攻坚调研报告——黔东南州岑巩篇》 (48)
三 《全球背景下的中国与非洲：相遇、政策、合作与移民》 (58)

第三章 西非研究报告 (63)
一 "一带一路"倡议下四川企业"走进非洲"的国际产能合作风险与应对策略 (63)
二 四川省网信企业进入非洲大陆自由贸易区研究 (69)

第四章 学术交流成果 (72)
一 西非论坛 (72)
二 "成电讲坛"之西非研究系列讲座 (79)
三 环球网"西非漫谈"专栏 (84)

目 录

第二篇　西非研究文献选介

第五章　西非研究论文选介 ……………………………………（167）
　　一　尼日利亚 ………………………………………………（167）
　　二　几内亚共和国 …………………………………………（188）
　　三　加纳共和国 ……………………………………………（197）
　　四　利比里亚共和国 ………………………………………（200）
　　五　塞内加尔共和国 ………………………………………（205）
　　六　尼日尔共和国 …………………………………………（209）
　　七　马里共和国 ……………………………………………（211）

第六章　西非研究专著选介 ……………………………………（214）

第三篇　西非大事记

2017 年大事记 ……………………………………………………（219）
2018 年大事记 ……………………………………………………（221）
2019 年大事记 ……………………………………………………（224）
2020 年大事记 ……………………………………………………（227）

附录　电子科技大学西非研究中心介绍 …………………………（231）

第 一 篇

电子科技大学
西非研究中心成果

第一章

西非研究论文

一 SCI/SSCI 论文

2017—2020 年，以电子科技大学西非研究中心为作者单位发表的 SCI/SSCI 期刊论文共计 40 余篇，主要聚焦加纳、尼日利亚、贝宁和塞内加尔等西非国家。本部分选取了以加纳、尼日利亚和西非地区为研究对象的 9 篇代表性文献进行梳理，研究内容包括经济学、管理学和环境保护等领域的热点与重点问题。

（一）加纳研究论文

1. Finance-Growth Nexus: New Insight from Ghana[*]

Main Points

Attaining high and sustainable economic growth remains paramount to policymakers given the benefits of high economic growth such as the increase in investment, employment, improvement in household consumption and welfare,

---

[*] 本文作者 Appiah-Otoo Isaac 和 Song Na，刊于 *International Journal of Finance & Economics*，2020。

and poverty reduction. This necessitates knowing the drivers of economic growth. Undoubtedly, financial development plays an essential role in the economic development of a country by transferring funds from the surplus to deficit units, bringing borrowers and lenders together, reducing the problems of risks associated with the transfer of funds, and by providing monitoring and corporate governance services. However, empirical studies on the finance-growth nexus remain ambiguous. Also, most of the empirical studies on finance-growth have focused on a panel or cross-sectional data with fewer country-specific studies.

This study re-examined the finance-growth nexus using Ghana as a case study. Specifically, the study addressed these four important questions: (1) What are the short and long-run effects of financial development on Ghana's economic growth? (2) Does financial development Granger-cause Ghana's economic growth? (3) What are the effects of shocks to financial development on Ghana's economic growth? (4) In what ways can financial development promote Ghana's economic growth?

To address the first question, the study used 12 different indicators of financial development further classified into banks (measured by broad money supply, domestic credit provided by the financial sector, domestic credit to the private sector, bank deposit to GDP, liquid liabilities to GDP, deposit money banks assets to GDP, and deposit money bank assets to deposit money bank assets and central bank assets), stocks (measured by stock market capitalization to GDP, stock market turnover ratio of domestic shares, and the number of listed companies), and insurance (measured by life insurance premium volume to GDP, and non-life insurance premium volume to GDP). The study further developed a comprehensive financial development index from the 12 different indicators of financial development using the principal component analysis. We addressed the first question using the Autoregressive Distributed Lag (ARDL) and the Fully Modified Ordinary Least Squares (FMOLS) techniques. The findings showed that broad money supply, domestic credit provided by the financial sector, domestic credit to the private sector, bank deposit to GDP, liquid liabilities to GDP, deposit money banks assets to GDP, non-life insurance premium volume to GDP, stock market capitalization to GDP, and the number of listed companies have a statistically significant negative effect on Ghana's economic growth in the long-run. The composite index of financial development was also found to have a statistically significant negative effect on Ghana's economic growth. In the short-run, the study established that broad money supply, domestic credit provided by the financial sector, domestic credit to the private sector, bank deposit to GDP, liquid liabilities to GDP, stock market capitalization to GDP, and the number of listed companies have a statistically significant negative effect on Ghana's economic growth.

To address the second question, we hypothesized: (1) financial development Granger-causes economic growth. (2) economic growth Granger-causes financial development. (3) financial development Granger-causes economic growth and vice-versa. (4) there is no evidence of causality between financial development and economic growth. We used the vectorauto-regressive (VAR) Granger causality technique to test our hypotheses and our results showed that there is no evidence of causality between broad money supply, domestic credit provided by the financial sector, bank deposit to GDP, deposit money banks assets to GDP, non-life insurance premium volume to GDP, stock market capitalization to GDP, stock market turnover ratio of domestic shares, the number of listed companies and economic growth, whilst there exists the uni-directional causality running from economic growth to domestic credit provided by the financial sector, liquid liabilities to GDP, and life insurance premium volume to GDP. We also established no evidence of causality between the composite index of financial development and Ghana's economic growth to support the underdeveloped financial sector.

The study further employed the generalized impulse response function based on the VAR model to examine the impact of shocks to financial development on Ghana's economic growth and found that shocks to domestic credit provided by the financial sector, domestic credit to the private sector, and deposit money banks' assets to GDP harms Ghana's economic growth.

Our findings advance the finance-growth literature in the following ways. First, this study examined the influence of banks, stocks, and insurance on economic growth in a single study. Also, this study developed a comprehensive financial development index from banks, stocks, and insurance. Moreover, this study examined the causality analysis between financial development and economic growth using the VAR model. Finally, this study examined the impact of shocks to financial development on economic growth.

The findings of this study offer important practical implications for policymakers. The findings of this study suggest the imperative for policymakers to support the financial sector by injecting liquidity during these distress times.

2. Regional Efficiency Disparities in Rural and Community Banks in Ghana: A Data Envelopment Analysis*

Main Points

Determining the level of performance of a financial institution is crucial to the success of national economies. One such crucial measure is the efficiency of the financial institution in the transfer of funds to fund investments. The efficiency with which such transfers are done plays a key role in the realization of the dream of financing investment towards economic growth and development.

This study aimed to gauge the level of technical efficiency (TE), scale efficiency (SE), and pure technical efficiency (PTE) of Rural and Commercial Banks (RCBs) in Ghana. The study further sought to undertake a regional analysis of these levels of efficiency since it is expected that RCBs could be facing regional specific risks that affect their performance and hence their efficiency.

To do this, the study accessed existing data from balance sheets of the Ghanaian RCBs over a 4-year period, resulting with 528 balanced panel observations for the analysis. In analyzing the data, the research adopted a two stage procedure. The first part aimed at understanding the pattern and trend of effi-

---

* 本文作者 Joy Say, Hongjiang Zhao 和 Francisca Sena Agbenyegah 等，刊于 *Journal of Psychology in Africa*, Vol. 30, No. 2, 2020, pp. 249 – 256。

ciency scores of the RCBs and hence an input oriented DEA was employed to generate the efficiency scores. The study employed the BCC model with Variable Returns to Scale (VRS) to achieve this aim. Following the generation of the efficiency scores, tables and graphs were used to derive the patterns and trends. The second phase of the analysis was to understand if regional differences existed in the efficiency of the RCBs studied. For the study to attain this end, it undertook an analysis of variance (ANOVA).

The study found that, most of the RCBs studied were inefficient in all three efficiency domains over the period. The study further found that a lot of the banks are having more PTE than are SE over the period and this finding suggests that while RBCs are not using their size to their full advantage, comparatively, managers are taking the best decisions. The small number of efficient rural banks can be alluded to the fact that the setup of rural banks may create some monopolistic power due to the geographical demarcations.

Regarding the regional discrepancies, the study found that the Ashanti, Central, Greater Accra and Brong Ahafo regions are the regions with the most efficient RCBs. Also the regions with the lowest rural population per rural bank recorded the most efficient number of RBCs each year in exception of 2017 where Volta region recorded same number as the Central region to come joint second after Ashanti region. The study also found that there are statistically significant differences in the efficiency of the RBCs based on regions. In all three domains of efficiency (TE, PTE and SE), the study concludes on significant differences in performance.

Based on the findings of the study, efficiencies in banking services need to address the uniqueness of each region. For instance, asset selection policies should be enacted and tailor made to ameliorate the specific risks of each region in the bid to prevent the banks from selecting too many bad assets. With a lot of businesses in the rural areas being small to medium scale, the importance of RCBs as a financing source for these businesses cannot be overemphasized. To build more efficient and sustainable RCBs, training is very important especially given the low levels of financial education in developing countries.

3. Empowerment, Passion and Job Performance: Implications from Ghana[*]

Main Points

Drawing upon the "too-much-of-a-good-thing" (TMGT) effect and conservation of resources (COR) theory, the overall purpose of this paper is to examine the mediation mechanism between empowering leadership and employee job performance. Specifically, the authors propose a curvilinear relationship between empowering leadership and job performance, and also suggest that employee harmonious and obsessive work passions mediate the curvilinear relationship between empowering leadership and job performance. Further the moderation role of collectivism orientation (CO) in the relationship between empowering leadership and job performance is also examined.

Questionnaires are used to obtain survey data from 256 supervisor-subordinate dyads in three companies in the communication sector of Ghana. A follow-up interview was also conducted to enhance explanation of research findings. Hierarchical regression analysis is used to analyze the associations among the variables.

To appreciate findings in a better way survey results were integrated with the follow-up interviews results for discussion. First, the empirical results supported the proposition that empowering leadership has a significant curvilinear relationship with subordinate job performance. This finding was inconformity with Lee's results where they used the TMGT effect to test a curvilinear relationship between empowering leadership and task performance. The interview results confirmed the survey results by revealing that the unit supervisors of the firms were flexible in their dealings with subordinates. Second, the empirical results supported the anticipation that harmonious and obsessive work passions mediate the

---

[*] 本文作者 William Ansah Appientije 和 Lu Chen, 刊于 *International Journal of Manpower*, Vol. 41, No. 2, 2019, pp. 132–151。

relationship between empowering leadership and job performance. Third, empirical data analysis did not demonstrate significant moderation effect of CO in the curvilinear relationship between empowering leadership and subordinates job performance.

These research results seem to be contrary to the traditional Ghanaian and the entire African values. Traditionally the African and likewise the Ghanaian is collectivist in nature, and place higher emphasis on group goal as against individual ambitions. Traditionally, the Ghanaian would therefore not want to be empowered but will prefer to follow orders from their leaders. Interestingly, the recent rapid development of modern economic systems has necessitated the learning of western management styles. The cultural orientations of new generations have been altered. Subordinates now require individual ambitions, independence, autonomy and equality through leader empowerment.

4. Zero-Coupon and Forward Yield Curves for Government of Ghana Bonds[*]

Main Points

This article seeks to provide a framework for modeling daily zero-coupon yield curve for Government of Ghana bonds based on secondary market daily trades. It also proposes method for modeling the forward yield curve. The current practice in Ghana is to produce yield curve for Government of Ghana bonds based on primary market weekly auctions. This article demonstrates the extraction and fitting of secondary market daily yield curves for Government of Ghana bonds, using bootstrapping and piecewise cubic hermite interpolation. The article also compares the piecewise cubic hermite method with the piecewise cubic spline method, the Nelson-Siegel-Svensson model, and the penalized smoothing spline method.

The results show that the Hermite zero-coupon and par curves are very sim-

---

[*] 本文作者 Victor Curtis Lartey 和 Yao Li，刊于 *Sage Open*, Vol. 8, No. 3, 2018, pp. 1–15。

ilar and they fit into the BoG auction yields better, compared to the curves produced using the other methods. In terms of forward curves, the results also show that the Hermite method can produce good curves or even better curves than the other methods we consider in the article. In terms of yield curve shape, the results of this article show that the GoG yield curve is largely humped, that is, the mediumterm maturity yields are mostly higher than the short-term and the long-term maturity yields. Both the market segmentation and the preferred habitat theories strongly support the shape of the Ghanaian benchmark yield curves. We therefore recommend that the Hermite method is adopted for fitting the zero-coupon yield curve for GoG bonds. Per our results, the closest curve to the Hermite method (and hence the immediate alternative) is the NSS method. We however do not recommend the Cubic Spline method because it does not fit the curves well into the Ghanaian bond data. We also do not recommend the VRP method because it seems to produce curves high above the NSS curves, the Hermite curves, and the observed auction yields.

5. An Empirical Examination of the Influencers of Pre-mature Decline of African Clusters: Evidence from the Textile Clusters in Ghana*

Main Points

Comparatively, industry clusters in Africa have retrogressed over the years while their counterparts in Asia, Europe and America serve as engines for innovation and economic development. The textile industry cluster in most African economies has been threatened and is negatively affecting productivity, employment and revenue generation. Their survival, growth and sustainability are critical because of the sector's contribution to national development.

In this article we investigate the role factors such as stakeholder relation a-

---

* 本文作者 Lydia Asare-Kyire, He Zheng 和 Ackah Owusu, 刊于 *South African Journal of Business Management*, Vol. 50, No. 1, 2019, pp. 1 – 13。

mong actors in the textile ecosystem, influence of supply chain networks, third-party pressures and technological changes affected the development of textile clusters in Ghana and how the country can rebuild the clusters. Using partial least-square structural equation modeling technique, we tested theoretical hypotheses using survey data from firms in the industrial enclave of Ghana.

The findings from the study acknowledges a sharp decline in the productivity and performance of firms in various industrial sectors especially the textile cluster. The influx of copycat products coupled with the firm's inability to adapt to changing production technology have been a key influencer in the deteriorating state of the textile industries. Again, gaps in stakeholder interactions and underutilised supply chain networks create bottlenecks that hinder the competitiveness and performance of these enterprises.

On the contrary, findings from our study suggest external pressure from donors, multinationals and political influencers do not affect the performance and competitiveness of the textile sector as suggested by previous studies. Resuscitating the industry sector requires deliberate effort to improve coordination, information and technology sharing between key actors.

6. Does a Paternalistic Leader Facilitate Voice and Creative Performance? Evidence from Ghana[*]

Main Points

Drawing upon the conservation of resource theory and leadership contingency model, this study investigated how and when employee voice under three paternalistic leadership dimensions of benevolence, morality, and authoritarianism relates to creativity. The sample included matched survey responses obtained from 82 leaders and 324 subordinates from manufacturing companies in Ghana. we draw the following conclusions: (1) benevolent leadership enhanced

---

[*] 本文作者 Lu Chen 和 William Ansah Appienti, 刊于 *Journal of Psychology in Africa*, Vol. 30, No. 6, 2020, pp. 507 – 519。

creativity, while authoritarian leadership stifled creativity; (2) Promotive voice demonstrated a relevant mediation between benevolent/authoritarian leadership and employee creativity rather than moral leadership, while prohibitive voice reduced employee creativity; (3) power distance orientation, rather than prohibitive voice, moderated the relationship between benevolent and authoritarian leadership on promotive voice.

Our findings provide evidence that paternalistic leadership is an effective leadership style in Ghana and can produce paradoxical effects on employee creativity, both to enhance and stifle employee creativity. In line with previous studies, we found that benevolent leaders tend to exhibit individualised and holistic concern for subordinates' personal or familial wellbeing beyond the work relationship. This might be because benevolent leaders tend to increase subordinates' job resources and creative motivation. As would be expected under authoritarian leadership, the subordinates perceive a lack of job resources related to low self-esteem, which may dampen their creative inspiration. This is consistent with prior research asserting that both positive and adverse leadership styles can greatly affect creative outcomes.

Our results also show that moral leadership, the positive side of paternalistic leadership, does not increase subordinates' creative abilities, which is contradictory to the findings in the Chinese context. The reasons for this incongruous finding are not apparent. Nonetheless, our findings highlight the potential for paternalistic leadership as a resource in collectivist culture.

7. The Mediation Effect of Ethical Leadership and Creative Performance: A Social Information Processing Perspective (Evidence from Ghana) *

Main Points

Drawing upon social information processing theory, the study examined

---

* 本文作者为 Lu Chen, 刊于 *Journal of Creative Behavior*, Vol. 55, No. 1, 2021, pp. 241–254。

how ethical leadership shapes creative performance. Specifically, the author tested a theoretical model integrating the sequential roles of psychological safety and creative self-efficacy. A two-waved sample of 512 supervisor-subordinate dyads from frontline employees of three service industries located in Ghana was administered. The results of the hierarchical linear modeling analysis revealed that there is a positive relationship between ethical leadership and creative performance and that psychological safety positively and significantly mediates the relationship between ethical leadership and creative performance. Similarly, creative self-efficacy significantly and positively mediates the relationship between ethical leadership and creative performance. Moreover, both psychological safety and creative self-efficacy sequentially mediate the relationship between ethical leadership and creative performance. The author discusses the implications of these results for research and practice.

（二）西非其他地区研究论文

1. West Africa's CO_2 Emissions: Investigating the Economic Indicators, Forecasting, and Proposing Pathways to Reduce Carbon Emission Levels[*]

Main Points

First, the study examined the nexus between carbon emissions and economic growth for West Africa within the EKC hypothesis and the STIRPAT model framework through a spatial panel data regression estimates. As most papers investigating the nexus between carbon emissions and economic growth employ conventional econometric approaches, the spatial econometric technique has never been utilized in exploring the relationship between carbon emissions and economic growth for West Africa. The results obtained suggest that the relation-

---

[*] 本文作者 Bismark Ameyaw、Yao Li、Augustine Annan 和 Joy Korang Agyeman 等，刊于 *Environmental Science and Pollution Research*，Vol. 27，No. 12，2020。

ship between carbon emissions and economic growth shows an inverse N-shaped curve different from classical U-shaped EKC curves in West Africa. Based on the N-shaped EKC result obtained, we suggest policy implications based on our findings to mitigate West Africa's carbon emissions. Instead of implementing strategic policies favoring the EKC hypothesis, it is imperative for Governments' in each country in West Africa to propose strategies that reduce carbon emissions. If policies aimed at mitigating carbon emissions are not carefully implemented, future emissions will continue to surge to the point that massive investments will be required for mitigation purposes and processes. Also, if each country in West Africa fails to draft strict environmental regulations that drive firms emitting harmful toxins out of business, the West African economy will be heavily polluted in the coming decades. Adopting and utilizing renewable energy sources technologies in producing clean energy is required if each West African country hopes to reduce carbon emissions to a considerable level.

Second, we formulated the RNN-BiLSTM algorithm network to forecast carbon emissions for each country in West Africa. The upward trend in the results obtained depicted grave concerns for each member state climate action targets. Based on the predicted results, if investments in clean energy, cap-and-trade intensification, and new approaches to technological innovations aimed at promoting renewable energies are not instituted, each country in West Africa stands a risk of not meeting their INDCs by the year 2030. Against this backdrop, we further proposed carbon emissions mitigation pathways for each West African country to follow towards building a more-greener economy. Such data-driven mitigation pathways cannot be achieved if countries fail to implement policies that attract investments in promoting low carbon usage.

2. Zero-Coupon, Forward, and Par Yield Curves for the Nigerian Bond Market[*]

Main Points

The Nigerian bond market is currently one of the most liquid in sub-Saharan Africa. Many African countries regard it as a model from which to learn and based on which to develop their respective bond markets. The developments achieved in the Nigerian bond market are of particular interest to both investors and fixed income analysts—both domestic and international. One of the important tools required for fixed income analysis, pricing, and trading is the yield curve. To the best of our knowledge, even though the Nigerian bond market has a secondary market yield curve, the yield curve is a yield-to-maturity curve, and not zero-coupon yield curve.

The purpose of this study is to model the zero-coupon, par, and forward yield curves for the Nigerian bond market. We use various methods such as the piecewise cubic Hermite method, the piecewise cubic spline method (with not-a-knot end condition), the Nelson-Siegel-Svensson method, and the variable roughness penalty method. Data are obtained from the FMDQ OTC website.

The results show that the piecewise cubic Hermite method is very suitable for producing the Nigerian par and zero-coupon yield curves. Our best recommended method for producing the Nigerian zero-coupon yield curve is therefore the piecewise cubic Hermite method, followed by the Nelson-Siegel-Svensson method. For the forward yield curve, the results show that the best method is the Nelson-Siegel-Svensson method, followed by the variable roughness penalty method. The results show that the modeled Hermite par curve fits into the observed YTM (Yield to Maturity) curve very well. On the contrary, the spline par curve does not fit very well into the observed YTM (compared with the way

---

[*] 本文作者 Victor Curtis Lartey, Yao Li, Hannah Darkoa Lartey 和 Eric Kofi Boadi, 刊于 *Sage Open*, Vol. 9, No. 4, 2019, pp. 1 – 14。

the Hermite curve does), at the short ends of the curve. This is consistent with the assertion that the Hermite method is a better choice for fitting the yield curve, compared with the spline method. The results also show that the YTM may be used in the market to play the role of the par yield curve (because par yield is virtually YTM that is equal to coupon rate or YTM of on-the-run bonds), but cannot be used to play the role of zero-coupon yield curve. Therefore, besides the YTM (whether for on the-run or off-the-run bonds), the market also needs a zero-coupon yield curve. For the forward yield curve, we do not recommend the use of the Hermite method nor the cubic spline method, as both have the tendency of producing negative yields (even though the Hermite forward curve is much better than the spline forward). We recommend the NSS method as first choice and the VRP method as second choice for producing the forward curves.

(资料收集与整理：沈锐陈　刘沁雨　张海琳)

二　CSSCI 论文

2017—2020 年，以电子科技大学西非研究中心为作者单位之一发表的 CSSCI 期刊论文有十余篇。中心以西非研究为主，但研究对象和领域不限于西非地区。为全面展示中心研究成果，本部分选取了 9 篇具有代表性的 CSSCI 期刊论文的主要观点，研究内容主要聚焦中非关系、中非经贸合作、非洲历史和非洲文化等领域。

1. 中非国际产能合作面临的风险与对策研究[*]

主要观点

中非国际产能合作的开展为中国经济的转型升级和非洲工业化的实现带来了重大机遇。但在开展中非国际产能合作的过程中，国际局势的变化、

---

[*] 本文作者赵蜀蓉、杨科科、谭梦涵、龙林岸，刊于《经济问题》2019 年第 4 期。

中非社会文化的差异，以及政治、经济、社会环境等复杂问题使中国企业面临诸多风险与挑战。企业对非投资经营的风险识别和风险防控是影响中非产能合作能否顺利开展的重要因素之一。基于对国际产能合作背景与中非国际产能合作动因的分析，结合 PEST 分析工具，从政治、经济、社会及技术四个维度设计问卷，本研究对中非国际产能合作中中国企业面临的风险进行了实证调研，针对各类风险提出了相应的对策与建议。

通过对 424 份有效问卷进行分析，本研究得出中非国际产能合作面临以下风险：（1）政治风险。关于对中非国际产能合作中政治风险的影响因素调研结果显示，东道国国内战争和内乱是影响中非双方国际产能合作的最大政治风险。（2）法律风险。调研结果显示，影响中非双方国际产能合作的最大法律风险是投资方受法律保护不足。（3）经济风险。商品或材料价格的剧烈变动是影响中非国际产能合作的重要经济风险。同时，非洲部分国家频繁波动的汇率对中国投资者来说也是巨大的风险。此外，受其政治因素的影响，非洲国家政府对企业的行政干预和法规条例变动非常频繁。（4）社会文化风险。文化风俗及语言差异是阻碍中非国际产能合作的关键社会风险。此外，中非国际产能合作中面临的另一严峻的挑战是企业缺乏成熟的跨国经营经验和跨国投资贸易的国际型人才。（5）技术风险。技术人员质量不高、数量不足等问题制约着中非国际产能合作的深入发展。

基于以上分析，本研究提出应对中非国际产能合作风险的措施，具体如下：（1）促进双边投资条约的签订，鼓励本土律师事务所走进非洲，加强企业环境风险调查评估；（2）借助 PPP 模式、互联网依托及集群出海规避市场风险，"政产学研"合力提升国际竞争力；（3）加大对国际型人才的培养及企业国际化的投入，引导新媒体助力舆论与宣传；（4）加强对非洲国家技术工人的培训和投资，强化企业认证意识并落实合规尽职调查。

研究结论：中非国际产能合作既有利于中非共同实现产业的转型升级，也能助力打造新时代更加紧密的"中非命运共同体"。要顺利推进中非国际产能合作，应以中国的优势产业为主导，以非洲不同国家和行业发展特点为依托，以中非双方需求对接、合作共赢为目标，以"一带一路"倡议为契机，在"一轴两翼"合作布局下使中非国际产能合作逐步有序推进。

2. 非洲民族主义史学流派及其贡献[*]

主要观点

非洲民族主义史学既是民族独立运动的产物，也是一种历史现象。在众多现代非洲历史学派中，伊巴丹历史学派、达累斯萨拉姆历史学派（简称为"达尔学派"，Dar School）和达喀尔历史学派最为突出。这些学派构成了现代非洲民族主义学派的主干。在本文中，李安山从非洲民族主义史学的兴起谈起，详细介绍了其三大主干学派，并重点分析了非洲民族主义史学的贡献。

非洲民族主义的三大主要学派分别为尼日利亚伊巴丹历史学派、坦桑尼亚达尔学派、塞内加尔达喀尔学派。"伊巴丹历史学派"的称号正式出现在迪克教授主持《伊巴丹历史系列》丛书出版的"导言"中。可以说，这篇导言是伊巴丹历史学派的宣言书。在"导言"中，迪克批判了将文字档案等同于历史的欧洲史学传统与将非洲史写成欧洲人在非洲的历史这种殖民史学倾向，明确提出要继承古代及 19 世纪以来的非洲史学传统，将口述传统和多学科研究引入非洲史学。伊巴丹学派的成就主要体现在大量学术著作的出版、理论观点的突破和研究方法的开拓。伊巴丹学派的缺陷表现在选题过于狭窄（如偏重政治史），研究方法需进一步拓展，史学理论与方法论有所不足。达累斯萨拉姆学派是非洲国家独立后起到了重要作用的另一个史学流派。该学派产生的时代决定了其研究的重点是与民族主义相关的问题。他们共同关心以下五类课题：恢复被殖民主义者歪曲的前殖民地非洲的历史、殖民统治时期的初级抵抗、救世主运动和非洲独立教会史、新的受教育阶层的形成与发展和民族主义运动的根源。1966 年非洲史学家西索科（Sékéné Mody Cissoko）的加盟使塞内加尔达喀尔历史学派形成。与前两个学派致力于国家民族主义史学的角度不同，达尔学派的重要代表人物迪奥普希望寻找一种泛非文明，从非洲民族主义的角度来阐释非洲历史和文明。

非洲民族主义史学在三个方面做出了贡献：非洲史观的确立、方法论

---

[*] 本文作者李安山，刊于《世界历史》2020 年第 1 期。

的突破和研究人才的培养。(1) 非洲史观的确立。所谓"非洲史观",主要指从非洲人的角度看待和研究非洲史,强调非洲人在历史中的主动性,认识非洲史的连续性。第一,从非洲人的角度研究非洲史,力图对非洲的历史文化做出客观的描述和评价。第二,强调非洲人的主动性。第三,非洲历史具有连续性。(2) 方法论的突破。现代非洲史学家在方法论上的突破表现在两个方面:口述传统和多学科方法。第一,非洲史学家的努力推进了传统研究方法的拓展。第二,非洲史学方法论突破的另一表现是跨学科方法的采用。考古学、语言学、人类学、社会学、政治学都被用来为非洲历史研究服务。(3) 为历史研究培养人才。与非洲民族主义流派共生的史学家包括三类:非洲第一代由欧洲大学培养的史学家;第二类指那些在非洲各主要历史学派所在大学从事过教学和研究的非洲以外其他国家的史学家;第三类学者是移民或流亡到欧美或其他国家的非洲史学家,其中多位在美国大学教书。以上这三类学者既是非洲各历史学派的创立者,也是这场民族主义史学运动的产儿。

基于以上分析,本研究得出结论:非洲民族主义史学流派虽然对独立后的非洲文化复兴有卓越的贡献,但也存在着明显的不足。然而,有两点可以肯定。其一,非洲民族主义史学流派为非洲历史研究做出的贡献有目共睹。其二,新一代非洲史学家在此基础上正在探索新的主题、视角、资料和方法。最后作者认为:独立后的非洲政治的非殖民化已告一段落,但文化重建任重道远。可以说,重修科学的非洲史需要全世界有良知的非洲史学家的共同努力。

3. 当代非洲哲学流派探析[*]

主要观点

哲学是有关社会实践的理论概括,是解释人类社会生活的工具,是一种世界观,对人类具有重要的指导作用。非洲哲学既有普遍性,又有特殊性;既有理论概括,又有实用功能。对非洲哲学的分析和研究,存在着多种理解和流派。为了更好地理解非洲哲学,作者认为可以根据其

---

[*] 本文作者李安山,刊于《国际社会科学杂志》(中文版) 2020 年第 2 期。

研究领域和功能大致分为文化哲学、政治哲学和批判哲学三种。

文化哲学与非洲传统哲学相似，但也涵盖那些用非洲传统哲学解释世界的当代非洲哲学家的思想。这种哲学可谓"非洲特殊论"，习惯从传统主义方面诠释非洲文化，强调非洲及其民族的特点，并以此角度解释世界，包括那些早期贤人的智慧和思想。

文化哲学流派着重对非洲某一或某些民族传统及其人生观和价值观进行研究，将民族文化的各种因素整合为哲学。对非洲哲学的讨论，曾一度集中在探讨传统生与死的关系、非洲人的思维共性、哲学实践与哲学理论的关系及心理、道德、宗教、巫术与哲学的关系等问题。

政治哲学是一种强调意识形态的实践哲学，崇尚黑人性（Negritude，又译作"黑人传统精神"或"黑人精神"）、非洲主义（Africanism）和非洲性（Africanity），希望通过调动整个非洲或黑人世界的积极性，使其投入民族解放运动，并且将非洲价值观和文化作为动员民族解放的武器，通过对世界秩序的解释来达到非洲民族独立的目的。

批判哲学局限在学术范围内又分为两个支流：一派虽然坚持"普世哲学"，但仍对西方哲学持批判态度，坚持非洲哲学可以融入世界哲学；另一派批判文化哲学，力图将非洲哲学整合到世人习以为常的"普世哲学"范畴里。批判哲学流派强调严格的理性主义，力求使哲学回归科学精神。批判哲学要求解放哲学本身——将非洲哲学从民族学或传统主义的禁锢下解放出来，或从西方哲学的统治下解放出来。有的学者对强调非洲传统的文化哲学与具有欧洲中心论的西方哲学均持批判态度。而批判哲学流派中相当多的哲学家致力于批判西方哲学中的一些概念。

基于以上分析，作者认为：文化哲学可以说是"没有哲学家的哲学"或"民众的哲学"，批判哲学是"哲学家的哲学"，而政治哲学是"战斗者（或革命者）的哲学"。三个流派虽然主张不一，方法各异，但却在三个方面达成了共识。第一，他们都对"非洲是否存在哲学"这一问题给予了肯定的回答，有的认为其独特，有的认为其具有共性和普适性。第二，他们都认为非洲哲学有自己的特点，尽管有的反对强调这种特点。第三，他们的目的一致：非洲人民的解放与非洲文明的复兴。

4. 世界历史与非洲发展的互动：探源与辨析*

主要观点

世界历史与非洲发展呈互动关系。从历史的视角来看，非洲文明在多个层面上对人类历史的发展做出了贡献，而非洲在近现代处于劣势并受到各种伤害是当今发展落后的重要原因。在世界历史与非洲发展的关系中，非洲时而主动，时而被动，两者关系的互动十分明显。

在本文中，作者分析了在世界历史的演进过程中，非洲对于人类发展起到了不可替代的作用，表现在以下方面：人类起源于非洲并向各大陆扩散；通过迁徙将自身文明传播到世界各地从而为人类文明多元化添彩；在奴隶贸易与殖民统治中遭受重大伤害的非洲对资本主义这一人类快速发展阶段的原始积累付出巨大；在政治非殖民化完成而人类面临多重挑战的今天，非洲在环境、资源、人力等方面正在为世界做出新的贡献。随后，作者分析了独立后的非洲面临的各种挑战，主要包括三方面：现代国家的管理、经济资源的公平合理分配和国家—民族的建构。接着，作者通过列举多篇有关非洲经济发展的报告、民众对非洲未来憧憬的调查报告以及非洲大陆在全球秩序中的重要作用证明了非洲具有良好的发展前景，并主张非洲要重振自信心，从而实现非洲复兴。

基于以上分析，作者得出结论：非洲发展应该保持自主性。总体上，对外坚持制定政策的自主性，以服务国家利益为宗旨；利用有利于国家发展的各种社会力量，不受制于一个或几个利益集团的利益，聚焦于有利于民生的发展项目，从而赢得广大民众的支持。具体表现为：（1）建立具有非洲自身特点的创新制度；（2）自主性地制订和实施发展计划以及解决政治危机；（3）在对外关系上保持自主性；（4）在接受外来援助时要树立自主性原则，即宁可放弃援款，也不能放弃主权，且应该通过接受援助而达到逐步自力更生的目的。从可持续发展的角度看，从依赖援助到摆脱援助是必经之路。

中国与非洲关系发展前景广阔，中国的非洲研究任重道远。中国学

---

* 本文作者李安山，刊于《西亚非洲》2020 年第 2 期。

者要做到充分总结历史经验，认真探索历史规律，努力把握历史趋势，更好地服务于国家发展与文明互鉴，为人类命运共同体的构建做出贡献。

5. 中非合作论坛二十周年：历程、成就与思考[*]

主要观点

中非合作论坛已走过二十年历程。虽然其间遇到了一些困难和挫折，但论坛取得的成绩令世人瞩目。在此背景下，西方对中非关系快速发展产生焦虑、偏见和嫉妒情绪，部分西方媒体针对中非合作进行各种无端指责。对此，本文首先从中非合作论坛的历程、成就谈起，随后分析了外界对中非合作的疑虑、抨击与评价，最后提出了关于中非合作的思考。

中国学者沈晓雷从论坛发展的角度，将中非合作划分阶段。第一届部长级会议到第四届部长级会议（2000—2009年）为第一阶段，合作主要集中在经济领域，内容从以贸易为主到贸易与投资并重。第四届部长级会议到约翰内斯堡峰会（2009—2015年）是第二阶段，合作内容在继续深化经贸合作的基础上加强人文交流。从中非合作论坛的提出与成立及每次会议的筹备操作，共商共建共享的原则始终贯穿其中，双方的合作诚意突出表现在三个方面。第一，非洲国家在中非合作论坛的酝酿过程中做出了重要贡献。第二，论坛筹备和议程操作体现了平等协商的精神。第三，论坛会议成果的落实充分体现了双方务实合作的风格，使中非合作论坛在过去二十年内取得了举世瞩目的成就。

进入21世纪，中非合作关系迅速发展并不断取得新突破，西方对中非关系的快速发展产生了焦虑、偏见和嫉妒情绪，部分西方媒体针对中非合作发起各种无端指责，包括"掠夺资源论""援助方式有害论"及近年来的"债务陷阱论"等。诸多恶意指责中最为典型的是"新殖民主义论"。然而，最有资格对中非合作做出评价的是非洲人民。2015年皮尤全球民意调查"对中国的看法"报告表明，非洲民众对中国普遍具有好感。2017年以"相知相通""通力合作""携手未来"为议题的中非媒体对话驳斥了西方媒体的相关指责，并对中非合作进行了客观评价。

---

[*] 本文作者李安山，刊于《当代世界》2020年第10期。

迄今，中非合作论坛成立二十周年，中国应认真总结经验，推动中非合作进一步发展。中国对非外交需立足于两个方面进行深入思考。一是客观认识中非合作在国际发展合作中的地位及其在各国的实际反应。中非合作确有其特点和优势，但中国有关合作意愿仍未成为国际社会普遍接受的系统理论或理念。除受援国外，中国对非合作在具体实施上仍然需要更多同行者。二是警惕国际上某些"捧杀"和"中国模式"的做法。在相关国际组织的话语体系中，一些"援助发展—发展成功"的案例已经以"中国模式"为相应指标，希望非洲受援国学习中国有关做法。但是，中国一直强调各国要探索符合自身实际的发展道路和方式，不希望他国简单照搬所谓的"中国模式"。在对非合作上，中国既要防止相关国际组织简单生搬硬套的做法，也要警惕美西方某些组织或政客借学习"中国模式"的名义，干预非洲国家发展进程。

6. 中国的非洲文学研究展开的历史前提、普遍形式和基本问题[*]

主要观点

如今，非洲文学受制于西方的关于"文学"的概念，其合法性并非依靠非洲读者来维持，而是依靠国外出版社、评奖体制、国际非洲文学消费机制、非洲大学文学系的经典化和都市中产阶级报刊与读书沙龙来维持，与广大的农村读者、工人阶级读者无关，而农民和工人有自己的一套口语文学、街头剧和宗教文化。在这种情况下，文学与大众的结合就是必须要做的工作。同时，非洲文学完全被后殖民文学研究的价值观主导。后殖民文学研究去政治化，以身份政治为中心、将文学的去殖民功能完全理解为文本形成过程中对英语帝国语言的改写，从而片面地虚构了非洲文学"主体性"概念，导致今日的非洲文学创作和研究一直无法形成国家和社会去殖民化所需要的文学和为这个文学所产生的概念、价值和美学标准。上述非洲文学生产和研究状况便是中国的非洲文学研究所处的第一个历史条件，中国的非洲文学研究者对此要有充分的认识。与此同时，中国的非洲文学研究并不外在于自己的现代化进程和相关的

---

[*] 本文作者蒋晖，刊于《文艺理论与批评》2019 年第 5 期。

知识生产中，而是其中内在的、有机的一个环节，这是中国的非洲文学研究所处的第二个历史条件。

中国的非洲文学研究的形式只能是二律背反。二律背反是一切有关非洲文学问题陈述的根本形式，认清这个问题是关键和重要的。二律背反即一个陈述同时是真也同时是伪，或者正反命题的陈述可以同时为真。中国的非洲文学研究的陈述必然以二律背反的形式出现和存在，是指中国在非洲文学研究中提出的一套新的见解是真陈述，但这并不能证明与中国观点不同的陈述就是假陈述。同样，西方的研究可以坚持自己的判断为真，但即使是真，也不能成为中国研究为假的证明。中国的非洲文学研究要坚持性质的二律背反表述。面对非洲文学的最根本的语言问题以及上述相反的主张，中国无论采取哪一种观点，都只能在二律背反的结构中作出陈述并同时坚持范式的二律背反。中国思维长于归纳，西人长于推理，一个用归纳法，一个用演绎法，两种方法谁也无法取代谁，而会共存，形成方法论上的二律背反。

中国的非洲文学研究起点低、底子薄，并且现在国内非洲文学研究者大多套用西方的研究模式，使用西方的理论，以回答西方设定的非洲文学问题为基本研究方法。对此，中国的非洲文学研究不求亦步亦趋，唯求面目一新。不管是研究何种具体的题目，采用传统的文学研究还是广义的文化研究，是研究殖民时期、民族主义时期、后殖民时期还是全球化时期的非洲文学，要形成中国新颖和独特的非洲文学研究的基本问题和方法，以下八个基本问题是无法回避的：政治主体性问题、中国现代文学经验的适用性问题、题材问题、文学思潮问题、文学形式问题、西方的非洲文学研究批评问题、非洲文学生产体制问题和文学史问题。

7. 从"民族问题"到"后民族问题"——对西方非洲文学研究两个"时代"的分析与批评[*]

主要观点

非洲现代文学从诞生之日起就是殖民的产物，同时也必然是反殖民

---

[*] 本文作者蒋晖，刊于《文艺理论与批评》2019 年第 6 期。

的产物，这双重的特点决定了非洲文学写作和研究的方向。本文将非洲独立后的文学研究分成两个阶段：一个是以批评为主导的、作家积极参与的、以"人民的问题"为要义的民族主义兴起的时代，另一个则是以后殖民理论研究为导向的、以身份认同为价值基础的后民族时代。

所谓批评的时代，是指作家在回答涉及非洲文学的一系列根本命题中逐渐形成自我意识，并以这样的方式写作和思考文学的时代，被称为批评的时代。在批评的时代，文学研究是在西方研究者和非洲作家的对话中进行的，作家对文学批评的每一次介入都是下一个创作的序曲，而每一次作品的完成又带来对非洲文学本质的新的思考。批评和创作处于积极的互动之中，彼此投影于对方，相互言说，文学写作和研究之间没有篱墙，言说非洲文学的权力没有旁落到西方，尽管也无法摆脱西方。20世纪90年代，非洲经历了民主化和全球化大潮。在文学领域，作家回归了市场，研究交给了专家，批评的时代戛然而止，理论的时代拉开帷幕。在理论的时代，"非洲文学是什么"的问题已经无关紧要，甚至连"非洲是什么"的问题也已经无关紧要，全球化用全球的问题取代了"民族的问题"（National Question）。这个时期的非洲文学研究进入了立足于"后民族国家"模式的"后殖民研究"：身份政治、杂糅、改写、生态批评、动物主义、同性恋、文化研究等纷纷登场，打造了一个具有多重理论姿态的非洲文学研究。

蒋晖从批评时代与民族问题谈至理论时代与后民族问题，讨论了在批评时代中出现的两种"人民文学"的理论与实践，及20世纪90年代之后非洲文学研究的总体趋势。最后本文得出结论：从文学和思想领域看，20世纪90年代之后，非洲的启蒙和革命思想已经衰微，全球化知识和想象开始主导了人文研究各个领域，如何评价在非洲人文知识生产领域出现的这个重要的变化是非洲人文研究领域面临的重大问题。西方的自由主义者、马克思主义者、后殖民理论家和全球化学者都给出了自己的答案，现在中国学者需要面对这个问题并且给出自己的思考意见。理解非洲道路和非洲文学道路这类全局性问题需要利用中国现代思想的资源，这是中国学者从事非洲研究和非洲文学研究的基础。事实上，中国现代思想资源本身就有多种路径，里面充满了各种立场的争论，无论从哪种中国现代思想资源出发，要面对的问题都包括：如何理解启蒙和革命对第三世界国家发展的意义，如何理解国家在全球化时代的作用。

8. 当代非洲的社会和阶级*

主要观点

从20世纪60年代开始的非洲反殖独立运动，是20世纪世界革命的一个有机组成部分，它和中国的反帝反封建的社会主义革命有相同的性质，但也有很大的差别。非洲反殖独立运动不是以阶级斗争为理论基础，而是以阶级动员和武装革命为斗争方式，以无产阶级政党为先锋队从而最后实现的无产阶级专政。非洲反殖斗争的胜利固然离不开冷战格局中社会主义力量的支撑，在意识形态上深受马克思主义革命理论的影响，但同样离不开西方资本主义阵营内在的分化，特别是将过去非洲对欧洲的臣服关系调整为依附关系，从而导致非洲的独立在大多数情况下是以比较和平的方式完成的。但如此一来，非洲革命党也失去了深入发动群众的机会，从而缺乏独立后管理国家所需要的执政能力和公信力。

在本文中，作者从20世纪60年代的非洲社会和阶级开始梳理，分析了非洲社会主义制度的优越性没有发挥出来的原因，主要是大多数非洲社会主义国家的政党都是大众党，而不是无产阶级先锋队。也就是说，领导社会主义的政党并不是马克思主义式的政党，并不代表工农的基本利益。随后作者分析了在20世纪非洲新生成的三类精英：在殖民时代接受西方教育的文化精英，他们没有经济权力；社会主义时代的国家管理者，其中一部分实际转化为买办资本家；全球化时代的中产阶级。由此，作者认为：非洲独立后的全球化时期形成了自己的社会阶级结构，这一根本变化使得非洲的压迫模式已由外部转向内部。

阶级分化是非洲当代历史最重要的现象，但在对非洲阶级和社会的各种分析里存在一种"掐头去尾"的现象，即对社会阶级的分析主要集中于上层精英。什么是非洲工人阶级的状况？什么是非洲农民阶级的状况？农民和工人这两个阶级是如何互相转化的？工人的农民化和农民的

---

* 本文作者蒋晖，刊于《读书》2019年第12期。

工人化在社会发展过程中意味着什么？这类问题很长时间没有得到研究者的重视。真正开始摆脱精英/大众二元对立的阶级分析话语的是新近出现的非洲中产阶级研究。理解非洲中产阶级的兴起和对其的研究必须放在政治、经济这两个大背景下进行。非洲中产阶级是否是非洲的救世主？非洲的中产阶级是否是世界商人的福音？如何通过确定中产阶级的消费欲望和需求来调节生产？非洲国家的不同政党如何利用中产阶级来赢得政治家需要的选票？这些实际的政治和商业需求正在促进非洲中产阶级研究的繁荣。

在已有的研究中，南非著名白人学者罗杰·索撒尔（Roger Southall）的《南非新黑人中产阶级》（*The New Black Middle Class in South Africa*）一书帮助学者们更深刻地认识非洲现代史。第一，它清楚地表明，非洲大多数国家没有培养出代表民众利益的政党，早期的党国体制滋生了买办阶层。在全球化时代，以南非为代表的党国体制则以牺牲底层为代价培养了寄生性的中产阶级。第二，它将提供一个新的角度，去理解非洲由无产阶级、中产阶级和资产阶级所组成的典型社会结构内部的种种张力。

9. 资本时代的艺术鼓噪者——访南非作家、教育家阿伦·霍维茨[*]

主要观点

阿伦·霍维茨是南非作家、工人教育家、导演、文学刊物编辑及出版家。阿伦·霍维茨是一位马克思主义者，敏感诗人与工会干部，其写作内容包括短篇小说、诗歌和剧本。其诗歌政治性较强，认为艺术和政治不可分割。在阿伦·霍维茨看来，小说、戏剧和诗歌对社会影响巨大。但戏剧的形式更为综合，戏剧里有政治信息，有语言，有肢体运动和舞蹈，从而更容易吸引大众。阿伦·霍维茨认为，戏剧是对社会矛盾集中但也是简化地反映，社会矛盾的复杂性往往体现在原型人物的塑造上。革命话剧必须在复杂的人物性格和紧张的身份认同中展现社会矛盾，并

---

[*] 本文作者蒋晖，刊于《文艺理论与批评》2020 年第 3 期。

传递改变社会的明确信息。

作者从三次遇见阿伦·霍维茨谈起，两人会面的话题涉及较广，包括他的出身背景、成长经历、家庭生活，从他年轻时以艺术的方式介入政治到暮年以政治的方式介入艺术，从他的写作到他的编辑工作，话题涉及政治和艺术的方方面面。通过2020年1月底对阿伦·霍维茨进行的一次访谈，作者对南非有了更深刻的认识，尤其是对南非的工人阶级和工人运动。主要认识：（1）种族隔离时期的黑人工人和学生反抗运动；（2）南非严重的腐败以及领导阶级脱离群众；（3）南非最大的工会——"南非矿业工人总工会"（The National Union of Metalworkers of South Africa）的发展状况以及最近一次在选举中的得票情况；（4）南非政府和工会对工人教育的忽视；（5）阿伦·霍维茨通过创作革命话剧、组织戏剧演出对工人教育所做的努力。

三 《2017公共管理国际会议（第十二届）暨西非研究论坛（第一届）论文集》论文

由电子科技大学、美国行政管理学会和加纳大学共同主办，电子科技大学区域公共管理信息化研究中心、加纳海岸角大学、加纳行政管理学院共同协办，电子科技大学公共管理学院、电子科技大学西非研究中心、加纳大学人文学院、加纳海岸角大学国际教育中心、加纳行政管理学院国际交流中心共同承办，《中国行政管理》杂志社作为支持单位的"2017年公共管理国际会议（第十二届）暨首届西非论坛"，于2017年11月14—17日在加纳阿克拉海岸角举行。首届西非论坛主题为"全球化视角下西非经济与社会发展"。

本次论坛录用的论文组成的论文集已由电子科技大学出版社出版，该论文集被美国科学情报研究所的ISI Web of Knowledge检索平台下的ISI Proceedings收录。

本部分选取了该论文集中以西非研究中心为作者单位发表的具有代表性的5篇论文的主要观点，研究对象主要为西非地区，研究内容以经济、教育和公共管理为主。

1. The Role of Pastoralists' Tradition/Cultural Institutions in Climate Change Resilience in West Africa*

Main Points

This is an overview desk study of the role of pastoralists' institutions currently, and what their likely roles will be in the future. The particular focus is on resilience in the face of climate change. The study opens by discussing three different perspectives on resilience that have been applied to dryland production systems. Then it turns to measures that have been proposed for development resilience relevant to dryland production systems. This is followed by a discussion of West African Agropastoral systems, leading to an analysis of the situation in Burkina Faso. It concludes with recommendations for programming in agropastoral systems in Burkina Faso and more broadly in agro-pastoral areas in West Africa.

The study focuses on land use management firstly. In many West African countries, the recent past has been one of decentralization and delegating more authority to local communities. The study indicates that local conventions as first being developed in Sengal and Mali as part of a move towards decentralization, and then the approach has spread more broadly in West Africa as an approach to land use management. There are different kinds of conflict noted in the literature that conventions can help to address. The most prominent is farmer-herder conflict, but one can note different permutations of farmer-farmer, herder-herder and in some cases conflict with fishing oriented populations. Farmer-herder conflict generally centers on crop damage by animals and also by cultivation expanding into areas that had been used for transhumance/watering animals. It is also important to distinguish between conflicts originating with the livestock passing

---

* 本文作者 John McPeak，刊于 *Proceedings of 2017 International Conference on Public Administration* (12th) & *International Symposium on West African Studies* (1st) (Volume I), UESTC Press, 2017, pp. 805 – 818。

through on transhumance from the conflicts between resident livestock and cultivators.

According to the study, a key intervention for the future for CSOs in Burkina Faso is to coordinate and facilitate local convention development in communities and coordinate them across communities to arrive at some degree of consistency. This can combine their knowledge of on the ground practices with a broader sense of the overall challenge of land use planning to enhance productivity and reduce conflict. In addition, given the context of climate change, local convention development can be coupled with scenario planning to anticipate ways in which the plans could adapt to future changes in the state of nature.

Beyond issues of land use management, there is also the possibility of accessing climate change funding for local public good development such as through the BRACED program to enhance resilience in the face of climate change. The BRACED program I am working with in Mali and Senegal has been funding grain storage facilities, vaccination holding grounds, irrigation systems, dry season gardens, forestry projects among other things in agropastoral zones. Part of the program is building up local governance structures and institutions to identify community priorities and implement programs that meet expressed need. Another consortium is working in Mali on the BRACED project and might be possible to establish a collaboration if further funding rounds are developed.

Finally, The International Livestock Research Institute (ILRI) is working in Burkina Faso as part of the USAID Feed the Future initiative on feeding systems for milk production and supporting intensification of dairy systems. At the same time they are working on improving milk hygiene. As intensification and sedentarization are occurring already, training and adoption of new practices could offer some promise for improved health, incomes, and nutrition. There is also likely to be new applied research for development initiatives in the near future as the USAID funded Livestock Innovation Lab is currently reviewing project proposals for work on livestock systems in Burkina Faso and Niger. As the production system evolves, applied research can help identify least cost feeding systems that can support agropastoralists and farmer-herders.

2. The State of CSR's Research in Ghana: What Do We Know and Do Not Know?*

Main Points

As a result of the globalization and its consequences such as multi-nationalisation of companies, CSR has become one of the dominant themes attracting the attention of researchers, policy makers, practitioners, educators and international multilateral organisations, such as the World Bank, the EU and the OECD. Literature for this study discusses the general notions of CSR in Ghana. It also synthesized available published works in selected in recognized journals from the year 2005 to 2014. The papers were identified using the manual bibliographic search method, a computerized/electronic method based on bibliographic databases such as: Science direct, Emeralds insights and google scholar. Overall, 147 papers were retrieved, but a sample of 115 papers which met the criteria below were used for the study. The criteria used for a study to be qualified to be included in the study were: (1) that the paper is based on Ghana's data; (2) that the study shows the method used; (3) that it reports data analysis and findings; (4) mentions the sector used and (5) being within 2006 – 2016 as being the scope of the study. These works were reviewed based on the title, the year of publication, the issued explored, and the geographical location of the empirical data as well as major findings. Frequency table and scatter plot were used to analyze the trend of research works in the area to establish scope and the direction of CSR's work on Ghana within the selected time horizon.

CSR and organization related performance, CSR and management, CSR practices in organisations, CSR and stakeholder participation, tourism CSR and

---

* 本文作者 Obi Berko O. Damoah 和 Georgina Maku Cobla，刊于 *Proceedings of 2017 International Conference on Public Administration* (12th) *& International Symposium on West African Studies* (1st) (Volume Ⅰ), UESTC Press, 2018, pp. 833 –857。

CSR and assurance are among the under researched themes. The results show that among organizational, individual and institutional level analyses, CSR's studies on Ghana focuses wholly on institutional level analysis. In terms of the issues addressed so far, CSR and firm performance related studies dominate.

This study, more importantly, sets the trend for future researches on SMEs as it brings to light what crucial themes are yet to be researched and robust methodologies are in desuetude. From a scholarly viewpoint, current studies on CSR looks too descriptive and therefore future studies must seek to employ advanced statistics to validate existing findings. Whilst sectoral and individual level analysis seem so crucial in the field, current studies on Ghana deals with more of organizational level analysis to the neglect of the other two. Whilst hospitality is booming in Ghana because of the globalization process, few researches have focused on tourism CSR and well as CSR and the telecommunication companies.

In terms of public policy, government fund academics to unearth the under-study areas such as tourism, construction and the telecommunications. This will balance the knowledge gap in policy formulation.

3. A Sectoral Analysis of FDI Inflow in Ghana: The Implications for the Proposed National 40-year Strategic Plan of Ghana[*]

Main Points

Theory argues that FDI inflows play a significant role in the socio-economic development of host countries, especially in developing countries. Drawing from the long-term planning school from the strategic management field, the study aims to examine the sector that drives most FDIs inflow to Ghana in order to i-

---

[*] 本文作者 Obi Berko O. Damoa 和 Forster Shitsi Junior, 刊于 *Proceedings of 2017 International Conference on Public Administration* (12th) & *International Symposium on West African Studies* (1st) (Volume I), UESTC Press, 2017, pp. 971 – 982。

dentify the sector that can be used as the cornerstone of a competitive advantage in the light of the proposed 40-year national strategic plan of Ghana.

The study used a secondary data set consisting of the annual FDI inflows into Ghana from 2002-2013 from the Ghana Investment Promotion Centre, and the results showed that in terms of the contribution of projects, the service sector dominated FDI inflows to Ghana. But with regard to the total dollar value of invested capital, the building and construction sector dominated the period from 2002-2013. With regard to the ownership composition, it is found that the wholly owned investments far outweighs the joint venture projects (JVs) to Ghana.

Based on the results, implications of the study on the proposed 40-year national strategic plan are suggested. The government must use the construction sub-sector as the cornerstone for achieving most of the strategic goals in the 40-year national development plan. So the government or its agency like the Ministry of Trade and Industry in collaboration with the Ghana Investment Promotion Centre must sensitize the foreign investment community about the importance and the benefits of joint ventures with indigenous firms. This must be seriously emphasized in order to benefit from the technology transfer to be used as the cornerstone for a competitive advantage in the proposed 40-year strategic plan.

Having found the construction sector to be strategic in this analysis implied that comprehensive policies must be drawn to inform the development of the sector. The result showed that the service sector dominates FDI inflows to Ghana. What this means is that the 40-year development plan must target the growth of the manufacturing sub-sector as the economic transformation of the Asian countries, especially the BRICS group of countries (China, Russia, India, Brazil and South Africa) are found to be as a result of their manufacturing potentials.

The contribution of the service and building and the construction sub-sectors in terms of number of projects and the value of FDI investment amount is very revealing in the light of the proposed 40-year development plan. This means that these are the strategic sectors of the Ghanaian economy; they are the sub-sectors that derive demand and purchasing power, employment and among others. Going forward concerning the proposed 40-year national development plan, there is the need to remove all the unnecessary threats surrounding these subsectors, so that the strengths of the nation can be used in these areas to promote and grow the sectors whilst collaborating with foreign investors to achieve the strategic goals of the proposed 40-year development plan.

4. Encouraging Collaborative Behaviors by Public Officials in Higher Education Institutions: The Case of the University of Cape Coast[*]

Main Points

Globalization, technological advancement and managerialism are gradually replacing the traditional way of managing an organization or Higher Education Institutions. In recent times, much attention has been placed on inter-organizational, inter-jurisdictional and inter-sectoral modes of operation and how these can be used to achieve organizational goals. This notion of managing across organizational boundaries still occupies scholars and professionals, as well as, practitioners of public administration and management. The study examined whether encouraging collaborative behavior by public officials within and across colleges, faculties and departmental boundaries affected organizational performance and solved complex problems. The main objective was to examine whether public officials encourage collaborative behavior and how this has enhanced organizational performance and brought about innovation.

The study adopted the qualitative research design and the case study strategy was employed. The study revealed that public officials in some of the colleges and schools encouraged collaboration and this has enhanced their capabilities and has affected performance. Again, the study revealed that collaboration cut

---

[*] 本文作者 Sophia A. Abnory，刊于 *Proceedings of 2017 International Conference on Public Administration* (12th) & *International Symposium on West African Studies* (1st) (Volume Ⅰ), UESTC Press, 2017, pp. 871–880。

down the cost and brought about effectiveness, consequently leading to the great impact among these colleges though not all the colleges, schools and faculties encourage collaborative behavior.

The following recommendations are proposed: (1) Collaboration should be mandatory and a policy should be developed to guide collaborative behavior in the University. (2) It was noted that top management support is inadequate, therefore, it should endeavor to ensure that the right channels of communication are followed. (3) Capacity building is essential characteristics for collaboration, since it is a skill which leads to attitudinal change.

Researchers in the future are encouraged to examine the inter work unit of collaboration in private and public universities in Ghana.

5. Ad-Hoc Committees/Taskforces as Policy and Governance Platforms for Complexity Management in Nigeria*

Main Points

Bureaucratic institutions have received knocks for being ill-suited to cope with the tasks and circumstances of contemporary governance. Changes in technology, markets, complexity of policies, regulation and investigations coalesce to produce situations in which governments increasingly show penchant for seeking alternative organizational approaches. However, the management and relationship of these new governance modes with the traditional bureaucratic institutions remain unclear and ill-defined in many practical situations. The use of ad-hoc committees/taskforces beyond mere policy advice, as policy and governance hubs and networks, are considered in this study as part of these alternative organizational approaches.

This study examined their use, relationship with mainline bureaucratic a-

---

* 本文作者 Okechukwu Marcellus Ikeanyibe, 刊于 *Proceedings of 2017 International Conference on Public Administration* (12th) & *International Symposium on West African Studies* (1st) (Volume I), UESTC Press, 2017, pp. 983 – 999。

gencies, effectiveness, and challenges in providing administrative solutions in Nigeria. Findings revealed that ill-defined procedures and guides for the operations of ad-hoc bodies offend the traditional governance institutions, generating frustrating conflicts. Despite the importance attached to the use of policy and governance networks and the depth of literature which it has attracted, the exert relationship that should exist between networks and traditional government institutions is yet to be clearly defined. The assumption that networks are initiated and orchestrated by the government seems to disregard the fact that government is not a monolithic institution. Where the political executive decides to use networks or hubs such as ad-hoc committees to improve policy and governance, there is need to incorporate other government institutions such as the legislature and the bureaucracy, which may feel threatened by the work of the network. The author agrees that network approach does not merely consist in consultation of relevant stakeholders, yet collaboration with them.

Though the bureaucratic organisation is critiqued and denigrated, it still remains central in the process of governance. There is no doubt that the use of governance entities including ad-hoc committees offer the potential to deliver outcomes that statutory organizations cannot solely accomplish, or do more efficiently. It is found out that using them as an external engagement or stand-alone hubs rather than an internal processes of organisation to pursue administrative tasks is not the best solution in many complex administrative situations in Nigeria. In many instances, more than a committee is set up by different sectors of government or even the same sector to consider the same policy issue leading to contradictory views and reports.

It is recommended that ad-hoc committees should as much as possible be domiciled with an agency or agencies of government to ensure that effective orchestration and ownership of the committee's decisions and actions. The capacity to employ more collaborative and negotiating approach should be emphasized by such committees rather than old-fashioned policy recommendatory or committee-rationalized reports and uni-dimensional implementation of programmes.

It is suggested that there is need for regulating the process and manner of setting up ad-hoc committees as policy and governance hubs, and they should operate more as collaborating entities between various individuals/organisations considered relevant and traditional institutions of government so as to enhance integration of views, consensus and ownership of outcomes, rather than work in parallel or as solution merchants.

(资料收集与整理：邹　涛　刘沁雨　张海琳)

第二章

西非研究专著

一 《电子科技大学西非研究系列丛书》

《电子科技大学西非研究系列丛书》聚焦西非地区的政治、经济、文化等热点问题，以国别和专题研究的形式，与国内外西非研究机构、学者及相关实践者合作撰写西非研究系列丛书，旨在为研究西非地区提供有益参考，为服务国家对非发展战略提供理论支撑。

《电子科技大学西非研究系列丛书》由赵蜀蓉主编，目前已出版三本：《西非英语区国家公共治理面临的问题与挑战》（2018年）、《信息通信技术（ICT）与加纳中小企业成长》（2018年）、《加纳农业供应链风险与规避策略及其对供应链绩效的影响》（2020年）。

1. 西非英语区国家公共治理面临的问题与挑战[*]

主要观点

本书基于"西非英语区国家公共治理的回顾：问题、现状与挑战""通过权力下放提升加纳公共服务供给水平""加强中非政府间的经济合作：以中国和加纳为例"三条主线加以阐述。本书首先详述了西非英语

---

[*] 本书作者赵蜀蓉等，社会科学文献出版社2018年版。

区五国公共治理的历史与现状,剖析了当前西非英语区五国在推动公共治理过程中面临的问题与挑战,如政治腐败、行政官僚化、产业结构不合理、资源流失等;通过对西非英语区五国公共部门改革与提高公共服务绩效的实践和理论进行比较与分析,提出如何打造运行有效和高效的公共部门这一问题,从而为提高西非国家的公共治理水平提供有益的参考。其次,本书选取西非英语区五国之一的加纳作为研究对象,针对其饮用水和卫生设施的基本公共服务供给问题,详细论证了加纳政府通过权力下放来提升加纳公共服务供给水平所面临的困境,设计了基于公共服务供给和需求两个维度的政府公共治理概念模型,从法律构架、组织能力和财务能力三个方面提出通过权力下放来提升公共服务供给水平的有效路径。最后,在中非合作日益紧密的今天,本书以中国企业"走进非洲"的国际产能合作所面临的风险及对策为研究对象,从中国和加纳两个角度指出如何加强中非政府间的经济合作,以中国四川企业与加纳企业为例,分析了中加双方在国际产能合作中面临的政治风险、经济风险和社会风险并提出应对策略,以期为中非合作共赢提供参考与借鉴。

  第一篇由来自加纳行政管理学院的 Kingsley S. Agomor 等学者撰写,探讨了西非英语区国家公共管理的问题、现状与挑战。西非英语区包含五个国家,它们分别是冈比亚、加纳、利比里亚、尼日利亚和塞拉利昂,均为成立于1975 年 5 月的西非国家经济共同体(以下简称"西非经共体")的成员国。民主治理虽然尚未在西非地区全面展开,但正日益成为西非英语区五国政治生活的首选方式。西非英语区五国中,除冈比亚外的其他四国均是拥有丰富自然资源的国家。西非英语区五国政府的核心目标是通过实施已改革的布雷顿森林体系与减贫方案,来确保经济平稳运行,以应对全球市场价格的波动给经济带来的负面影响。同时,西非英语区五国均面临贫困问题且贫富差距日益加深,面临着一系列阻碍提高国家治理水平的挑战。其中最大的挑战包括政局动荡、政治腐败、行政官僚化、产业结构不合理、人力资源流失、自然灾害频发、性别差异、社会分化,而这些问题的解决同国家的治理水平密切相关。对任何一个国家来讲,公共部门在国家战略规划、政策制定与实施上一直发挥着举足轻重的作用。其中,提高国家治理水平的一个关键环节是通过公共治理助推国家的可持续发展,而达到这一目的离不开有效和高效运行的公共部门。然而，西非英语区五国在打造运行高效的公共部门方面面临以下问题：阻碍公共部门改革的原因是什么？如何提高公共部门的绩效？

本篇将西非国家公共部门改革作为切入点，首先采用定性研究方法，对西非英语区五国公共部门改革的相关文献进行梳理，然后采用对公共部门主要利益相关者进行访谈等实证性研究方法，对西非国家公共部门改革与提高公共服务绩效的实践和理论进行比较与分析，以期基于以西非国家公共部门改革与提高公共服务绩效为切入点的研究成果，对提高西非英语区五国的公共治理水平提供有益的参考。

研究发现，近年来，西非英语区五国的政治在一定程度上趋于稳定（如实行多党选举，减少对媒体的限制和建设更可信的立法机构），但个人主义和专制政治仍然会阻碍本地区公共治理水平的提升。目前，西非英语区国家面临着政治腐败、行政官僚化、产业结构不合理、资源流失、社会阶层分化等公共治理挑战。西非英语区五国虽拥有丰富的自然资源，但通过经济手段实现政府减贫方案的大规模经济开发造成了资源的逐渐流失，进而有可能无法有效解决社会阶层分化等公共治理问题。基于以上研究，本篇从以下几个方面提出有效提升西非英语区五国公共治理水平的路径：遏制政治腐败——坚持依法治国、规制利益集团、倡导公平和公正的执政理念，以遏制腐败、寻租和不正当的政府权力消费；构建透明、问责、分权的民主政治体制——推动公民参与型社会的建设，推动建立非政府组织、国际组织及企业建言献策的有效渠道；搭建政策对话平台——通过政策探讨、政策学习与政策分析来搭建政府、公民和社会组织之间的政策对话平台。

第二篇由来自电子科技大学公共管理学院的 Amoah Enoch 等学者撰写，探讨了如何通过权力下放提升加纳公共服务的供给水平。1988 年，加纳政府启动了以权力下放、创新地方公共治理为核心的改革。此项改革以饮用水和卫生设施供给作为改善公共服务供给的切入点，旨在提升加纳地方公共服务供给水平，推进加纳政治民主化进程。然而迄今为止，加纳持续约 30 年的权力下放与公共服务供给改革实践收效甚微，政府出台的多项战略、规划与项目未达到加纳政府改革的预期目标。加纳各行政区在基本公共服务供给方面均面临着饮用水和卫生设施缺乏的问题，这已成为阻碍加纳政府提升公共服务供给绩效的重要因素，给加纳公共治理水平的提升与权力下放的政治民主化进程带来了严峻挑战。据世界卫生组织和联合国儿童基金会统计，截至 2010 年，因缺少收集和处理污物的设备，加纳每年约有 5000 名儿童死于卫生问题造成的疾病。根据此前世界银行开展的专项供水和卫生项目研究结果，加纳每年由于缺少卫生设施造成约 2.4 亿美元的劳动力和生产力损失。

本篇以加纳 Bosomtwe 地区饮用水和卫生设施的公共服务供给状况为研究对象，系统梳理了国内外 150 多篇相关文献的研究成果，借鉴了加纳其他行政地区权力下放、提升公共治理水平的改革经验，运用三角测量法、序贯混合研究法与扩展研究法，将定量研究与定性研究充分结合，剖析了加纳基本公共服务供给环节与流程存在的问题，深入探讨了加纳政府权力下放的改革未能有效提升基本公共服务供给水平的主要原因。包括中央政府通过权力下放创新地方公共治理的改革缺乏政治效力，地方政府对饮用水和卫生设施建设不重视，公民在地方政府决策和问责政府中参与度不高，地方财政支持力度不够，地方政府组织能力不强，财务管理环节薄弱以及地方政府未能调动私营企业参与公共服务供给等。针对以上问题，本研究基于公共服务供给和需求两个维度设计了政府公共治理概念模型，从法律构架、组织能力和财务能力方面提出通过权力下放、提升公共服务供给水平的有效路径，以期为加纳政府达到权力下放、创新地方公共治理的改革目标提供可行的对策与建议。

基于对加纳 Bosomtwe 地区饮用水和卫生设施的公共服务供给案例的分析与反思，本研究得出如下结论。第一，权力下放、提高公共服务供给水平是一个中央政府—地方政府—公民共同参与的过程：中央政府须具备监管与调控的权力；地方政府须享有一定程度的决策自主权与组织管理能力；公民，即公共服务的受益者须积极参与地方政府决策与问责政府。只有当三方之间达到协调配合，以权力下放、创新地方公共治理为核心的加纳政府改革才能达到预期目标，即提升加纳地方公共服务供给水平，推进加纳政治民主化进程。第二，法律构架、组织能力和财务能力三个要素的协同运作是加强公共服务供给的基础。基于以上三个要素，从公共服务供给和需求两个维度，作者提出了提升政府公共治理水平的概念模型。在该模型中，公共服务的供给方面包括政治承诺实现度、公共服务供给次序、政府财政收入的来源与可用性、政府组织能力、私营部门参与度和公共财务管理系统运行度。公共服务的需求方面则应从公民参与和问责机制的建立方面着手。只有同时满足两个维度的必要条件后,国家的公共治理水平才能有效提升。第三,通过权力下放提升公共服务供给水平的有效路径:履行政治承诺、高度重视公共服务供给;鼓励以私营部门为代表的第三方积极参与;公共财政支持;推动公民参与型社会的建立;树立顶层设计理念。本篇的结论将为加纳政府通过权力下放的改革来提升公共服务供给水平提供对策建议,以期为加纳政府创新地方公共治理,推进加纳政治民主化进程与西非国家简政放权的改革实践提供一定的参考。

第三篇由来自电子科技大学公共管理学院的赵蜀蓉等撰写,选取加纳为典例,探讨了中国企业"走进非洲"的国际产能合作的风险及对策。中非国际产能合作加速了非洲的工业化和现代化进程,推动了中国经济的发展与产业的转型升级。然而,中非国际产能合作仍面临复杂的环境考验及潜在的合作风险。据此,课题组分别以四川和加纳企业为具体研究对象,运用 PEST 分析法,从政治(法律)、市场、社会及技术四个维度对合作中面临的风险以及四川与加纳企业开展国际产能合作的意愿进行了调查与分析。课题组共收到来自四川和加纳企业的 164 份有效问卷。调查显示,四川企业与加纳企业均有较强的产能合作意愿,政治风险是影响中非双方国际产能合作的最大风险。此外,东道国国内战争、内乱和非洲的腐败问题是双方最关注的政治风险;投资方受法律保护不足与企业合规问题是影响中非双方国际产能合作的法律风险;利率的突然调整和商品或材料价格的剧烈变动是影响中非双方国际产能合作的重要经济风险;文化风俗及语言差异是阻碍中非双方国际产能合作的关键社会风险;同时,技术人员质量不高、数量不足以及技术兼容性较差也将制约中非国际产能合作。基于实证分析,本研究提出四川企业应对产能合作风险的对策与建议,旨在提高四川企业国际化综合实力并推进非洲工业化的发展升级,也为中非国际产能合作的开展提供有益参考。

研究发现,中非国际产能合作对于四川企业而言,是一次重要的发展转型机遇。非洲是中国传统友好的地区,也是落实"一带一路"倡议的关键地区。在此背景下,四川在财政和制度上对与非国际产能合作提供了诸多支持,南非、埃及和埃塞俄比亚是四川在非主要贸易伙伴,塞内加尔是四川推进国际产能合作的重点对接国别。因此，四川与非洲国家的国际产能合作，在政策上可得到诸多的支持和便利。同时，通过国际产能合作将四川的资金、技术、经验、管理与非洲的发展需求、自然资源、充沛的劳动力相结合，发挥各自的比较优势，能够推动双方互利共赢。

目前，四川与非洲国家的经济贸易正在推进过程中，双方的资源具有较强的互补性，且合作的范围已从基础设施建设、能源开发、农业合作向劳动密集型、科技型产业扩展，但双方的合作在收获机遇的同时也面临着风险。因此，四川应加强顶层设计规划，从非洲地区整体角度出发，对适宜与中国开展国际产能合作的国家和地区进行甄别和筛选，从而明确目标国家及地区并绘制其产能需求图，确定国际产能合作的重点及梯度。同时，对四川的优质富余产能进行摸底，明确各区域的重点合作产业，优先选择基础设施产能与国内地区不适宜承接的优质富余产能。另外，针对合作中面临的具体风险提出应对措施，未雨绸缪。为此，本研究采用 PEST 分析法，并分别针对四川和加纳企业设计了两套调查问卷，明确与对方开展国际产能合作的意愿及对合作风险的看法，为国际产能合作的研究提供全新的视角。本研究的成果将有助于中国企业了解加纳的商业环境，合作风险的识别与分析将有助于政府制定或完善相关政策，同时也为相关领域的未来研究提供重要参考。

2. 信息通信技术（ICT）与加纳中小企业成长[*]

主要观点

近年来，由于信息通信技术（ICT）创新的发展，不少企业与机构在其商业活动中已开始应用信息通信技术创新，人们普遍认识到信息通信技术创新对提高公司绩效有着重要的作用。信息通信技术创新在帮助企业掌握市场供需动态来满足客户需求的同时，也加速推动当今世界市场的变化，导致国内外市场竞争更加激烈。因此，信息通信技术创新已成为影响企业竞争力与持续发展的重要因素。虽然信息通信技术创新在企

---

[*] 本书作者李安文、邵云飞，社会科学文献出版社 2018 年版。

业的竞争力和发展中发挥着重要的作用，但关于这项技术应用的前因变量以及它们在新兴经济体中（尤其是加纳）对中小企业发展所产生的影响的调查研究还较少。因而本课题旨在研究信息通信技术的创新对加纳中小企业发展所产生的影响，进一步分析影响信息通信技术在中小企业应用的前因变量。

基于已有研究中关于信息通信技术创新的应用前因变量以及它们对中小企业使用的影响，本研究建立了相应的概念模型与研究假设，在分析已有理论与模型优缺点的基础上，对所建立的模型进行了测试，以保证模型的合理性与可操作性。研究样本由326名加纳中小企业的所有者/经营者构成，涵盖了制造业、服务业、零售业、批发业、建筑业等领域的国有企业与民营企业。所有研究样本的中小企业，依据加纳小规模企业全国委员会（NBSSI）的定义，将其分类为微型、小型、中型三类。在研究方法上，通过软件SPSS对样本数据进行描述性统计分析、多重回归、探索性因素分析以及皮尔逊相关系数分析，进而采用AMOS在实证分析中建立结构方程，并对方程进行检验。为了进一步地解释中小企业成长中行为因素、企业特性以及外部压力对信息通信技术创新的中介影响，本研究也应用了Sobel测试计算器。

研究结果表明，本研究在已有文献与理论框架下所建立的模型具有实证意义。首先，信息通信技术创新在加纳中小企业的发展中产生了显著的正向影响。其次，研究结果也证明绩效预期、社会影响、促进因素以及外界压力等前因变量对信息通信技术创新的应用有着显著的正向影响。最后，研究结果还表明无论是否存在信息通信技术创新的应用，绩效预期、社会影响、促进因素以及外界压力等前因变量都会对中小企业的发展产生显著的正向影响。

本研究拓宽了前因变量对相关理论的研究，同时也验证了在控制变量为员工规模以及行业类型时，信息通信技术创新的应用对企业发展具有显著的正向影响。研究结果也指出，员工的规模与产业类型对信息通信技术创新在中小企业发展中的应用并无任何显著影响。在现实意义方面，本研究认为绩效预期、信息通信技术创新的应用以及公司特征是加纳中小企业拥有者或经营者在加强与发展公司信息通信技术创新时最需要关注的三个重要因素。

本书首先概述了研究背景和研究意义、研究问题和研究目标、研究原理和研究方法以及研究内容和研究思路。其次分析了中小企业（SMEs）的定义与特征、加纳情景的 SMEs 定义及其对加纳经济增长的贡献、信息与通信技术（ICT）以及 ICT 创新、发展中国家 SMEs 的 ICT 创新壁垒、加纳 SMEs 中 ICT 创新的影响因素、加纳 ICT 创新的基础设施发展的相关文献，进而阐明了研究理论和概念模型。各类理论和概念模型帮助研究人员确定和设置以下前因变量，即绩效预期、努力预期、社会影响、促进因素、个人创新能力、企业特征、外部压力，以作为影响 ICT 创新利用的关键变量及其对中小企业成长的影响，同时将年龄、性别和 ICT 经验水平作为调节因素以及员工作为控制变量，解释了用于本研究的方法。关键要素包括研究方法选定、研究设置、数据收集、问卷调查、试点研究和人口统计变量。此外还阐明了用于研究分析和伦理考虑的统计技术，从而展示了从收集的加纳中小企业相关数据中获得的结果。数据信息借助 SPSS 20、AMOS 24、Sobel Test Calculator、Microsoft Office excel 2013 软件来统计分析，并以图表的形式呈现，重点探讨了如何从数据分析中获得结果，其关键组成部分包括：行为因素（EP、EE、SI、FF、PI、FC 和 EP）对使用信息通信技术（ICT）创新的影响。同时，本书还讨论了调节变量对使用 ICT 创新的预测变量的影响，调节变量在使用 ICT 创新和中小企业增长之间的影响，以及所有预测变量和结果变量之间的中介效应。

本书作者基于企业的特征提出了 UTAUT 模型概念，同时指出了外部压力适于预测信息通信技术（ICT）创新应用过程中的贡献因素以及 ICT 对中小企业成长的影响。此外，相关路径的索贝尔分析有助于清晰地理解和阐明研究变量之间的相互作用。研究的独特性：前因变量的直接效应、绩效期望、努力期望、社会影响、促进因素、个人创新、企业特征、中小企业成长的外部压力，以及 ICT 创新在中小企业发展中的中介效应得到了实证。

3. 加纳农业供应链风险与规避策略及其对供应链绩效的影响*

主要观点

农业供应链本身就是一个复杂的系统，加之当今环境与农业供应链的不稳定性以及消费者对农产品质量和防腐问题的重视，使得公众对农业供应链的风险问题及现状的关注度急剧上升。因此，处于供应链环节中的企业及参与者若要持续运营下去，就得稳中求进，对整个复杂的农业供应链系统做出调整和改进。而要实现这种调整，就必须对与供应链相关的潜在风险及其可能产生的影响进行识别并做出评估，据此进行处理和改善，从而有效分配稀有资源，以促使整个供应链系统合理高效运行。其一，本书对加纳农业供应链中潜在的供给风险进行了调查与评估，并根据工程评定及历史记录，估算出这些风险的缓急程度和参与者面对既定风险的应对能力。大多数企业如要想利用好稀有资源，需掌握已有风险对供应链绩效的影响，以便高效地分配资源，将风险降到最低。其二，本书通过实证方法主要研究了不同类型的供应链风险及其对加纳农业供应链绩效的影响。在揭示了供应链风险对供应链绩效影响的基础上，本书提出了缓解这些风险的应对策略，以及该策略可能对加纳供应链绩效产生的影响。本书的结论表明，虽然有些风险在供应链中是不可避免的，如市场风险，但并非所有全球供应链的相关风险都会在加纳农业供应链中得以体现，例如政治风险或气候因素引发的风险等，都不会或很少单独出现在加纳农业供应链中。同时，本书也指出加纳农业供应链的参与者或企业具备不同的应对危机的能力。例如，当面对财政风险束手无策时，参与者可能在供应链的管理及运作上有所作为。实证研究证明，市场供求、气候、物流、基础设施以及财政等风险源对加纳农业供应链实际运作会产生不利影响。然而研究表明，生态与环境、管理与运作、政策与监管、政治问题相关的风险源对其农业供应链绩效影响不显著。实证研究也表明，虽然加纳农业供应链的参与者们采用了多种降低供应

---

* 本书作者叶博安、冯毅，社会科学文献出版社 2020 年版。

链风险的策略来应对不同的危机，但并非都行之有效。例如，有些研究层面上得出的降低风险的策略，如规避、管控、协调和适应等能对供应链的绩效产生积极影响，但在实际运用中通常会产生一些严重的负面效应。

本书得出以下结论：第一，合理分配稀有资源，以缓解供应链中的需求、供应、气候、物流以及基础设施相关的风险，从而改善加纳农业供应链的绩效；第二，提倡在加纳采用规避—管控—协调—适应四步走的降低风险策略，以达到缓解供应链危机、改善供应链绩效的目的。

本书首先概述了研究背景和研究意义、研究问题和研究目标、研究原理和研究方法以及研究内容和研究思路。其次介绍了供应链风险管理的一般框架，并对风险、供应链风险和农业供应链风险下定义。接着，分析农业供应链风险来源、风险管理和供应链绩效相关文献。然后，本书还阐明了研究方法，并对收集的数据予以分析，进而验证假设。依据数据分析结果，识别出与天气和自然灾害、生物和环境、市场、物流和基础设施、政治、政策和制度、金融、运作和管理相关的风险，分析与供应、物流和基础设施、政策和制度、政治、生物和环境、天气、管理和运作、金融相关的风险降低策略，并基于此得出其对绩效的影响。此外，着重分析主要农业供应链风险的相关效应，以及对农业供应链绩效用普通最小二乘法（OLS）回归模型的结果。最后，本书进行了研究讨论，阐明了研究的学术贡献和实际意义，并得出基于此的管理启示。

本书指出，加纳的农业供应链不可避免地存在风险。除了受地理影响、政治相关风险（政治不稳定、战争、内乱或其他社会政治危机、贸易中断）、天气相关风险（极冷、冰雹、强风、洪水、地震、火山）、与其他国家的纠纷以及资产国有化或没收，本书中提到的供应链领域的所有其他风险问题都会影响加纳的农业供应链。然而，影响农业供应链的风险在概率和严重程度方面有所不同，大多数已识别的农业风险的严重性较低或没有严重性。例如，虽然加纳农业供应链中可能存在生物和环境风险，如与卫生条件差有关的污染以及人类污染和疾病，但其在供应链中的严重性可以忽略不计。一些风险来源是可以管理或控制的，而另一些则没有管理能力。例如，供应链中的参与者没有能力管理或控制与财务相关的风险，如资金支持不足。然而，链上参与者对金融相关风险的管理或控制能力较弱,如获得金融支持的延迟、金融支持(信贷)的不确定性、周期变化或利率和汇率政策的不确定性。

本书基于在加纳收集的横截面数据,通过分析农业供应链中的风险,为农业供应链风险管理的研究做出了贡献。研究发现,供需相关风险、天气相关风险、物流和基础设施风险、金融风险与农业供应链绩效之间存在显著负相关。因此,这些风险源在农业供应链管理决策中很重要。然而,生物和环境相关风险、管理和运营相关风险、政策和监管相关风险以及政治相关风险对农业供应链绩效的影响不显著。

本书提供了全面的风险缓解策略,以及分析了其对农业供应链绩效的潜在影响,对农业供应链风险管理研究做出了贡献。结果表明,并非所有风险缓解策略都能显著提高加纳农业供应链的绩效。加纳农业供应链的参与者采用多种缓解策略来缓解与需求、供应天气、物流和基础设施、金融、政治、生物和环境、管理和运营以及政策和监管相关的不同风险。然而,所采用的缓解策略对农业供应链绩效的影响各不相同。虽然一些研究的缓解策略(规避、控制、协调等)可以缓解供应链中的风险,并显著影响供应链的性能,但其通常会对供应链的性能产生显著的负面影响。

因此,本研究主张将稀缺资源进行分配,并采用最合适的策略来缓解严重破坏加纳农业供应链绩效的风险源。此外,本书还主张,为了提高供应链的绩效,供应链参与者应采用规避、控制、协调等缓解策略来缓解除政治相关风险之外的各种供应链风险,因为没有任何缓解策略可以显著降低政治风险。

(资料收集与整理:匡亚林　郑舒意　王昆莉)

二 《中国脱贫攻坚调研报告——黔东南州岑巩篇》

《中国脱贫攻坚调研报告——黔东南州岑巩篇》(中英文版)是中国非洲研究院委托电子科技大学西非研究中心撰写的、由中国社会科学出版社出版的国家智库报告。该报告选取电子科技大学长期定点扶贫单位贵州省岑巩县作为典型案例，得到了学校扶贫办公室、数字乡村振兴研究中心、定点扶贫专家智囊团、校内各参与定点扶贫单位，以及贵州省岑巩县人民政府等的多方支持与协助。报告梳理贵州省岑巩县在运用电子信息技术、助力脱贫过程中的有效经验，以期为各地方减贫工作提供智慧脱贫经验；同时也期望为世界贫困地区，特别是非洲大陆贫困地区提供一定的参考。

《中国脱贫攻坚调研报告——黔东南州岑巩篇》出版后产生了显著的影响力。在"习近平总书记关于扶贫工作的重要论述学习研究成果征集活动"中，《中国脱贫攻坚系列调研报告》荣获优秀奖。作为全国扶贫典型案例，报告中的"帮扶成效"内容被《教育部简报》刊发，并多次获主流媒体报道，产生单篇点击量过亿次的宣传效果。2020年12月，电子科技大学西非研究中心团队到岑巩县档案馆开展扶贫宣传书籍《中国脱贫攻坚调研报告——黔东南州岑巩篇》的捐赠活动，捐赠的书籍被广泛用于贵州省岑巩县的扶贫宣传和教学等。

中国脱贫攻坚调研报告——黔东南州岑巩篇[*]

主要观点

国务院扶贫办等于2012年11月联合下发了《关于做好新一轮中央、国家机关和有关单位定点扶贫工作的通知》（以下简称《通知》），《通知》中明确将贵州省岑巩县列为电子科技大学的定点扶贫单位。

随着国家"大扶贫"战略的稳步实施，以及"新型智慧城市""新农村"建设的快速推进和贵州"大扶贫、大数据、大生态"三大战略的实施，电子科技大学结合自身学科特色和优势，创新性地提出了"智慧城乡"理念。针对帮扶贵州省岑巩县脱贫，提出了基于精准扶贫理念的"电子信息+智慧城乡建设"扶贫模式，以"扶志与扶智"为主要抓手，构建起"突出一个核心——'智慧党建'引领、构建一个机制——'校地合作'、搭建一个桥梁——'电子信息+'、聚焦六大版块"智慧脱贫新模式；同时团结多方社会力量，推进"智慧岑巩"建设。

---

[*] 本书作者赵蜀蓉等，中国社会科学出版社2020年版。

基于构建的扶贫概念、模式及框架，并结合帮扶的实践经验，电子科技大学西非研究中心编纂了《中国脱贫攻坚调研报告——黔东南州岑巩篇》，以期总结和回顾减贫脱贫经验，并为世界其他贫困国家与地区包括非洲的减贫提供参考。本报告的内容：第一章介绍贵州省岑巩县经济社会发展的变迁，描述其基本情况、特色产业以及脱贫面临的困境；第二章阐述贵州省岑巩县智慧脱贫的战略规划，包括战略背景分析、制定战略目标、构建工作机制、明确实施路径、确定实施模式，从统筹规划、顶层设计层面对岑巩县智慧脱贫进行宏观把控；第三章梳理贵州省岑巩县在实施"电子信息+智慧城乡建设"模式脱贫进程中采取的多项举措；第四章围绕"智慧党建""校地合作""电子信息+""智慧举措"四个方面对贵州省岑巩县智慧脱贫举措成效进行阐述；第五章在对贵州省岑巩县智慧脱贫减贫经验总结的基础上，结合非洲贫困状况以及电子信息技术在非州的发展状况，提出对非洲减贫的有效举措。本报告以期为我国脱贫攻坚战取得全面胜利以及全面建成小康社会做好总结宣传，同时也对世界贫困地区，特别是为解决非洲大陆的贫困问题提供一定的经验。

自 2013 年起，电子科技大学开始定点扶贫贵州省岑巩县，学校深入了解贵州省岑巩县的自然、经济、社会等状况，其中重点了解贵州省岑巩县的贫困状况。经实地调研，电子科技大学认识到贵州省岑巩县在自然条件、社会经济条件、硬件条件、软件条件等多方面均存在欠缺，主要表现：（1）自然条件：资源匮乏，耕地少、质量差，山地占的比重大，水土流失严重，且生态环境恶劣，石漠化面积较宽、程度深，并且每年有扩展的趋势。（2）经济条件：产业结构单一，第一产业比重大，生产对象以农作物为主，产品类别有限，产品附加值低。（3）社会条件：基础设施落后，贫困人口主要分布于乡村，交通、水利、通信等基础设施落后；人口受教育程度低，缺乏技能，且观念落后，小农意识浓厚，安于现状，缺乏创新精神，难以适应非农就业；医疗卫生技术及信息管理滞后，不能满足现有需求，导致因病返贫情况频发。

基于对贵州省岑巩县实际状况的认识，电子科技大学和贵州省岑巩县的县委县政府在实施精准扶贫、精准脱贫一揽子计划过程中，双方突出一个核心，抓党建增强扶贫组织力；搭建一个桥梁，用"电子信息+"

聚合起"金山银山";①电子科技大学以"扶志和扶智"为抓手,发挥教育和信息资源优势;同时聚焦六大板块,全面推进智慧城乡建设,致力于将贵州省岑巩县打造成"欠发达地区智慧城乡建设示范县"。在这些目标和理念的指引下,电子科技大学进一步明晰了帮扶的具体内容、措施和路径。

聚焦"智慧党建"引领人心。电子科技大学利用自身在电子信息领域的技术和优势,以"互联网+"先进理念为指导,切实联系岑巩县党建工作的实际状况,着力打造"智慧党建"平台,集政治建设、思想建设、组织建设、作风建设、制度建设、廉政建设和精神文明建设为一体,专注于推动党建创新与助力党务管理,并从党建学习(规范"三会一课"、民主评议制度,召开"两学一做"学习教育活动)、党社联建(党建带动、能人带动、企业带动)、爱心结对(对残疾人进行职业技能培训,送医送药进村寨)、结对共建(有效利用自然资源,改善贫困户境况,提高学生学习条件)四方面持续深入推进工作。

为牢固基层党组织的建设,电子科技大学积极探索人工智能时代的党建工作方法,通过加强党建为科技、金融的发展注入创新活力,走出一条"用科技助力党建、以党建引领发展"的道路。电子科技大学在对岑巩县"智慧党建"工作进行调研的基础上,为其研发"岑巩'智慧党建'管理系统",此系统具备精准管理党员、实时发布新闻、及时推送消息和实时解答问题的功能,满足脱贫攻坚信息化需求。

着力"校地合作"帮扶推动。为全力以赴做好定点扶贫工作,电子科技大学与定点帮扶地区建立常态化对接联系,不断丰富完善校地双方合作机制,逐步细化双方合作事项,使定点扶贫工作在精准施策上出实招、在精准推进上下实功、在精准落地上见实效。坚持以科学发展观为指导,按照"互动发展、互利共赢、重点突出、注重实效"的帮扶原则,采取优势互补、资源共享、项目支撑、完善机制等措施,校地合作——学校和地方双方从人才、技术、产业等领域进行全方位、多元化的合作,不仅是创新高校与地方政府党建工作的有益尝试,也是双方加强交流、

---

① 《电子科技大学精准扶贫精准脱贫典型项目——智慧岑巩 脱贫奔小康》,2018年10月15日,中华人民共和国教育部,http://www.moe.gov.cn/jyb_xwfb/xw_zt/moe_357/jyzt_2018n/2018_zt20/fpr_jdxm/201810/t20181015_351444.html。

优势互补、深化党建合作的重要契机,更是双方面向未来、携手共进、协力共赢的有力举措。其一是总体规划,为岑巩量身定制智慧蓝图;其二是详细规划,多方智举引领岑巩发展,即人才支撑(急需短期人才培养、专业人才长期委培、信息手段德育管理)、技术支援(贫困信息数字化采析、自然资源信息化管理)、产业支持("智慧养猪""智慧商务""智慧融媒")。

搭建"电子信息+"扶贫桥梁。近年来,岑巩县在教育科技、医疗卫生、电子商务、农业扶贫等方面加快了建设步伐,但经济总量规模偏小,经济基础薄弱,交通、信息、科技等基础实施建设相对滞后,信息化、智慧化发展的整体水平低,差距明显,无特色应用,智慧化对经济社会发展的支撑力度较小。基于此,中共电子科技大学第九次代表大会将定点扶贫工作列入学校党代会工作报告,明确指出要切实做好基于"精准扶贫"理念的扶贫工作,探索"电子信息+智慧城乡建设"的扶贫新路,从教育、医疗、电商、农业领域为学校发挥教育特长、学科优势,实施精准帮扶提供实践路径。具体而言,路径一是"电子信息+教育"扶志扶智,即"强"教育理念和师资;实施科技赋能"跃升计划","促"教育改革发展;实施教育发展"均衡计划","提"教育教学质量;实施教育扶贫"聚力计划","创"全民重教环境。路径二是"电子信息+医疗"连通互利,即建立医疗资源共享平台,助推远程医疗服务全覆盖;优化就诊流程,建立临床诊疗一体化工作站;创新服务理念,推出便民惠民举措;逐步促进信息互联互通,减少群众异地就医的后顾之忧。路径三是"电子信息+电商"联动提效,即建立农村电商站点;招引龙头企业入驻;推进建档立卡贫困户的电商培训。路径四是"电子信息+农业"合作共赢,即建设"智慧养猪""智慧果园"项目。

实施"智慧举措"建设岑巩。电子科技大学在提出"智慧城乡"理念的同时,为贵州省岑巩县量身定制多个智慧应用单体示范项目,用科技路径引领产业转型和发展,让"智慧"保护青山绿水,让"智慧"挖出金山银山,坚定岑巩县广大干部群众的发展信心。电子科技大学主要通过智囊团帮扶、人才支撑、产业助推、资本运作、软硬件提升、传播塑品六个方面,探索"欠发达地区智慧城乡"建设新路,打造宜实践、可复制、能推广的岑巩样板。具体而言,举措一是智慧城乡智囊团帮扶,即组建"定点帮扶岑巩专家智囊团",有针对性地提供专项咨询服务。举措二是智慧城乡人才支持,即开设信息化工作能力集中培训班,培养专业人才和引进优秀人才。举措三是智慧城乡产业助推,即搭建教育系统消费采购扶贫平台"e帮扶"。举措四是智慧城乡资本运作,即落实巨额投资项目入库,以PPP模式招标社会投资人采购。举措五是智慧城乡软硬件提升,即开发高质量软件系统,加强信息化建设。举措六是助力智慧城乡品牌传播,即搭建"两微一端"传播平台,营造脱贫攻坚战斗氛围。

贵州省岑巩县作为国家扶贫开发工作重点县,坚持以脱贫攻坚统揽经济社会发展全局,在电子科技大学的帮扶下,按照精准扶贫的要求,立足岑巩县实际,建设"智慧岑巩",走出了一条基于精准扶贫理念的"电子信息+"岑巩道路,切实做到了把扶贫对象搞精准、把扶贫主体搞精准、把扶贫路径搞精准、把扶贫措施搞精准,真正扶到点子上、扶到关键处,坚持不漏一人、不错一户,全面加强脱贫攻坚精准管理。

贵州省岑巩县基于"精准扶贫"理念的"电子信息+智慧城乡建设"智慧脱贫模式,不仅拓宽了全国脱贫攻坚的路径,也有助于总结贫困县域智慧脱贫减贫、稳定发展的基本经验与规律。贵州省岑巩县脱贫攻坚的经验可以概括为以下四点。一是以"智慧党建"为核心,构建党建扶贫新模式,即以抓党建促脱贫攻坚为抓手,创新推行基层组织联建强堡垒、党员能人联手强队伍、组织生活联合强活力、产业发展联兴强效益"四联四强"抱团发展模式,通过村与村、村与帮扶机关联合开展"主题党日"、集中学习、互动交流等活动,促进各类资源有效整合,形成"强村带弱村、机关带农村"工作格局。二是以"校地合作"为机制,坚决扛起脱贫攻坚政治责任,电子科技大学与岑巩县建立了严谨的校地合作机制,其理论根基为三螺旋理论。夯实脱贫攻坚指挥体系、压实脱贫攻坚包保责任、做实脱贫攻坚督战问效,使合作事项具体、合作范围全面,做到层层负责、人人尽责。该理论强调相互依存、相互促进的关系,在岑巩县精准脱贫过程中得到切实体现,即大学(教育)、产业(生产)和政府(官方)息息相关、紧密相连,共同构成三螺旋结构,其核心是沟通,旨在携手推进社会利益的最大化,为推动岑巩县脱贫工作开展提供有效指导。三是以"精准脱贫"为目的,打造"电子信息+"扶贫新模式，即依托电子科技大学定点帮扶岑巩县资源，岑巩县大胆创新、积极探索，聚焦智囊团帮扶、人才支撑、产业助推、资本运作、软硬件提升、传播塑品六大板块，发展"电子信息+基础设施""电子信息+智慧电商""电子信息+智慧医疗""电子信息+智慧教育""电子信息+智慧农业""电子信息+智慧旅游""电子信息+智慧政务"七大领域，走出了一条体现脱贫攻坚精神，具有岑巩县特色的扶贫开发新路子。四是"智慧举措"多元化，凝聚社会扶贫合力，电子科技大学为岑巩县量身打造了多个智慧应用单体示范项目，以电子信息技术等科技手段引领当地产业的发展及转型升级，通过组建"定点帮扶岑巩专家智囊团"、开设信息化工作能力集中培训班、入库巨额投资项目、招标社会投资人采购、开发高质量软件系统、建设"两微一端"传播平台等多种方式，从智囊团帮扶、人才支持、产业助推、资本运作、软硬件提升、传播塑品六个方面多角度、全方位为岑巩县注入"智慧"源泉。在智慧城乡产业助推方面，利用互联网电商技术打造的教育系统消费采购扶贫平台"e帮扶"是岑巩县多元举措、智慧脱贫的亮点之一。

"电子信息+"已经成为推动全球社会和经济发展的重要驱动力。非洲人口超过12亿人，占世界人口总数的近1/5，"电子信息+"将能够成为激发非洲人民创造力的重要工具。本报告中的"电子信息+"扶贫模式能够为非洲推动自身减贫脱贫、实现经济社会快速发展提供有益经验，以助力非洲智慧产业的发展。通过经验借鉴并结合非洲实际，非洲"电子信息+"具体体现在以下几个方面。

一是"电子信息+农业"。农业是经济发展的基础，对非洲尤其如此，农业是大多数非洲国家的第一大产业。非洲的农业产值约占非洲大陆生产总值的15%，农业劳动力占非洲劳动人口的比重为60%，为超过50%的家庭提供基本生活需求和收入。在非洲，70%的人口从事务农工作。此外，据世界银行测算，非洲的粮食市场将继续增长，到2030年将达到1万亿美元，而非洲对粮食的需求也将翻番。粮食生产对非洲经济和社会发展的重要性不言而喻，而耕地是粮食生产的重要前提和保障。因此，保护耕地、提高粮食产量是非洲各国共同致力的事业。而信息化技术在耕地保护中就是一种有力手段，"电子信息+农业"能够为非洲农村地区减贫提供技术支持。如全天候遥感监测、地理信息系统等现代信息技术，能提高耕地质量监测评估的信息化水平，并依托耕地的信息化数据，提高对耕地质量有效感知、快速获取与精准识别的能力。同时，非洲各国可尝试开展耕地生态状况评估和监测的网络建设，从而提高非洲整体耕地保护与发展水平，为粮食生产提供重要保障。

信息通信技术的有效利用也有助于提高非洲农业的生产率。例如通过现代化、智能化的科技手段，可以实现全方位、实时化地监测气象、苗情和病虫，同时相关数据会及时、全面地接入大数据系统以供分析，从而发现需要解决的问题，并提出相应的改进措施，进而提升农业生产效率，以提高农产品产量与品质。[1] 建立农产品消费平台系统，促进供求双方对接，同时使得民众有机会、有渠道掌握先进技术信息并且能够及时了解农产品的价格走势，从而能够掌握农业生产重点。利用电子信息技术打造特色农业，创造出模式多样的"新农业"。此外，农业生产在线登记册（Farm Registry）可以作为农业发展、提供农业服务以及社会援助计划的基本工具。通过登记册为农民群体提供健康保险、农作物保险、老年退休金、信贷等方面的服务。"电子信息+"同时能够帮助农业生产者汇总生产加工流程中每一环节参与人员的信息，提升农业生产效率比和资源利用率。

二是"电子信息+工业"。工业是国民经济的命脉，是劳动生产现代化的核心部门，并且在推动国家经济发展中发挥着重要作用。非洲大陆幅员辽阔，其丰富的矿产资源能够为非洲工业发展提供基础保证。非洲以矿物资源种类多、储量大而闻名于世，如石油、天然气蕴藏丰富；铁、锰、铬、钴、镍、钒、铜、铅、锌、锡、磷酸盐等储量巨大；黄金、金刚石久负盛名；铀矿脉相继被发现，引起世人瞩目。不难看出，矿产资源开发是非洲许多资源型经济体繁荣的重要产业支柱。同时，非洲的城市化进程愈渐加快，到2045年，非洲的城市人口预计每年将增加2400万人；到2034年，非洲劳动年龄人口预计将达到11亿人。丰富的矿产资源、年轻的人口结构与不断增加的劳动力为非洲的工业发展注入了活力。在这一进程中，"电子信息+工业"将成为非洲发展以及融入全球市场的首选方式。

---

[1] 《贵州岑巩：杂交水稻迎来"智慧管家"》，2020年5月15日，电子科技大学扶贫网，http://www.fp.uestc.edu.cn/info/1004/1734.htm。

智能化是当下工业发展的趋势和潮流，制造业更是经济增长的中坚力量。因此，以物联网和人工智能为代表的新兴技术的广泛应用将推动非洲传统制造业逐步向智能化转型，即科技与资源的有效融合将有助于提高其生产效率和效益，进而提升非洲整体的制造业水平，提升生产质量。例如，"电子信息+"技术能够推动地质调查、矿物资源开发的信息化发展，结合空间信息、对地观测等信息技术，可紧密围绕非洲国家的资源战略与找矿需求，开展智慧探矿创新应用研究，促进以数据驱动的智慧探矿新业态形成。

三是"电子信息+教育"。大力发展教育事业是保证国家人才所需的条件，是一个国家的基础性战略，关系到国家每一个行业，其发展水平直接决定了社会的经济，对非洲来说意义更加重大，甚至有可能成为非洲经济发展的核心驱动力之一。同时，"电子信息+"技术的开发与推广需要具有相关知识技能的人才，离不开教育事业的发展。

教育信息化可为提高非洲教育的整体水平提供多层次数据，挖掘不同人群的教育需求。将"电子信息+"技术运用于教育领域，能为精准识别教育对象提供可能性。通过为非洲适龄学生建立包括个人信息、家庭信息、学业信息等在内的数据库，可了解并追踪学生的教育动态，识别学生个人的身心成长及其家庭情况变化，从而为学生提供个性化的教育帮扶方案，增加非洲地区人口的受教育机会。非洲国家也可以利用电子信息技术创新教育模式、寻找创新教育方法、构建科学高效的教育平台，为提高非洲国家教育水平提供技术支持、培养高素质人才，为非洲国家经济建设、可持续发展提供人口红利。非洲各国政府还应当加强高等教育方面的"电子信息+"投资，通过人才培养带动知识型、创新驱动型经济发展。

在本案例中，从"智慧岑巩"战略方案的规划到实施方案的确定，都充分体现了高校在脱贫减贫、服务社会中的重要地位。因此，非洲国家可参考中国高校的扶贫经验，发掘高校所具有的科学与技术优势，开展致贫原因精准识别、扶贫人才培育及定点区域帮扶等一系列扶贫工作，同时可在政府部门制定脱贫攻坚战略与政策中充分发挥咨询作用，承担起助力非洲脱贫减贫的责任。因此，通过借鉴本案例，发挥非洲高校在非洲脱贫减贫中的作用，提供以下四点经验启示。

第一，注重发挥高校的人才培养功能。人才培养是高等学校的根本任务，是事关社会发展与国家建设的战略工程。高校学生步入社会后成为国家未来的建设者，将在各行各业充分发挥其专业知识与技能，是创造社会财富的重要引擎。非洲高校应注重劳动力市场需求，按需提供培养项目、技能培训以提升学生的技能水平，培养学生的创造力、技术思维和创业能力，以确保毕业生能就业，并鼓励学生创业。

第二，发挥"智库"作用。虽然贫困是多方面、多维度的，是从不同渠道展示出来的，很难通过高等教育解决所有类型的贫困，但在知识型社会中，可基于知识的创新型活动、知识传播及高等教育机构的合作达到多渠道、多维度的减贫。非洲高校应以问题为导向，围绕国家减贫重大战略需求，植入脱贫减贫思想、提供脱贫减贫政策方案、发挥决策咨询作用，充分发挥高校作为服务社会经济的"智库"功能，为非洲脱贫注入智慧源泉。

第三，充分发挥高校作为地方经济发展载体的作用，加强校地、校企合作。非洲高校具有人才、资源等多方面优势，是区域经济发展的载体。因此，有必要从地域分异的角度思考高校在社会经济发展和扶贫中的作用，即将高校的发展与区域经济社会的发展紧密结合起来。一方面，加强高校与地方、社区、企业等的合作，使高校能够根据特定地区的经济发展情况，因地制宜地形成区域帮扶创新体系，并不断探索校地合作、产学研合作的新途径，将高校的人才智力优势转化为发展优势，从而服务地方经济发展；另一方面充分利用溢出效应，通过旧校区的拓展、新校区的建立，为当地带来新的商业、财富和就业机会，同时也可以助力减贫脱贫。

第四，助力巩固脱贫成果。脱贫减贫工作中，在"输血"的同时要注重"造血"。非洲高校可发挥自身专业、人才与科技优势，根据各地实际贫困状况增强当地的经济发展内生动力，制定发展规划，挖掘资源潜力，促进当地在减贫脱贫的基础上更进一步地实现经济可持续增长。在发挥高校自身作用的同时，还需注重与贫困地区民众进行思想交流，号召当地民众依靠自身智慧大力发展生产，形成发展聚力与合力，改变贫困面貌，尽早摆脱贫困处境。

（资料收集与整理：王昆莉　郑舒意　杜　莹）

三 《全球背景下的中国与非洲：
相遇、政策、合作与移民》

《全球背景下的中国与非洲：相遇、政策、合作与移民》（China and Africa in Global Context：Encounter，Policy，Cooperation & Migration）是由李安山撰写，并由 Africa Century Editions Press（ACE Press）出版的全英文著作。李安山，多伦多大学博士、电子科技大学协议教授、北京大学荣休教授，中国非洲史研究会会长，联合国科教文组织非洲史（第9—11卷）国际科学委员会副主席。李安山的研究方向主要是非洲历史和史学、非洲民族主义、海外华人和世界历史。ACE Press 是一家专注于非洲内容的出版社，该出版社主要出版与非洲大陆各个地区的教育、社会、历史、文化和发展相关的内容。

全球背景下的中国与非洲：相遇、政策、合作与移民

本书是李安山在全球背景下理解中非关系的一部分。该书分四部分，共20章，涉及中非早期历史接触和当代双边合作等主题：中国对非洲研究的历史考察；关于加纳殖民地土著社会力量（牧师和平民）作用的详细案例研究；广泛探讨中国有关的非洲政策；中非发展合作，特别是中国在非洲的医疗队；中国在非洲大陆的技术转让；在非洲的中国移民以及在中国的非洲侨民。第一部分集中讨论三个主题：中非联系、中国对非洲的研究以及两个案例研究。作者首先研究了瓦斯科·达伽马之前中非早期交往的考古学、文献和史学。然后介绍了20世纪和21世纪中国对非洲的研究。最后，作者通过两个案例分析了1906—1908年黄金海岸的宗教运动和加纳南部的两个国家。第二部分主要涉及三个主题：中非合作论坛、中国对非洲的政策、金砖国家和非洲。作者首先探讨了中国—非洲合作论坛的由来、基础、新机遇和挑战。其次，在第7—9章，作者分析了中国对非洲的政策以及相关重要问题：连续性、变化、动态、挑战和文化遗产。最后，作者介绍了金砖国家和非洲以及金砖国家的动态、

韧性和弱点，并分析了中国的作用。第三部分作者主要讨论了中非在经济、医疗、技术、社会和文化领域的合作形式。作者详细阐述了中非间的发展合作、非洲的中国医疗队、中国在非洲的技术转让、中非之间的民间联系、中非之间的文化相似性、中非之间的相互借鉴。第四部分的主题是移民和侨民，共五章。其中前两章介绍了中国在非洲的契约劳工和移民，并分析了中国的非洲政策。另外两章介绍了在中国的非洲移民，并从历史、政策和作用等方面分析了非洲留学生在华的情况。最后一章对南非早期的中国和印度社区进行了比较。本书四部分内容的简要介绍如下。

第一部分：相遇与研究。本部分共分为五章，涉及三个主题：瓦斯科·达·伽马之前的中非早期交往、20世纪和21世纪中国对非洲的研究以及关于 Abirewa、Asafo 和 Destoolment 的两个案例研究。第 1 章旨在通过考察古代中非交往的证据、相关文献和中国史学来说明这段历史，从而探讨早期的双边关系。它分为四个时期：前唐朝、唐朝、宋朝（960—1279 年）和元朝，最后是明初。中非早期交往可能始于耶稣基督诞生之前；非洲人在早期以不同的方式来到中国，而中国人早在瓦斯科·达伽马之前就已经航行到了非洲。第 2 章是对 20 世纪中国非洲研究的历史考察。它分为五个部分："感知非洲"（1900—1949 年）展示了中国人与非洲的接触和对非洲的感知；"支持非洲"（1949—1965 年）展示了中国对非洲研究的早期开端；"了解非洲"（1966—1976 年）探讨了中国人如何收集关于非洲的各种资料和观点；"非洲研究"（1977—2000 年）概述了中国学者在这一时期所做的非洲研究工作。通过分析得出结论：中国在 20 世纪的非洲研究取得了令人瞩目的成就，其贡献将持续到 21 世纪。第 3 章阐述了中国的非洲研究学者在 2000—2015 年的研究内容。他们对哪些主题感兴趣？他们的成就和不足是什么？第 3 章的结论是过去 15 年中非研究已经涌现出了许多新的特点与趋势。第 4 章包括加纳牧师与平民之间的起源与原则、反应与压制、危机状况、牧师地位的变化和人民的抱怨。最后第 4 章得出结论：有迹象表明，在殖民统治之前，黄金海岸确实存在反武术运动。第 5 章讨论了民族主义运动历史和加纳历史更广泛的框架中需要研究和适应的问题。最后作者认为，殖民政府破坏了传统酋长制的民主特征，并降低了平民参与地方政治的可能性。

第二部分：政策与实施。该部分共五章，包括中非合作论坛的起源、金砖国家和非洲、中国对非洲政策的连续性等相关重要议题。第 6 章探讨了中非合作论坛的起源，清楚地表明非洲倡议发挥了巨大作用。在第 6 章中，作者通过使用一手访谈的文献和数据，提出了与以往研究不同的观点：中非合作论坛的成立受多种因素的影响。最后作者认为中非合作论坛并不是一帆风顺的，中非合作的过程中仍然面临很多挑战，需要调整并不断吸取经验。第 7 章讨论了关于中非合作的各种误解和指责，指出并讨论了中非关系面临的新挑战以及双边和多边合作的可能性。作者认为，中国对非洲的政策可以分为三个时期：正常发展时期（1949—1977 年）、过渡时期（1978—1994 年）和快速发展时期（1995 年至今）。然后，作者从两国关系的特点出发深入阐述了与中非合作有关的机遇和挑战。第 8 章讨论了中国与非洲之间的特定原则、挑战和风险以及中国对非政策的连续性和变化，从而准确地判断中非关系中中国的战略思考。第 9 章探讨了以往研究没有涉及的主题之一，即中国文化遗产与其政策之间的联系。作者分析历史遗产对中国外交行为的积极影响。更具体地说，作者想要回答以下问题：是什么样的"关于真、善、美和效能的特定社区理念"塑造了中国的非洲政策？作者认为中国文化与中国的非洲政策之间存在联系。第 10 章讨论金砖国家和非洲之间的联系，强调中国在其中发挥的作用。本章从中国对非洲政策的角度对双边关系提出了中国的看法。本章主要内容：新兴经济体不同名称的由来，这些名称特征的相似性，金砖四国的动态、韧性和弱点，金砖国家与非洲的关系，中国的角色。本章结论：作为世界新兴经济体的一部分，由于协作与合作，金砖国家近年来已经获得了发展动力。

第三部分：合作与动力，共五章。在此部分，作者详细说明了中国和非洲在经济、医疗、技术和文化等众多领域的合作以及中非的民间联系。第 11 章探讨为什么中非合作能够奠定坚实的基础，并根据中国自身的经验，研究中国在这一问题上的独特原则和观点。本章的主要内容：中国的视角和原则、中国的发展经验可能对非洲有所帮助以及非洲倡议和中国在促进非洲发展中的作用。第 12 章介绍了中非医疗合作的背景，以各种数据和个人访谈为基础，考察了海外中国医疗队（CTM）的历史和规模，纠正了媒体公开发布和频繁使用的错误数据，并分析了中国医疗队在地方事务和中国外交事务中的作用及其对世界和平的影响。作者认为，随着中国在非洲的医疗队的影响力的增加，非洲人民也越来越相信中医。第13章介绍了中非关系史上的技术转让（TT）。自1964年《向其他国家提供经济援助和技术援助的八项原则》颁布以来，技术转让一直以不同形式或不同名称存在，即技术援助（TA）、知识转让（KT）或知识共享（KS）。在本章结尾，作者总结出中非合作中技术转让和知识共享中的元素。第14章讨论了中非民间（P2P）交往的历史和成就，以加深我们对这一问题的理解。作者提出，促进中非之间的民间交往活动以及使更多人参与中非合作，从而形成政府—企业—非政府组织的三重协调合作关系。第15章通过讨论四个要素来分析中国和非洲在文化上的相似性：集体主义、尊重老人、平等感以及宽容或忍耐，作者认为中国与非洲应深化中非文明互鉴。

第四部分：移民与散居。该部分包括五章，其中有两章介绍在非洲的中国移民，有两章介绍在中国的非洲移民，有一章比较了南非早期的华人和印第安人社区。通过使用英语和汉语资源，第16章研究了中国劳工在非洲的生活和工作条件、矿工的薪水、1904—1910年对南非矿山的中国契约劳工的控制措施以及他们与这种不人道制度的斗争。作者认为，中国契约劳工的到来和离开推动了全球化进程，即人、知识和文化的全球化。第17章阐述了早期中国和印度移民在南非的异同，并对一个新的地区中不同移民社区之间的关系提出了一些看法。通过论证得出结论：在非洲的中国人和印度人既有相同点也有不同点。一方面，他们在一个陌生的地方遇到了同样的障碍，包括种族认同、经济困难、社会地位和政治权利；另一方面，由于历史、文化和政治状况的不同，这两个群体之间又存在着差异。第18章涉及三个方面：中国在非洲的移民概况、中国在非洲的新移民以及中国对非洲移民的政策。追溯中国人到非洲不同地区的流动——从南部非洲开始，并扩展到其他国家，本章总结了中国移民到非洲的各种途径。本章还强调了中国人在非洲不同地区的流动与海外华人相关的国家政策之间的密切联系，这反映了中国有意愿促进非洲发展。本章通过中国企业家个人的轨迹说明了这些发展。第19章介绍了非洲在中国存在的历史，它旨在更清楚地理解现实与研究之间的联系，可以为未来的研究提供一些领域。作者探讨了"早期中国有非洲人吗？"

这一问题，有三类证据支持非洲人在那个时期的存在——绘画、陶器人物和文学。作者还介绍了非洲人在中国的起源和工作，以及当代中国的非洲移民面临的机遇和挑战。第 20 章在中非关系的背景下研究在华的非洲留学生，主要内容：概述了在华非洲留学生的历史，中国对非洲留学生的政策，他们来华的有利条件和动机，他们对非洲和中国社会的贡献。作者认为，在中国的非洲留学生以及他们与中国人民的交流互动，为中非传统友谊与时俱进注入了新的活力与内涵，为促进中非关系走向新阶段发挥了积极作用。

（资料收集与整理：张海琳　刘沁雨　黄　锐）

第三章

西非研究报告

电子科技大学西非研究中心坚持"利用学科优势，服务政府"研究理念，特别关注四川省企业（包括网信企业）"走进非洲"的问题研究。2017—2020年，中心围绕"一带一路"倡议下四川企业"走进非洲"的国际产能合作风险与应对策略、四川省网信企业进入非洲大陆自由贸易区展开研究，其成果以研究报告形式呈现。

一 "一带一路"倡议下四川企业"走进非洲"的国际产能合作风险与应对策略

该研究报告为四川省哲学社会科学研究规划项目（项目主持人：赵蜀蓉；项目批准号：SC17B031）的结项成果——"一带一路"倡议下四川企业"走进非洲"的国际产能合作风险与应对策略研究。研究报告从政治、经济、社会及技术四个角度出发，对中国（尤其是四川省）国有企业和民营企业参与中非国际产能合作的风险这一方面展开调查研究，经调研和分析发现，影响中非双方国际产能合作的最大政治因素为非洲大陆东道国的国内战争和内乱；影响双方国际产能合作的各项经济风险因素较为持平，其中主要的经济风险包括商品或材料价格的剧烈变动、外汇限制、利率的突然调整、东道国企业的市场垄断、激烈的外部竞争等；影响双方国际产能合作的社会风险为文化风俗和语言差异；一些技术风险因素如技术人员质量不高、数量不足等也制约着中非国际产能合作的深入发展。[①]

针对中非国际产能合作面临的风险，本研究报告采取国际产能合作"三步走"推进战略。

首先是初级阶段，即四川企业优势产能"走出去"阶段。随着"一带一路"倡议的提出，原本位于西部内陆的四川省成为对外开放的前沿阵地。同时，四川省也在深入推进对外开放，积极主动地推动优势产能迈出国门，与非洲国家的国际产能对接合作，不断提高利用外资的规模和水平，扩大本省的知名度和影响力。在推进四川企业"走进非洲"国际产能合作中，初级阶段应采取以政府为主、企业参与为辅的合作模式，梳理出四川的优势富裕产能和非洲的产能需求。四川省委省政府明确提出，四川省要重点培育电子信息、装备制造、先进材料等支柱产业，构建具有四川特色和优势的现代产业体系。与此同时，基于非洲国家基础设施建设落后、经济发展水平普遍较低的现实情况，四川省在推进企业"走进非洲"过程中可以以电子信息、装备制造等为重点，进行优势产能输出。另外，政府应出台相关的支持政策，促进并完善相关配套基础设施的建设，如在进行产能定位的基础上建立国际产能合作的沟通及信息共享平台，以加速和拓宽产能输出路径等。

其次是中级阶段，即非洲市场提供解决方案推动四川企业"走进非洲"阶段。四川企业在"走进非洲"国际产能合作中，在明确定位和打通走出去渠道等的基础上，接下来则需要在合作过程中培养和打造四川企业的品牌和影响力，变被动为主动，让非洲市场主动寻求合作并提供解决方案。随着中非国际产能合作的逐步深入，越来越多的中国企业也将非洲国家视为国际合作的蓝海市场。中国品牌在非洲市场也逐步获得更多的信誉和知名度。基于上述背景，应该如何推动四川企业品牌树立并打造其影响力，这一问题值得进一步研究推进。其一，提高企业自身产能的品质永远是打造品牌的基础和前提；其二，四川企业要给予"营销"以充分的重视，即要通过各类传统媒体和新媒体广泛宣传四川与非洲国家国际产能合作的理念和意义，通过引入知名大企业，形成品牌效

---

① 赵蜀蓉等：《中非国际产能合作面临的风险与对策研究》，《经济问题》2019 年第 4 期。

应；其三，企业要通过参与非洲国家的社会公益建设，助力非洲的教育发展、工人就业等，塑造企业形象，产生吸引力，使得非洲市场主动提供解决方案以推动四川企业"走进非洲"。

最后是高级阶段，即四川企业在非洲生产、研发、共建工业园与科技园区阶段。四川省与非洲国家合作建设产业园的模式符合四川省与非洲国家共同发展的利益诉求，同时产业园的建设本身也可以更高效地利用双方发展差异形成协同优势，这既是对中国"一带一路"倡议所蕴含精神的贯彻和发扬，也是推进非洲《2063年议程》战略目标实现的有效路径。而要推进四川企业"走进非洲"，四川企业在非洲进行生产、研发，并与非洲国家共建工业园、产业园及科技园等是其发展的必要环节。在"一带一路"倡议下，四川省政府应加强与非洲国家及当地政府的合作，积极引导推进非洲国家产业需求与四川省优势产业相互对接的园区建设。一方面推动非洲国家迫切需求的、具备优势的产业快速发展；另一方面带动四川企业"走进非洲"，使得四川的电子信息产业做大做强，进而在非洲国家进行生产、研发，利用和培养非洲国家的劳动力，降低企业成本，推动相关产业国际化发展。与此同时，四川企业走进非洲还能为其引入先进的科学技术、操作设备、人才理念和管理经验，不仅为四川企业拓宽了发展进步的空间，还有利于非洲产业的转型升级。

为积极应对中非国际产能合作面临的风险，本研究报告提出以下对策建议。

第一，政府为企业创造良好的政治环境，并建立相应的风险评估体系。双边、多边投资条约的签订有助于保护外国投资者的合法权益在东道国不受侵犯，尤其是在发生与政治相关的风险事件时显得极为重要，这是外国投资者除东道国法律保护外的第二大救济措施。因此，四川省政府要依托国家相关的政策优势和平台，积极与非洲国家加强相关投资条约和产能合作互利条约的签订，为企业与非洲国家国际产能合作创造便利优惠的条件和平台。另外，风险的防范需要以风险的精准、全面评估为前提。因此，为有效应对四川企业"走进非洲"国际产能合作面临的风险，要以政府为主导，建立相应的具有四川与非洲国际产能合作针对性的风险评估体系。设立专门负责推进四川企业"走进非洲"的组织机构，定期发布相关的风险分析报告。此外，政府应呼吁国内金融和法律等领域的专业服务机构放远目光，积极拓展海外业务，并给予一定的政策优惠，比如减免税收、颁发奖励等，尤其是走进经济及基础设施较为落后、语言风俗文化等与我国差异较大，但需求旺盛、发展潜力巨大的非洲国家，从而在拓宽本国投资者投资途径的同时缓解企业在国际产能合作过程中严重依赖外国机构的尴尬境地。[1]

第二，政府提供多样化的融资担保，企业通过互联网依托及集群出海规避市场风险。政府的政策与支持对四川企业"走进非洲"具有重要的决定性和导向性意义，政府的平台也可以帮助企业降低风险。因此，政府要加大对非产能合作重大项目的保险支持，发挥保险机制的作用，让企业走得出、走得稳。同时，政府在企业在"走出去"的过程中也发挥着至关重要的作用，为企业提供政策支持，在提供人才支持和资金保障方面也要给予支持与帮助。政府在帮助企业"走出去"进行产能合作的同时，也要整合并充分利用涵盖政府、企业和行业协会在内的多方资源，以促进综合信息服务平台的搭建，向有需求的各企业提供其收集和整理的关于非洲国家产业政策、市场需求、项目进展以及社会民情等有效信息，以助力企业和非洲各国开展国际产能合作。此外，要积极建立四川—非洲国际产能合作工业园，实现双方间信息互享，增进双方的互信支持，促进双方互利共赢。同时，政府要尽快完善四川企业"走进非洲"相关的法律、金融、信保等支撑体系；企业则要积极主动的通过产业联盟、集群的形式参与四川与非洲国际产能合作，尤其是跨国经营经验较为缺乏的新兴中小企业，从而优化竞争优势。或是采取多种灵活的投资模式参与四川与非洲国际产能合作，分散并规避经济风险。

第三，加强企业跨国经营能力的培训并借助新媒体等媒介积极地宣传并回应舆论。非洲国家众多，各国间社会文化与中国存在较大差异，四川企业在跨国经营的经验和风险管控能力方面尚有较大的提升空间。要推进四川企业"走进非洲"，推动四川与非洲国际产能合作，积极引进和培养跨国经营的专业的高素质人才，加大对企业跨国经营能力的培训等成为亟待解决的问题。就四川省政府而言，应提供平台，如定期组织

---

[1] 赵蜀蓉、汤志伟、樊文雪：《智慧城市建设与可持续发展——2017年第二届智慧城市国际论坛暨首届市长圆桌会议综述》，《中国行政管理》2017年第12期。

企业进行跨国经验的交流分享，从而增强四川企业的整体跨国经营能力；就企业自身而言，则应建立一套完善的人才管理和培训机制，同时努力推进非洲国家劳工"本地化策略"，从而更大空间地实现四川与非洲国际产能合作效益。此外，面对国际产能合作中激烈的外部竞争和严重的负面国际舆论，企业要在产能合作中积极真诚地履行社会责任，如注重对当地的环境保护、教育扶持等，以促进非洲的良性发展。此外，在四川与非洲国际产能合作的过程中，要充分利用新媒体，利用互联网、自媒体等工具，加强对企业形象的维护和实力的宣传，充分发挥品牌效应；及时回应和处理国际产能合作相关的负面舆论，积极宣传国际产能合作的正确意图及意义，提升非洲人民对四川企业和对中非国际产能合作的认同。

第四，加快推动"中国标准"国际化，企业提高认证意识并落实合规尽职调查。在川非国际产能合作中，建立双方互认的技术标准，是四川与非洲开展经济贸易活动和国际产能合作重要的技术基础和技术规则。因而政府和企业要加强对认证意识的重视，在与非洲国家产能合作中要将标准的互认作为关键和核心环节，并在此基础上推动"中国标准"的国际化认证，从而实现"标准带动产品，产品促进标准"的良性循环。不仅如此，政府还应及时、全面且深入地了解、分析和总结非洲各国的法律制度及国际规则，站在国家的宏观战略高度上制定政策规划，以为企业提供政策指导，为其提供投资与合作方向，从而促进与非洲国家的产能合作。在国家的帮扶下，企业应加强自身的责任意识，并保证自身具备完备的法律意识及合规的技术设备，对投资东道国的法律法规、政策制度和行业行情展开细致的调查；要注意加强与当地行业协会的沟通交流，以获取便利和信息。

本研究报告认为中非国际产能合作不仅能推动中非产业携手转型升级，还可以助力中非命运共同体的紧密构筑。因此，中非未来的合作交流会越发密切，两国间的产能合作将为双方带来诸多机遇，然而不可避免的是，其国际产能合作的风险问题也随之而来。如若固守国际产能合作和产业转移等发展中的"丛林法则"，对中国企业"走出去"而言必会产生"水土不服"的症状，甚至"适得其反"。

而要实现中非国际产能合作的顺利开展，必须在中非国内市场及工业发展需求下以中国的优势产业与富余产能为主导，以非洲大陆内不同国家和行业发展特点为依托，以中非双方对接需求、合作共赢为目标，以"一带一路"倡议等合作框架为契机。在中国"一轴两翼"合作布局下，构建中非产能合作的战略框架，使中非产能合作逐步有序推进，[①] 并在此框架下切实把控产能合作风险，针对中非国际产能合作中的风险问题做具体的应对措施分析，努力构建并完善风险识别、风险评估、风险应对、风险监控等风险管理程序，制定各类风险应急预案，从而做好全方位的保障，促进中非国际产能的顺利实施和互利共赢。

此外，四川与非洲国家的经济贸易正在推进过程中，双方的资源具有较强的互补性。合作的范围已从基础设施建设、能源开发、农业合作向劳动密集型、科技型产业扩展。双方的合作在收获机遇的同时也面临着风险。因此，要推进四川企业"走进非洲"，其一，四川省应加强顶层设计规划，需要从非洲地区整体角度出发对适宜与中国开展国际产能合作的国家和地区进行甄别和筛选，明确目标国家及地区并绘制其产能需求图，确定国际产能合作的重点及梯度。同时，对四川优质富余产能进行摸底，明确各区域产能合作的重点产业，优先选择基础设施产能与国内地区不适宜承接的优质富余产能。其二，针对四川与非洲国家国际产能合作中面临的具体风险提出化解措施及防范措施，从而双管齐下，推动四川与非洲国家国际产能合作良性的、持续的发展共赢。

中非合作无论是在产能方面还是网信领域，均面临着全球经济风险加剧、国际政治波动、文化差异处理不当、人才投入不够、科技创新不足的共同问题。因此，为推动中非产能合作顺利开展，中方应有效利用PPP模式的优势来识别和规避投资风险，并引导政府、产业、高校和研究院协同发力以切实提升国际竞争力，加大对国际型人才的培养及企业国际化的投入，并加强对非洲国家技术工人的培训和投资，从而构建中非国际产能合作框架，使中非国际产能合作有序推进。

中非国际产能合作不仅能推动中非产业携手转型升级，还可以助力

[①] 赵蜀蓉等：《论"一带一路"倡议背景下中国改革开放经验对非洲国家的借鉴意义——2018年"中国改革开放40周年与非洲发展"论坛综述》，《电子科技大学学报》（社会科学版）2018年第5期。

中非命运共同体的紧密构筑。基于此，四川省网信企业在"一带一路"倡议下"走进非洲"具备更大可能，抓住吸收利用外资的机遇，以构建良好制度环境，提升资本市场服务质量，加强技术创新驱动，强化人才支撑和保障网络安全，进而推动四川省及我国其他地区网信企业国际化进程。

更进一步看，四川省网信企业与非洲大陆自由贸易区的重点建设信息技术产业高度契合，通过分析非洲大陆自贸区的基本情况和相关政策以及四川省网信企业的发展现状和面临风险，探讨不同类型网信企业非洲自贸区进入策略，并明确其中的政府作用，有助于探索适合四川省不同类型网信企业进入非洲市场的模式与实施路径。

二 四川省网信企业进入非洲大陆自由贸易区研究

该研究报告为四川省哲学社会科学研究规划重点项目（项目主持人：赵蜀蓉；项目批准号：SC20A005）的阶段性成果——四川省网信企业进入非洲大陆自由贸易区研究。研究报告认为中非经贸合作向来是中非关系全面发展的重点内容。在非洲大陆自由贸易区建设背景下，鼓励更多中国网信企业"走进非洲"，对中国参与非洲经济建设及推动中非贸易合作深入发展有重要意义。

非洲大陆被视为新兴经济体，布鲁金斯学会2019年的报告指出，非洲大陆中20多个国家的经济总量在未来五年将以平均5%或更高的速度扩张，高于全球经济3.6%的增速。非洲大陆自由贸易区将联合13亿非洲人口，构建3.4万亿美元的区域经济体。自贸区未来的总部将设于西非国家加纳，其首都阿克拉被非洲联盟选定为自贸区秘书处所在地。自贸区的成立使非洲各经济体汇聚成统一的大市场，将会进一步推动这一新兴经济体的运行。2018年9月，中国国家主席习近平在中非论坛北京峰会宣布中国将支持非洲大陆自由贸易区建设。非洲自贸区重点发展五大新业态（总部经济、平台经济、离岸经济、信息技术、新兴专业化服务），其中，信息技术被视为带动非洲自由贸易区建设的一个重要引擎。中国的"互联网与信息化"发展战略与非洲自贸区的重点建设产业高度契合。党的十九大报告指出，加快互联网与信息化的发展，已成为我国"十三五"时期践行"厚植发展"优势的战略举措。网信事业也是四川省发展的热门领域，2017年成立的"四川省网信军民融合发展联盟"着力实施以工业电子商务领军、工业电子商务转型、万企网销能力培育为重点的"三大工程"，大力发展工业电子商务。推动四川省网信企业走出国门，加速国际化进程已成为内外发展的需求。川非经贸合作投资正逐步向信息、互联网等新兴行业倾斜。因此，开展四川省不同类型网信企业进入非洲大陆自由贸易区的研究，提出四川省网信企业的非洲市场进入策略，具有理论层面的必要性和实践层面的紧迫性。

本研究报告将核心研究对象设置为不同类型网信企业进入非洲市场的策略，其限定条件是以非洲大陆自贸区建设为研究背景。研究对象为三个方面：一是非洲大陆自贸区建设的投资环境对四川省不同类型网信企业市场进入的影响分析，即基于资源与制度的视角，从自贸区的市场规模、基础设施、自然资源、人力资源、东道国贸易政策、东道国经济政策等方面分析非洲自贸区投资环境，以关注网信企业投资生态环境；二是非洲大陆自贸区建设背景下影响四川省网信企业进入非洲市场的关键要素分析，即分析影响四川省网信企业"走进非洲"的关键要素，主要包括外部要素（市场生态环境）和内部要素（母国与东道国企业）；三是非洲大陆自贸区建设背景下四川省不同类型网信企业进入非洲市场的策略，即通过对非洲自贸区投资环境以及影响四川省网信企业"走进非洲"关键要素进行分析，提出适合四川省不同类别网信企业进入非洲市场的模式选择及实施路径，最终形成四川省网信企业进入非洲市场的策略。

本研究报告从中国"互联网与信息化"发展战略与非洲大陆自由贸易区重点建设信息技术产业高度契合背景出发，探讨提供互联网基础设施、为企业提供互联网软件及配套服务、以互联网媒介和内容服务为代表的三种不同类型网信企业进入非洲大陆自由贸易区的策略。首先，从资源整合—制度分析视角，阐述分析非洲大陆自贸区的市场规模、基础设施、自然资源、人力资源情况和东道国贸易与经济政策。其次，根据当前实践情况，总结并分析四川省网信企业在非发展的现状及产业分布，同时指出四川省不同类型网信企业走进非洲自贸区可能面临东道国监管环境不佳、数据安全事故多发、信息隐私得不到保障、知识产权不受保护等风险，阐明其中的关键影响要素为国际化经营风险、政府政策风险、行业环境风险和投资环境风险等。再次，针对政府作用和四川省网信企业非洲自贸区进入模式及实施路径进行理论分析，探讨四川省政府如何引导网信企业化解和规避国际化经营中的风险，研究影响企业市场进入模式选择的因素。最后，探索适合四川省不同类型网信企业进入非洲市场的模式与实施路径，最终总结四川省网信企业进入非洲市场的策略。

（资料收集与整理：张　苑　郑舒意　王昆莉　李振岩）

第四章

学术交流成果

一 西非论坛

为进一步加强与西非国家的国际学术交流与合作，电子科技大学西非研究中心依托"中国西部海外高新科技人才洽谈会"和"公共管理国际会议"等平台，持续举办高水平西非经济与社会发展研究论坛。中心与加纳大学、美国行政管理学会以及中国社会科学院西亚非洲研究所等国内外合作单位共同举办了与西非社会经济发展相关的高水平国内国际会议共 4 场。2017—2018 年，作为主办方或承办方，电子科技大学西非研究中心组织了 2017 年"西非城市发展论坛"、2017 年公共管理国际会议（第十二届）暨首届西非论坛、2018 年"中国改革开放 40 周年与非洲发展"论坛和以"西非经济与社会发展"为主题的 2018 年第十三届公共管理国际会议西非研究分坛，吸引了来自海内外非洲问题研究领域的专家学者、实践者积极参与，并多次受到人民网报道。

（一）2017年智慧城市国际论坛之西非城市创新发展分论坛[*]

2017年9月13日，智慧城市国际论坛之西非城市创新发展分论坛由电子科技大学、四川省人民政府外事侨务（港澳）办公室、美国国家城市联盟共同承办，电子科技大学政治与公共管理学院、电子科技大学区域公共管理信息化研究中心、电子科技大学西非研究中心、中国电子商务协会智慧城市委员会、《智慧城市评论》杂志社、四川省电子信息产业技术研究院、四川省互联网+产业技术研究院共同协办。

西非城市发展论坛是2017中国西部海外高新科技人才洽谈会（以下简称"海科会"）的系列重要活动之一。海科会创办于1995年，由国务院侨办、中共四川省委、四川省人民政府及欧美同学会共同主办，四川省人民政府外事侨务（港澳）办公室、中共成都市委、成都市人民政府、四川省委组织部、四川省人力资源社会保障厅、四川省科技厅共同承办，迄今已成功举办15届，是中国西部推动对外人才交流、科技合作的服务平台。

来自加纳行政管理学院的校长邦迪·辛普森·菲利普·埃博以"西非智慧城市发展蓝图：法律和治理的视角"为题作发言，指出西非智慧城市建设中的重点和难点，希望从法律与治理的角度入手，为西非的智慧城市建设建立良好基础。美国国家城市联盟（NLC）理事杰梅因·里德、美国国家城市联盟（NLC）城市解决方案中心高级主管布鲁克斯·雷恩沃特和加纳行政管理学院副校长菲利普·迪克·奥塞分别就自己的想法对发言做出评论，提出了以信息化、数字化、知识化为代表的智慧城市特征与未来建设方向。

本次论坛体现了当今学界对西非发展的热切关注与深入研究，论坛中对于西非智慧城市建设的讨论丰富了广大与会者的国际视野，激发了学术研究人员的科研与创新热情，增强了国际间的交流与合作。

---

[*] 赵蜀蓉、汤志伟、樊文雪：《智慧城市建设与可持续发展——2017年第二届智慧城市国际论坛暨首届市长圆桌会议综述》，《中国行政管理》2017年第12期。

（二）2017 年公共管理国际会议（第十二届）暨首届西非论坛*

2017 年公共管理国际会议（第十二届）暨首届西非论坛由加纳大学、加纳行政管理学院、加纳海岸角大学、电子科技大学和美国行政管理学会共同主办，电子科技大学区域公共管理信息化研究中心协办，加纳大学人文学院、加纳行政管理学院公共服务与治理学院、加纳海岸角大学国际教育中心、电子科技大学政治与公共管理学院和电子科技大学西非研究中心共同承办，《中国行政管理》杂志社、加纳华侨华人社团联合总会、电子科技大学西非校友会作为支持单位。

本届公共管理国际会议暨首届西非论坛于 2017 年 11 月 14 日至 17 日在加纳大学、海岸角大学召开，来自世界各地 100 余位公共管理领域专家、学者及实践者出席会议。本届公共管理国际会议暨首届西非论坛收到了来自中国、美国、英国、荷兰、日本、韩国、南非、印度、印度尼西亚、菲律宾、埃塞俄比亚、加纳、赞比亚、尼日利亚、乌干达、莱索托等国家的作者投稿，经 2017 年公共管理国际会议暨首届西非论坛学术委员会专家评审，最终录用 254 篇论文，会议论文集由电子科技大学出版社公开出版。

本届公共管理国际会议暨首届西非论坛由中国著名行政学家夏书章、加纳大学常务校长 Ebenezer Oduro Owusu 教授、加纳行政管理学院副校长 Philip Duku Osei、加纳海岸角大学副校长 Joseph Ghartey Ampiah 担任名誉主席。中国行政管理学会执行副会长兼秘书长（2004—2016 年）高小平、美国行政管理学会主席 Janice Lachance、美国行政管理学会执行主席 William Shields、加纳大学人文学院教务长 Samuel Agyei－Mensah、电子科技大学公共管理学院院长汤志伟、电子科技大学公共管理学院赵蜀蓉担任大会主席。加纳行政管理学院副校长 Philip Duku Osei、加纳海岸角大学国际教育中心院长 Rosemond Boohene、加纳大学人文社会科学学院院长

---

* 季哲：《2017 公共管理国际会议（第十二届）暨首届西非论坛（第一届）在加纳召开》，《中国行政管理》2018 年第 3 期。

Charity Sylvia Akotia 担任大会执行主席。美国联邦企业风险管理学会前主席及约翰霍普金斯大学研究员 Thomas H. Stanton、北京大学政府管理学院周志忍、电子科技大学区域公共管理信息化研究中心主任祝小宁担任大会学术委员会主席。

本届公共管理国际会议主题为"公共管理协作创新",特邀美国纽约州透明政府委员会执行主任 Robert J. Freeman、电子科技大学公共管理学院赵蜀蓉做大会主题报告,并设定 6 个议题:政府跨界协同治理、公私合营(PPP)模式、政务服务创新模式、公共部门跨组织协作模式、大数据与网络治理、社会信任与合作,举行 7 场专家论坛、1 场加纳行政管理专题研讨会。本届会议旨在比较与借鉴世界各国公共治理经验,搭建公共管理领域国际合作与交流、理论界与实务部门对话的平台。

首届西非论坛主题为"西非经济与社会发展",特邀美国雪城大学马克斯维尔公民与公共事务学院 John McPeak、特拉华州州立大学 Akwasi Osei 做主题报告,并举行 2 场专题研讨会,来自中国、美国、加纳、尼日利亚、南非、赞比亚、埃塞俄比亚等国的学者,就全球化视角下西非社会和经济发展发表观点。

(三) 2018 年"中国改革开放 40 周年与非洲发展"论坛[*]

2018 年 4 月 14 日,"中国改革开放 40 周年与非洲发展"论坛在四川成都电子科技大学清水河校区顺利召开。论坛由电子科技大学西非研究中心与中国社会科学院西亚非洲研究所《西亚非洲》编辑部联合主办,电子科技大学公共管理学院承办。论坛分为中国改革开放发展道路与中非治国理政经验分享、"一带一路"倡议与非洲发展、西非国别研究三个议题。

---

[*] 赵蜀蓉、扬科科、王政清:《"中国改革开放 40 周年与非洲发展"论坛在电子科技大学举行》,2018 年 4 月 16 日,人民网,http://world.people.com.cn/n1/2018/0416/c1029-29929806.html。

来自中国教育部国别和区域研究工作秘书处、北京语言大学国别和区域研究院、中国社会科学院西亚非洲研究所、上海国际问题研究院、中共中央党校、北京大学、中国人民大学、外交学院、上海师范大学、南京大学、浙江师范大学、江苏师范大学、湖南师范大学、河海大学、云南大学、中非贸易研究中心等机构和学校非洲问题研究领域的专家学者、社会实践者以及电子科技大学的教师和留学生代表等共计 70 余人与会。与会专家学者分别从内政外交政策、经济治理、改革发展战略规划层面展开了深入地交流与探讨。本次论坛的召开对于坚持共商共建共享的原则，推动中非携手共进、实现共赢具有积极的促进作用。

在中非合作论坛（FOCAC）框架下，中非治国理政经验交流成为一项重要的合作内容。北京大学非洲研究中心主任、中国非洲史研究会会长李安山作了题为"非洲崛起与产能合作：潜力、优势与风险"的发言，分析了非洲的优势与劣势以及非洲的机遇与挑战，他认为非洲发展潜力巨大，并提出非洲与"一带一路"的关联和中非合作的十大优势。中国社会科学院西亚非洲研究所非洲研究室主任李智彪着眼于"非洲对于中国发展经验的借鉴与应用"展开讨论，他认为非洲国家无法复制中国经验，但可以学习借鉴中国改革初期打破固化思维等发展思路。中国社会科学院西亚非洲研究所非洲社会文化研究室主任李文刚作了题为"尼日利亚政治经济现状及展望"的发言。上海国际问题研究院外交政策研究所所长张春探讨了非洲发展的理论自信问题，并以中国经验为参照，他提出国际体系转型进入关键时期，对"国际关系理论的去殖民化"也正进入关键时期，及时建构非西方的国际关系理论，对非西方的可持续、整体性发展有着重要意义。河海大学"一带一路"非洲研究所所长田泽提出，中国高铁标准走进非洲的可能性和可行性，并提出了若干思考和方案建议。中国人民大学国际关系学院中东非洲研究中心主任刘青建也作了题为"中非合作的先导作用与'一带一路'倡议"的发言，提出中非合作发展的成效为建设"一带一路"提供的有益经验必将促进中非合作与"一带一路"建设的顺利对接，实现中非共同发展的目标；同时，也必将推动中国与亚非拉地区的所有发展中国家的深入合作。上海师范大学非洲研究中心主任张忠祥就"非洲经济转型的趋势与特点"这一主题进行了探讨，并指出中非合作潜力大，双方政府应牢牢把握机会。湖南师范大学非洲研究中心主任陈晓红作题为"中国政治治理对莱索托政治发展的启示"的发言，并提出了许多双方合作可行的思考。电子科技大学经济与管理学院副教授何铮从留学生的职业预期与工作满意度着手，探讨了中国高等教育对加纳留学生的影响。

中国自 1978 年改革开放以来，发展成就显著，对于大多数非洲国家而言，中国的治国理政经验值得借鉴。在回顾中国改革开放 40 年发展历程及成就和经验总结的基础上，开展中非治国理政经验交流分享有助于加深中非双方在政治制度、经济体制、文化差异等诸多领域互相理解、互相包容，以期实现发展共赢。

（四）2018 年第十三届公共管理国际会议西非研究分论坛*

由电子科技大学西非研究中心、中国社会科学院西亚非洲研究所共同主办，美国锡拉丘兹（雪城）大学公共行政与国际事务学系、康奈尔大学非洲发展研究中心、北京大学非洲研究中心、中国非洲史研究会作为支持单位的"2018 年第十三届公共管理国际会议西非研究分论坛"于 12 月 1 日在电子科技大学召开。

本届西非研究分论坛以"西非经济与社会发展"为主题，特邀电子科技大学西非研究中心、中国社会科学院西亚非洲研究所、康奈尔大学非洲发展研究中心、美国锡拉丘兹（雪城）大学公共行政与国际事务学系、加纳行政管理学院、北京大学非洲研究中心、中国非洲史研究会、外交学院非洲研究中心等国内外非洲研究领域专家学者就西非国家的政治、经济、文化、民族等相关问题进行深入探讨，旨在促进学者间的交流与分享，提高对西非地区的研究水平。

此次分论坛以"西非经济与社会发展"为主题展开了讨论，其中加纳行政管理学院校长 Philip Ebow Bondzi-Simpson 以加纳行政管理学院为

---

* 赵蜀蓉等：《西非研究分论坛在电子科技大学举行》，2018 年 12 月 2 日，人民网，http://usa.people.com.cn/n1/2018/1202/c241376-30437044.html。

例，采用基于提高效力的战略视角探讨非洲公立大学资金保障问题；尼日利亚驻广州总领事馆总领事 Shakirudeen Adewale Oloko 提到推动西非重要国家尼日利亚与电子科技大学西非研究中心的学术机构建设，并对尼日利亚社会经济发展问题进行了探究；美国锡拉丘兹（雪城）大学马克斯维尔公民与公共事务学院教授 John McPeak 以塞内加尔与马里为例，探讨了西非国家自我评估的复原力及其与具体指标的相关性研究；中国社会科学院西亚非洲研究所张永蓬研究员提出，在"一带一路"框架下，中国与西部非洲国家的合作潜力巨大，合作前景广阔，中非政府应把握机遇加强合作，以促进双方互利共赢；康奈尔大学非洲发展研究中心教授 N'Dri T. Assié-Lumumba 则以西非经共体非洲区域经济共同体为切入点，从区域、大陆和全球视角探讨了西非国家之间的有效合作；贝宁阿波美卡拉维大学助理教授 Guillaume Moumouni 就西非经济共同体走向政治共同体提出了几点思考；电子科技大学经济与管理学院教授陈璐探讨了西非情境下领导力的悖论研究；上海师范大学非洲研究中心研究员王南以中国海水稻为例，讲述了中国与西非国家的农业合作情况，并表示海水稻具有适应西非沿海地区盐碱土地、产量高、营养丰富等特点，不仅有助于帮助该地区应对粮食短缺的问题，更为在世界范围内解决人类粮食危机提供了可行方案。

此外，参与论坛的国内外专家学者针对非洲其他地区国家的最新研究成果进行了探讨。其中，中国非洲史研究会会长李安山对非洲留学生在中国的历史、中国针对非洲留学生的政策、非洲学生留学中国的目的与动机进行了一定的归纳、总结与分析，为中非关系研究提供了新的视角和资料；杭州电子科技大学非洲与非裔文学研究院院长谭惠娟讲述了埃塞俄比亚的文化历史，展示了非洲传统文化的发展脉络与传承；电子科技大学国际教育学院李宏亮探讨了新时代对西非地区汉语国家战略的研究。

（资料收集与整理：林　敏　刘沁雨　杜　莹）

二 "成电讲坛"之西非研究系列讲座

(一) 讲坛简介

电子科技大学西非研究中心自2017年成立以来,着力打造"西非系列讲座"品牌,邀请海内外的非洲研究专家学者和在非的中国企业家作为嘉宾,围绕西非公共管理、西非经济发展、西非文化与文学以及西非社会与教育等议题开展讲座,加强学术沟通与交流。2017年9月,第一场西非研究系列讲座以"智慧城市发展纲要"为主题,至今中心已成功举办17场系列讲座,本部分选取了以中非关系、非洲历史与文化等为主题的4场专题讲座进行整理与回顾。

2020年至今,西非研究中心与电子科技大学大学生文化素质教育中心共推出"成电讲坛之西非研究系列讲座"7场。"西非研究系列讲座"目前作为"成电讲坛"系列活动之一,选题围绕非洲人文历史、社会经济和中非关系等,让中国学生逐渐走进非洲,推动中非文明与文化互鉴。

"成电讲坛之西非研究系列讲座"邀请了包含电子科技大学协议教授、中国非洲史研究会会长、北京大学荣休教授李安山,成都人才计划特聘专家、首位获得中医博士学位的外籍人士迪亚拉等在内的非洲研究专家与实践者做客讲坛,与成电学子共同分享非洲文化的"饕餮盛宴"。

"成电讲坛"是电子科技大学为提升大学生人文素养而举办的、成电规格最高的文化讲坛,也是我国西部高校中影响最大、最受关注的文化讲坛。2003年至今,诺贝尔奖得主杨振宁和勒·克莱齐奥、故宫博物院院长单霁翔、中国加入WTO首席谈判代表龙永图、"嫦娥之父"欧阳自远院士、"辽宁舰"总设计师朱英富院士等社会各界杰出人士先后做客"成电讲坛",累计组织500余场次,引起了巨大关注和反响。[①]

---

① 选自"成电讲坛"邀请函。

（二）西非研究系列讲座精选回顾

1. 非洲音乐中的呼应传统及文学中的对话理论

2018年1月5日下午，杭州电子科技大学外国语学院院长、非洲及非裔研究院院长谭惠娟做客西非研究系列讲座暨人文·科学讲座，与电子科技大学师生分享"非洲音乐中的呼应传统及文学中的对话理论"（Call-and-Response in African Music & Dialogism in Literature）。

首先，谭惠娟阐述了呼应传统及对话理论的产生背景。她谈到，19世纪晚期现代主义产生，音乐作为艺术最直接的表现形式于20世纪初期就成为了现代主义审美最有代表性的表现形式。呼应（Call-and-Response）是美国黑奴劳作时产生的一种歌唱形式，即黑奴领歌手拖长声调即兴引吭高歌，众人根据其演唱内容即兴迎合一句叠句，众人重复这句叠句后，黑奴领歌手接着唱下一句歌词。这种演唱形式又叫"非洲对唱""重叠式呼应"，布鲁斯和爵士乐即在此基础上产生。[1]

其次，谭惠娟讲到复调（Polyphony）。复调是各声部相互独立但又围绕同一个主题演奏、咏唱的一种音乐体裁，陀思妥耶夫斯基受此音乐结构的启发，创造了复调小说。借复调这一概念，谭惠娟引出了对俄罗斯文学批评家米哈伊尔·巴赫金的介绍。谭惠娟说，巴赫金从陀思妥耶夫斯基的文学创作中，看到了将音乐理论运用于文学创作的巨大潜能，并确定了一种风靡于整个人文学科的对话主义。几乎同一时期，有着正规音乐教育背景的美国非裔作家拉尔夫·艾莉森则成功将美国黑人音乐中的呼应模式运用于文学创作中，赋予了黑人音乐更丰富的历史文化内涵。虽然没有任何史料能证明两人有过学术交往，但艾利森的呼应模式与巴赫金的对话理论在许多方面都有相似之处。

最后，在互动交流环节中，现场的非洲留学生们积极向谭惠娟教授提问，并分享自己对非洲音乐中呼应传统的切身感受，还有热情的学生

---

[1] 谭惠娟、张静静：《呼应与对话：埃利森与巴赫金之比较研究》，《清华大学学报》（哲学社会科学）2015年第5期。

即兴演唱非洲曲调，现场气氛热烈。

2. 漫谈非盟、非洲问题及中非关系

2019 年 12 月 16 日，中国外交部资深大使旷伟霖先生做客成电讲坛，带来题为"漫谈非盟、非洲问题及中非关系"的讲座，为电子科技大学师生讲述了他的外交故事，以及他对中非关系的认识和理解。

"吃饭一棵树，穿衣一块布，睡觉一茅屋，发展靠援助"，这是很多人对非洲的刻板印象。旷伟霖说其实我们对非洲并不了解，他用一组图片向大家展示了车水马龙的非洲街道、精致美观的非洲住宅、超市里琳琅满目的商品。这时，旷伟霖问道："我们为什么重视非洲？"

他认为国内不少人对非洲援助存在误解。其实不然，中国发展与非洲的发展越来越密切，双方互为机遇。我们不能总把眼光局限于中国给了非洲多少援助，其实中非合作是互利的，中国帮助非洲实现经济社会发展，也获得了相应的政治利益和经济利益。

"如今的非洲，就像改革开放前夕的中国，中非合作是大势所趋，也是宝贵机遇。"旷伟霖表示，中国 1971 年重返联合国时，76 票赞成票中有 26 票来自非洲，有 39 个非洲国家在南海问题上支持中国。可见，中国需要非洲，同时非洲有大量的人力资源却缺乏工作岗位，有巨大的潜在市场却缺乏物资，而中国的援助正是推动非洲发展的"金钥匙"。因此，非洲也需要中国。

2005 年，中国就成为首批向非盟派遣兼驻代表的区外国家，由驻埃塞俄比亚大使兼任驻非盟代表，非盟曾多次提出希望中国设立驻非盟使团。[①] 在上述背景下，中国驻非盟使团于 2015 年 3 月建馆，同年 5 月正式对外挂牌办公，成为中国继在美国、欧盟后设立的第三个使团。"驻非盟使团是中非关系的一座里程碑，而我正是这一棒的接力员"，旷伟霖自豪地说道。2015 年 3 月 12 日，旷伟霖同使团成员赴非盟就任。细心的非盟委员会主席祖马女士发现 3 月 13 日是旷伟霖的生日，于是决定在次日

[①] 《中国设立驻非盟使团 首任团长即将赴任》，2015 年 2 月 5 日，新华网，http：//www.xinhuanet.com/world/2015－02/05/c_1114271993.htm。

举行记者招待会。会后，祖马又为旷伟霖夫妇和使团全体成员举办欢迎酒会，非盟委员会副主席姆温查、非盟委员会各委员、主席办公室主要官员及部分非洲国家使节出席活动。

提问互动环节，旷大使针对同学们的问题给出了鞭辟入里的解释：国内媒体对非洲的关注度是不够的，部分西方媒体关于中非合作的抹黑性的报道是不负责任的，我们更应该发出我们的声音。中日在对非援助方面竞争虽然明显，但这也是一个互相借鉴、共同进步的过程。

3. 世界历史进程中的非洲

2020年11月4日，李安山以"世界历史进程中的非洲"为题，从世界历史的视角来展现非洲文明在多个层面上对人类发展做出的贡献，并指出非洲在近现代处于劣势并受到各种伤害是当今发展落后的重要原因。

首先，李安山纠正了当前人们对非洲的认知谬误。比如，中国究竟承认非洲有几个国家，以及第一个将基督教奉为国教的国家等。这些案例激起了同学们强烈的研究兴趣并引发了同学们热烈地讨论。同时，李安山针砭时弊，提出中非同学之间或许有些许误解，他希望借助这次讲座增进中非同学的交流。李安山进一步向同学们普及了非洲的名胜古迹与历史典故知识，以历史制度变迁的视角，横向和纵向比较分析了古中国和古非洲的历史发展，让同学们感受到历史的厚重。

其次，李安山系统地讲解了非洲文化的诸多领域。比如对非洲文化的不同理解就有几种学说，一是文明空白论，即对非洲历史充满傲慢与偏见；二是文明外来论，为殖民统治提供了合理借口；三是对"我族中心主义"的理解，即非洲人对自己的出身感到骄傲，对其他地区的人嗤之以鼻。

最后，李安山介绍了非洲在世界历史进程中所发挥的作用。就比如最令人感动的人类的起源，他指出有充分的证据能够证明人类起源于非洲，人类的历史也毋庸置疑起源于非洲。在文字起源方面，有学者认为文字起源于非洲，但由于使用者少，且许多文字仍旧没有破译，所以其传承性受到了挑战；在教育发展方面，非洲也在世界最早的大学中占了三个席位。接着李安山列举了诸多案例，让大家感受到了非洲的历史和中国的历史一样源远流长。因此，非洲在世界历史的发展进程中发挥着重要的作用。

4. 中非关系的历史、现实与展望

2020年12月10日，李安山做客成电讲坛，通过"腾讯课堂"为电子科技大学的学子们带来了一场壮丽的文化盛宴。

首先，李安山介绍了几个关于非洲的常识，就像中国究竟承认非洲有几个国家、非洲现在分为几个部分、相同的地理名称历史和现实却在截然不同的地方、第一个将基督教奉为国教的国家是否为非洲国家等。李安山还介绍了中非之间世界公认的四个事实以及中国和平崛起后与非洲的关系。随后，李安山介绍了历史上的中非关系。原来，中国与非洲的交流早在公元前就开始了，中国的特产丝绸早在埃及第21王朝（公元前1070—945年）就已远至埃及；在汉代简牍中记载了一种"黑服人"，这就是来自非洲的朋友；唐代的墓葬中也发现了黑人陶俑；宋元时期更是有海上互访，在诸多著作之中出现非洲的身影，中非的贸易也变得频繁起来，中国也同多个非洲国家建立起了良好的外交关系。

其次，在介绍现代的中非关系时，李安山将其分成了三个时期：正常发展期、过渡转型期和快速上升期。在正常发展期，周恩来总理提出了发展中非关系的五项原则；在周总理访问加纳期间，正式提出了中国对外经济技术援助的八项原则。在过渡转型期，中非关系出现短暂波动，对非政策出现三个转变：意识形态从强调到弱化、交流领域从单一到多元、合作性质从注重无偿援助到强调互利双赢。[1] 在快速上升期，出现了政策的转型：政治上互访互信、经济上互利互惠、文教卫领域交流形式多样、规范机制逐步形成。

最后，李安山讲述了中非关系的一项重要形式，即中非合作论坛。李安山强调，"中非合作论坛"的提出和最后的成果是中非双方努力的结果。中非关系有四个特点：首脑外交、平等观念、互利双赢和规范机

---

[1] 《中非携手进入合作新阶段》，2018年6月18日，中国社会科学网，http：//www.cssn.cn/bk/bkpd_qklm/bkpd_bkwz/201806/t20180618_4369333.shtml。

制。其中首脑外交奠定了中非关系的基础，平等观念是中非关系的灵魂，互利双赢是中非关系的实质，规范机制是中非关系持续发展的保证。[①]

本次讲座通过诸多事例清晰地展示中非关系的历史、现实与展望，给电子科技大学学子带来了更高的国际眼光。

（资料收集与整理：林　敏　刘沁雨　孟雅琪）

三　环球网"西非漫谈"专栏

2019 年 12 月，由电子科技大学西非研究中心主办的"西非漫谈"专栏在环球网上线。该专栏定期发表关于西非国家（但不局限于西非国家）相关研究的文章，旨在为从事与西非相关的科研、教学、外事、经贸、新闻、出版等工作的人员提供一个交流平台，以促进对西非问题的研究与讨论。截至 2020 年年底，中心共计发表文章 41 篇，其中"西非漫谈"专栏有 25 篇，抗击疫情专稿有 11 篇，西非旅游专稿有 2 篇，抗击疫情视频有 3 个，本书收录了"西非漫谈"文章和中非"抗疫专稿"共 23 篇。

环球网（www.huanqiu.com）由人民网和环球时报社联合主办，人民日报社、中央网络管理部门批准，于 2007 年 11 月正式上线，属于中央有关主管部门认可的可供网站转载新闻的中央级新闻单位。环球网凭借强大的媒体平台和原创内容生产力，全方位跟踪全球热点，第一时间传递中国声音，是中国人了解世界首选的信息分享平台，也是海外媒体转引率居高的中国媒体之一。

"联接中外，沟通世界"是环球网的使命，环球网通过及时准确、角度独特的国际资讯和深度分析，消除中国与世界的信息鸿沟；通过打造多语种跨文化的融媒体服务平台，助力中国企业走向成功。

---

① 李安山：《主题讨论：中非关系——历史与现实》，《国际政治研究》2006 年第 4 期。

（一）"西非漫谈"专稿

1. 贝宁人眼中的孔子学院：一所特殊的学院？*

我是来自贝宁的吉尤姆·穆穆尼，在北京大学取得了国际关系专业的博士学位，现任贝宁国立大学助理教授，拟于 2020 年 4 月就职于电子科技大学西非研究中心任助理研究员，在多年的中国与贝宁生活中见证了孔子学院的蓬勃发展。截至 2019 年 9 月 30 日，全球已有 158 个国家（地区）开设了 535 所孔子学院和 1134 个孔子课堂。现在，中文和兼容并包的中国文化无疑已与孔子学院紧密联系在一起，这是孔子学院在全球蓬勃发展的直接结果。

2009 年 3 月，根据孔子学院总部（汉办）、阿波美卡拉维大学（UAC）和重庆交通大学签署的合作协议，在贝宁历史最悠久、规模最大的阿波美卡拉维大学成立了贝宁孔子学院。作为孔子学院众多"细胞"之一，贝宁孔子学院显然与其他孔子学院有着许多共同的特点。如以汉语教学为基础，外方院长和中方院长共同领导，举办中外文化交流活动，优秀学生有机会赴中国进修或学习等。

不过，贝宁孔子学院有它自己独特的发展历程，形成了自己的一些特点。本文将主要从国家层面和国际层面分析影响贝宁孔子学院发展的因素。国家层面的因素分析将从贝宁国家教育系统入手，国际层面的因素分析则从世界范围内孔子学院发展的背景入手。

贝宁孔子学院是贝宁高等教育系统的一所特殊学院

2009 年、2011 年和 2013 年，阿波美卡拉维大学和重庆交通大学先后签署了多项运营协议。双方的通力合作，成为贝宁孔子学院发展的有力支撑。其中，三个主要因素使得贝宁孔子学院在贝宁的高等教育系统中拥有特殊的地位。

---

* 本文作者吉尤姆·穆穆尼。本文为【西非漫谈】2020 年第 1 期（总第 2 期）。

（1）管理架构

最初，贝宁孔子学院由语言、艺术和人文学院（现在划分为两个学院：语言和艺术学院、人文学院）管辖，后来则由校长直接管辖。由于学校的行政管理效率较低，而大部分资金又来自中国孔子学院总部，因此贝宁孔子学院现在享有相对独立的财政自主权。

贝宁孔子学院由贝宁政府任命的贝方院长和孔子学院总部任命的中方院长共同领导。行政人员共计四位，分别是秘书长、助理秘书、会计师和司机。与学校其他院校平均 33 人的行政人员数量相比，确实非常少。虽然这有时会对孔子学院处理一些需要人力资源的事不利，但由于 UAC 各个部门和学院的积极支持和配合，以及中方教师、志愿者与本土汉语教师的积极参与，贝宁孔子学院的行政管理机构运营良好，是孔院持续发展的一个有力保障。

（2）毕业率相对较高

在 UAC，学士学位的平均毕业率约为 57.4%，而贝宁孔子学院第二届和第三届汉语本科专业学士学位的平均毕业率约为 70%。这意味着，孔子学院的学生比其他院校学生更有机会在三年内完成学业。

（3）就业率比较高

贝宁劳动力市场对汉语人才的需求很高。在汉语本科专业学士学位设立之前，普通的汉语学员就大多受雇于中国企业。UAC 和贝宁高等教育的就业率相对较低，有 40% 的毕业生没有就业机会。2013 年以来，汉语本科专业学生就业率接近 100%。这也是孔院积极与中国企业合作的结果。如中贝经贸发展中心、中铁五局、华为、云南建投等企业是大多数孔院学生的实习场所和获得就业机会的阶梯。尽管在中国公司工作不容易，但孔子学院本科毕业生的工资仍远远超过贝宁的平均水平。

贝宁孔子学院在全球孔子学院中的特点

贝宁孔子学院属于全球范围内第一批设立的孔子学院，在持续发展的过程中形成了自己的特点。

（1）资源少，效率高

2019 年 12 月 12 日，中国人民政治协商会议副主席邵洪在阿波美卡拉维大学访问期间，称赞贝宁孔子学院尽管拥有的资源非常有限，但仍有较高产出。他认为，在他访问过的世界各地的孔子学院中，贝宁孔子学院显然是工作条件最薄弱但产出效率最高的学院之一。

贝宁孔子学院从2009年成立时的100多名学员逐步发展到2019年累计学员人数达30000多名，已大约占贝宁1100万总人口的9%，这一比例相当高。除了通用汉语的教学项目（兴趣班和本科汉语教学）外，孔子学院还将"汉语+职业技能"的教学模式引入工程、商业和新闻等专业的汉语教学中。

贝宁孔子学院积极开展多方合作，与中国文化中心进行文化交流活动。十年来，共举办文化活动160余项，共计4万人次参加。这也是UAC领导的支持以及与一些中国企业合作的结果。后者曾为孔子学院文化活动提供帐篷、奖品等物质资源，有时在其农村销售点提供电影播放服务。

除了语言和文化之外，孔子学院的各种学术活动也使其充满活力：通过系列研讨会进行中贝文化的深度交流，通过位于重庆交通大学的贝宁研究中心开展贝宁研究，通过搭建中贝大学相应学院的合作桥梁进行短期技术培训。目前，贝宁孔子学院正和UAC农业学院、南京农业大学国际教育学院开展合作，对贝宁农民进行水稻种植培训。

另外，贝宁孔子学院进行的宣传工作也比较到位，每次的活动均有媒体报道。其合作伙伴包括贝宁广播电视台、阿波美卡拉维广播电台、汉办网站、重庆交通大学校园网站等。

（2）稳步发展的汉语本科专业

贝宁孔子学院的汉语本科专业于2013—2014学年设立。该专业不仅要培养学生的汉语听说读写能力，还要让他们学习商务汉语、工程汉语等技术汉语，以保证他们在就业市场上拥有竞争力。

第一届学生由于对课程内容不了解，对汉语学习的准备不足，加上经济方面的原因，退学率很高。第二学年由于贝宁孔子学院开展了更多的招生宣传工作，情况有所改善。2015—2016学年，新生人数大幅下降，因为大部分前来报名的尼日利亚学生因报名费增加而选择退出。2013年本科汉语专业启动时，尼日利亚学生与贝宁籍学生享受同等待遇，注册费为15000西非法郎（约25美元），学费为100000西非法郎（约165美元）。同一时期，西非经济共同体其他国家的学生注册费是240000西非法郎（约400美元），学费是100000西非法郎（约165美元）。2015年

10月底，学校副校长要求孔子学院按常规收费。不过，第一批尼日利亚学生在毕业前可以继续享受之前的福利。尼日利亚学生的离开在2016—2017学年不再引人瞩目，因为更多的贝宁学生对汉语专业课程感兴趣，以至于院方基于师资和教学条件不得不限制报名人数。

2016—2017学年，孔子学院还开设了汉语师范专业，招生13人。到2018年，其中10人毕业，在贝宁从事汉语教学工作。遗憾的是，前往中国攻读汉语国际教育硕士学位的学生中没有一个在毕业后愿意返回学院专职任教。尽管他们之前已经签署了回国在贝宁孔子学院工作的协议，但在非洲大陆其他地方的孔子学院和中国公司的高薪待遇（平均每月1000美元的工资，而在阿波美卡拉维大学则是500美元）导致他们没有遵守与贝宁孔子学院的协议。

（3）特殊双重领导

外方院长和中国院长在经营孔子学院方面的合作并不总是顺利的，文化差异可能是冲突的主要根源。贝宁的案例有一个特别之处，那就是自从该孔子学院成立以来，它一直由毕业于武汉大学生物化学专业的于连（Julien G. Sègbo, Sebo Julien A. Gaetan）教授当任贝方院长，这使得孔子学院的运营具有高度的稳定性和连续性。此外，他在中国生活和学习了十多年，在对中国的了解方面和与中国人交流方面比许多人都有优势。近年来，一些非洲国家（几内亚、科摩罗、布隆迪、马达加斯加等）选择了这一领导模式，贝宁孔子学院的合作模式得到了肯定。

推动贝宁孔子学院发展的建议

为了贝宁孔子学院未来的长久发展，本文根据在实地考查中观察到的一些问题提出如下建议。

（1）加强中方与外方院长的协调

双重领导导致了双重管理，会带来信息流通和决策的不一致。因此，需要有一个统一的行政机构，以便能够全面地理解和处理问题。

（2）编辑统计年鉴

UAC孔子学院应当开始本统计年鉴的编辑工作，这将有助于学院相关人员更多地了解其活动，解决信息不一致的问题。同时，年鉴编辑工作也将为贝宁孔子学院科学发展战略的制定提供重要参考。

（3）丰富教师和员工队伍

虽然贝宁孔子学院的后勤问题最为突出，不过人力资源的缺乏也应得到关注。截至目前，该院只有一名毕业于中国人民大学的莫里斯（Maurice Gountin）博士被聘为孔子学院专职教师。事实上，教学人才库中有很多留华人才，他们曾接受过孔子学院聘请的专家的两次培训（2012年和2015年）。

（4）成立正式的校友会

虽然贝宁孔子学院已经设置校友群，但仍需要将其升级为一个拥有明确议程的正式校友会，以帮助促进孔子学院活动的开展和社会影响力的提升。

（5）建立网站

为了获得社会更多的关注、提升学院活动的可访问性和交互性，贝宁孔子学院需要创建一个专门的网站来向人们提供有价值的信息。网站也将成为贝宁孔子学院一个重要的对外沟通工具。

总之，全世界所有孔院都有自己的特点。贝宁的案例虽然提供了一些成功经验，但在硬件和软件方面还有很多进步的空间。最典型的是贝宁孔子学院还未完全本土化，仍然被视为"中国的产物"，而不是真正作为一个阿波美卡拉维大学的学院存在。将贝宁孔子学院建设成为一所真正扎根于贝宁的学院，这是贝宁孔子学院在下一个十年内的发展目标。

2. 对塞拉利昂的一些美好回忆 [*]

2010—2013年，我担任中国驻塞拉利昂大使。我离开塞拉利昂后再也没有机会故地重游，许多往事已经成为我人生中美好的回忆。现在每当想起塞拉利昂，我脑海里就会浮现三幅画面：国穷民贫、人民善良友好、两国合作方兴未艾。

塞拉利昂位于非洲西部，东北与几内亚接壤，东南与利比里亚交界，西南濒临大西洋。全国分为3个省和1个区，即东方省、北方省、南方省

[*] 本文作者旷伟霖。本文为【西非漫谈】2020年第2期（总第3期）。

和西区，共有约 707 万人口（2015 年）。首都弗里敦（Freetown）是全国的政治、经济和文化中心。塞拉利昂是热带季风气候，高温多雨，是西非降雨量最多的国家之一。1971 年 7 月 29 日中塞建交，两国在政治、经济、文化等领域的交往日益频繁，友好合作关系不断发展。

作为西非小国，塞拉利昂经济落后，民众贫穷，曾经历十年内战的浩劫，是世界上最不发达国家之一。记得我在赴任抵达隆吉机场那个晚上，机场一片漆黑，仅停放了两架飞机，候机楼只有几盏灰暗的灯，所有乘客都要步行到候机楼办理入境手续。出机场后，旅客们必须先乘坐破旧不堪、随时抛锚的小面包车到"码头"（实际上是一处浅海滩），然后再乘坐"小摆渡船"吃力、颠簸地前往首都佛里敦市区。那晚的经历让我终生难忘。

在这个国家，贫民窟遍布城乡，乞丐随处可见，他们见了外国人就会蜂拥而上。作为中国大使，当看到这种场景我心里总是不是滋味。可贫穷的塞拉利昂对中国非常友好，尤其是普通民众对中国有一种自然的亲切感、亲近感。我的司机希莱是我在塞拉利昂最好的朋友之一，他在中国使馆服务了十几年，对中国怀有很深的感情。他总是说，中国使馆不但给了他一份体面的工作，而且很尊重他、关心他，使他感受到使馆大家庭的温暖。他将自己视为使馆的一员，注意维护使馆的形象，因此在外经常做好人好事，被当地人称为"中国好司机"。希莱离异单身，目不识丁，家境困难。我一直通过各种方式帮助他，最后为他儿子争取到了一个在华学医的奖学金名额，这件事彻底改变了他全家的命运。

塞拉利昂总统、副总统、议长、各部委部长及各政党领袖都奉行对华友好政策，惊叹中国发展所取得的巨大成就。时任总统科罗马夫妇每年会来中国使馆做客，我也多次应邀去总统府出席重要活动，还与总统就两国合作进行一对一地深入交流。总统助手透露，我与总统的紧密互动引起了政府部长和其他国家大使的嫉妒和不满。我与外交部部长卡马拉更是"亲密无间""无话不谈"，他对我说中国大使的事就是他的事，有事可以随时打电话沟通。我与现任总统比奥（当时是反对党总统候选人）也曾有过多次互动交流，彼此建立了很好的工作关系。

由于我是中国大使，无论到哪里，都处于绝对的中心位置，受到热情接待。每次去总统府、议会、中央部委或社会团体拜访、办事，许多人包括门口保安、警卫、保洁员、秘书、助手、记者、教授、官员和议员等都会主动与我打招呼，或上来握手，互称兄弟，热情拥抱。每次过海关，我都会享受很高的礼遇和便利。我想，这不仅是给予我个人的，也是给予中国和中国人民的。

多年来，中塞务实合作保持了强劲发展势头，中塞友谊更加深入人心。中国 20 世纪 70 年代援建的"友谊大楼"依然在使用，有七个部委还在里面办公。30 多年建造的"博城体育馆"仍然是这个国家举行重要体育赛事和活动的场所。"中土"公司修建的主干公路质量好，修建速度快，极大地改善了首都的交通状况，为民众出行带来了许多便利。"中国成套设备进出口集团"投资经营的糖联项目创造了较好的经济效益，增加了当地的就业岗位。"北京城建"承包经营的滨图玛尼酒店促进了当地旅游业的发展。据我了解，绝大多数中资企业遵守当地法律，履行社会责任，注重信誉和效率，为推动塞拉利昂发展做出了重要贡献。前总统科罗马曾告诉我，有一天深夜，他专门坐车视察首都市政建设情况，发现只有中国工程师率领的施工小组还在辛勤工作，加班加点。他对此感慨不已。

在塞拉利昂的中国医疗队是中塞友谊的一张靓丽名片，每位队员都堪称中国的"白衣民间友好使者"。他们忠于职守，甘于奉献，在艰苦条件下为当地民众送医送药，救死扶伤，留下许多感人的事迹。记得有一位外科大夫在给艾滋病人做手术时不慎将手划破，虽当即采取阻断措施，有惊无险，但还是承受了巨大的心理压力。令人感动的是，他在度过安全期后又义无反顾地投入了工作！中国首批援塞拉利昂医疗队的队长在一次执行紧急任务时不幸遭遇车祸，以身殉职，至今还孤独地长眠在遥远的非洲土地上。可以说，中国医疗队队员是中国对非工作中最可爱的人！

中国援建的"中塞友谊医院"，在抗击"埃博拉"疫情艰苦斗争中发挥了关键作用，为中塞友谊树立了一座新的丰碑。

最后，我衷心祝愿塞拉利昂社会经济不断发展，中塞合作结出更多、更好的果实。

3. 非洲大陆自由贸易区成立对非洲及加纳影响的几点思考*

1995年第一次到加纳时，我只是安徽省国际经济技术合作公司的一名普通员工。迄今为止，我在加纳已经工作了近25年。1996年，我在加纳首都阿克拉开设了自己的第一家公司——加纳凯泰公司，目前在加纳拥有多家企业，涉及汽车和汽车相关产品、工程机械、建筑、酒店等行业，并担任加纳中华工商总会会长。从在加纳白手起家到现在，公司规模发展到拥有中国员工130多人，加纳员工近1000人。作为海外华侨华人代表，我还有幸受邀出席了中华人民共和国成立70周年国宴及国庆阅兵观礼，在感受祖国70周年伟大成就的同时，我对中非未来的经贸合作有了更多思考。

2019年7月7日，第12届非洲联盟非洲大陆自由贸易区特别峰会在尼日尔首都尼亚美开幕，会议正式宣布非洲大陆自由贸易区正式成立，加纳首都阿克拉被非洲联盟选定为非洲自贸区秘书处所在地，这对加纳的社会与经济发展影响重大。我想结合自身的创业经历，谈谈非洲自由贸易区的建设对非洲及加纳的影响，在此与大家分享我的几点看法。

非洲大陆自由贸易区是世贸组织（WTO）成立以来全球最大的自贸区。截至目前，除厄立特里亚外的54个非盟成员已签署《非洲大陆自由贸易区协议》。就成员数量来说，非洲大陆自贸区将成为全球最大自由贸易区，有望促成一个覆盖13亿人口、国内生产总值合计3.4万亿美元的大市场。[①]

非洲大陆自由贸易区将市场、工业与基础设施发展相结合，以解决非洲的生产能力问题，目的是减少非洲大陆供应上的制约，促进出口向增值产品多样化转变，缓解基础设施建设匮乏的问题。

此外，自贸区的建立有助于改善非洲大陆的投资前景，也将倒逼非

---

* 本文作者唐宏。本文为【西非漫谈】2020年第3期（总第4期）。

① 王洪一：《非洲大陆自贸区对中非合作的机遇和挑战》，《中国投资》（中英文）2019年第18期。

洲大陆改写基础设施版图，进一步促进非洲内部贸易、一体化和社会经济发展，更是体现了对多边主义与全球化的坚定支持。非洲大陆自贸区的建设与运作，无疑将为作为自贸区秘书处所在地的加纳带来新的发展机遇。

加纳在西非的战略地理位置优越，是西非的门户和贸易中心。尤其是近年来加纳经济一直呈现强势增长，年均 GDP 增长 6%，是世界上增长最快的经济体之一。据联合国人类发展报告，加纳的发展指数仅次于西非佛得角，位居非洲第二。尽管位于世界上最不稳定的区域之一，但加纳有相对和平与安全的传统，这也是设立自贸区秘书处的一个关键因素。此外，加纳的西非国家经济共同体（西共体）的成员身份，也为其贸易合作的开展增添了不少益处。

加纳宏观经济基本保持稳定，2017 年 1 月阿库福—阿多就任总统后，将促进经济复苏作为第一执政要务，大力推进经济转型和工业化进程，出台大规模减税和刺激就业政策，发行国债，整顿金融业，改善营商环境，开发海上新油气田，有效拉动经济增长，2017 年经济增长率达 8.5%。2018 年出台国家七年发展规划，加快推进"一县一厂""一村一坝""为了粮食和就业而种植"等经济发展旗舰项目，还启动了多个新石油区块招标项目，油气产量大幅上升；并以"摆脱援助的加纳"理念为引领，努力改变传统受援模式，通过吸引外国投资，力图将加纳打造成西非的经济和金融枢纽。这些经济政策吸引了世界各地的投资者。

2019 年 11 月，马云来到加纳参加非洲创业者大赛的决赛，随后，中共中央政治局委员、国务院副总理孙春兰访问加纳，在加纳掀起了"中国热"的高潮。2020 年是中国与加纳建交 60 周年，两国关系将迎来新的发展机遇，必将推动在加纳奋斗的中国企业蓬勃发展。格林豪斯国际置业（加纳）集团公司积极响应"一带一路"号召，率先在加纳建立光明国际自由贸易区，并于 2019 年 12 月 19 日在加纳举办了盛大的开业典礼，加纳总统阿库福—阿多和中国驻加纳特命全权大使王世廷亲临现场并致辞。总统在致辞中指出，光明国际自由贸易区将有望成为加纳甚至是整个非洲最大的工业区，是加纳未来重要的发展项目。他还表示，光明自贸区的开发不仅仅局限于西非共同体，更为创造一个面向即将完成运行的非洲大陆自贸区的大型出口市场提供了可能。他很高兴看到这一工程开园，它是中国与加纳经济合作愈加紧密的又一见证。中国驻加纳大使王世廷强调，中国和加纳有着深厚的传统友谊，中国公司愿意在加纳投资和发展。光明国际自贸区的建设开园，为包括利丰食品公司在内的众多中国企业落地加纳提供了便利。他表示自贸区是为响应加纳"一区一厂"政策的具体举措，园区内规划引进百家工厂和千家店面，为推动中加经贸合作起到积极作用。

加纳光明国际自贸区的落成已吸引了国内多个商务考察团、企业来此考察。加纳首都阿克拉作为非洲大陆自由贸易区秘书处所在地，为中非经贸合作提供了更加广阔的发展平台。热烈欢迎世界各地的朋友来加纳投资，一起携手共创美好未来。

4. 话说加纳：概述*

加纳位于非洲西部，是中非合作中的重要组成部分。2019 年 7 月 7 日，第 12 届非洲联盟非洲大陆自由贸易区特别峰会在尼日尔首都尼亚美开幕，会议正式宣布非洲大陆自贸区成立。凭借较强的经济发展潜力，加纳首都阿克拉成为非洲自贸区秘书处所在地，有望成为非洲自由贸易的中心。本文从地理、历史、外交等方面对加纳进行介绍，旨在帮助读者认识加纳，进而了解加纳。

加纳共和国，简称"加纳"，地处赤道以北 750 千米的非洲西海岸（北纬 4°0″到 10°5″，东经 1°11″ 到西经 3°11″）。加纳幅员辽阔，领土总面积达 238533 平方千米。地形南北长而东西窄，南北长 672 千米，东西宽 357 千米。从地图上看，加纳位于西非大陆的中部，它北接布基纳法索共和国，南毗几内亚湾（大西洋），西连科特迪瓦共和国，东邻多哥共和国。加纳海岸线的总长度达 556 千米，其中包括平原海岸、堆积海岸、生物海岸等多种海岸地貌类型。

加纳的地理环境复杂且多样。沃尔特盆地为该国中部地区的主要地形，总面积约为 106000 平方千米，由夸湖高原、孔科里陡崖、沃尔特南部高原、甘巴加陡崖环绕而成。沃尔特盆地的东南面为加纳低地平原，

---

* 本文作者陈先乐。本文为【西非漫谈】2020 年第 4 期（总第 5 期）。

低地平原囊括了四个地理区域，即沃尔特三角洲、阿克拉平原、稀树海滨和阿寒低地。加纳低地平原西起塔科拉迪，东至加纳—多哥国境线，总长度达 80 千米。沃尔特盆地的西南面为阿散蒂高地，该高地由夸湖高原和阿散蒂南部高地组成，是一座分割加纳南北地域的巍巍壁垒。夸湖高原由东向西，总长约 193 千米，平均海拔 450 米，最高海拔可达 762 米。阿散蒂南部高地北连夸湖高原，南接加纳低地平原，地势北高南低，是加纳可可的主要产地。沃尔特盆地的东面为阿克瓦皮姆—多哥山脉，阿克瓦皮姆—多哥山脉是由众多山脉相互交叠而形成的，褶皱构造是其主要岩层。该山脉从西向东延伸，是加纳与多哥共和国的天然界山，而加纳海拔最高的阿发伽托山正是阿克瓦皮姆—多哥山脉的主峰之一。沃尔特盆地的正北面为加纳高地平原，切割高原是高地平原的主要地貌特征。切割高原的平均海拔为 150—300 米，年平均降雨量达 115 厘米。相较于沃尔特盆地，高地平原的土质更为肥沃。农业和养殖业是该地区主要的经济来源，而事实上，加纳高地平原也是该国最大的肉牛养殖生产地。沃尔特河是加纳最大的河流，在该国境内全长 1100 千米。沃尔特河有三条支流，分别为红沃尔特河、白沃尔特河与黑沃尔特河。沃尔特湖位于沃尔特河的下游，是世界上最大的人工湖。该湖是在阿科松博峡谷筑坝以后形成的，总面积达 8502 平方千米。沃尔特湖是白沃尔特河与黑沃尔特河的汇流处，两条支流在此交汇后，经下游的沃尔特河最终流入加纳南面的大西洋。

  加纳位于几内亚湾的北岸，因此该国属热带气候。加纳的一年可以分为两季：3 月至 10 月的雨季和 11 月至来年 2 月的旱季。与几内亚湾地区的其他国家一样，加纳的气候主要受两个大空气团的影响，即来自撒哈拉沙漠方向的热带大陆气团以及来自海洋方向的热带海洋气团。在两个气团的影响下，加纳被划分成了四个气候区：赤道西南带、赤道旱带、赤道半湿带、内陆草原带。赤道西南带是加纳最潮湿的气候区，雨林是其最主要的植被群落，而阿克西姆是这一气候区的典型城市。该气候区的降雨量是双极值型：5—6 月是第一个雨季，9—10 月是第二个雨季，其中 6 月降水量最多。该地区年平均降雨量在 190 厘米以上，月平均降雨量均不少于 2.5 厘米。两个雨季月平均相对湿度为 75%—80%。赤道旱带气候区的降雨量极少，两个极值分别是 74 厘米和 89 厘米，因而该气候区是加纳最干燥的区域，每月最高相对湿度不超过75%，最低相对湿度则约为60%。海岸灌木丛与草地为该气候区的主要植被。阿克拉是该气候区的主要城市之一。赤道半湿气候带降雨量有两个最大值，年均降水量在125—200厘米。潮湿半落叶林是该气候区的主要植被林系。阿克瓦皮姆—多哥山脉是赤道半湿气候带内的典型地区。内陆草原带是真正的热带大陆气候。气温高、旱季长是该气候区的显著特征。加纳北部的萨拉加是最具代表性的内陆草原气候带地区。在萨拉加，5—10月是唯一的降雨季节。在这几个月中，该地区的相对湿度可达70%—90%，平均每月气温在27—36℃。猴树、金合欢、牛油树为该气候区的主要植被。

加纳的自然资源十分丰富。长期以来，该国的矿物储量一直在国际上享有盛名。在殖民时代，加纳因盛产黄金而被殖民者命名为"黄金海岸"。根据相关统计数据，直至今日，加纳的黄金储量约为17.5亿盎司。另外，该国的钻石、铝矾土、锰、石灰石、铁矿、红柱石、石英砂和高岭土等矿物资源的储量均在世界上名列前茅。2007年6月，加纳政府在西三角首次进行了商业性的石油探测。依照科斯莫斯公司的勘探结果，西三角的石油储量为30亿桶，该公司在2010年年底实现了石油的商业化生产。据统计，西三角油田2012年的原油产量为2635万桶。加纳的森林覆盖率占总国土面积的34%，木材出口是该国的固有经济支柱。由于环境保护意识的缺失，加纳的森林覆盖面积逐年减少。目前，该国已经丧失了大约79%的森林面积。为了恢复锐减的森林资源，加纳政府于2001年启动了"国家森林种植发展计划"。该计划将约19万公顷的土地纳入了国家森林保护名单，客观上解决了加纳日益恶化的环境问题。

加纳是一个历史悠久的国家。传统观点认为，现代加纳人的祖先是从别处迁徙而来的，因为有证据表明，包括阿肯语及埃维语在内的数十种加纳现代方言均起源于黄金海岸之外的地区。甚至，还有学者指出，阿肯语以及"加纳"一词都源自古加纳帝国。这是一个位于尼日河中上游地区，曾在中世纪盛极一时的古老国家。有些历史学家，比如安坎达和哈多克认为："加纳拥有一段相当悠久的史前历史，这段历史或许可以上溯到公元前50000年甚至更早。生活在这个时代（石器时代）的祖先们给加纳留下了一笔人口遗产，使加纳拥有了建设未来的可能性。"持类似观点的还有阿杜·博阿亨教授。在古典主义时期的后半叶，西非大陆先后出现了以国王为元首的政治实体，其中就包括地处今加纳北部的古加纳帝国。古加纳帝国于公元10世纪开始衰落，而也正是在这个时期，由北向南扩张的阿肯人出现在了黄金海岸的中部地区。公元11世纪，他们在今天的布朗—阿哈福省建立了第一个阿肯语国家（即博诺古国）。公元13世纪，阿肯族主要民系之一的芳蒂人在加纳中部建立了库兰蒂斯、阿部拉、安亚恩等小型邦国。之后，地处加纳南部的阿散蒂人于公元16世纪突然崛起。在酋长奥提·阿肯特的领导下，阿散蒂人对周边的阿肯语国家发起了进攻。经过了一系列的战争之后，阿散蒂王国最终在费伊阿斯击败了强大的邓克拉王国，将王国的疆域从阿散蒂扩展到了今天加纳的中部省、东部省、西部省、大阿克拉省和布朗—阿哈福省，从而为日后加纳全境的统一奠定了基础。17世纪末，奥赛·图图在帝国首都库马西加冕成为加纳史上的首位阿散蒂国王，使原本政治松散的阿散蒂王国在制度上转化为一个拥有健全官僚体制的中央集权国家。

圭亚那历史学家沃尔特·罗德尼认为："欧洲人对非洲各国在政治、经济、社会、思想等方面的掠夺和压迫直接导致了非洲在20世纪的缓慢发展。"诚然，从1471年葡萄牙人第一次登陆黄金海岸开始，再到19世纪英国人的武力入侵，欧洲列强对加纳的破坏是空前的。1844年，英国迫使阿散蒂王国签订了"保护条约"，要求承认英国女王的权力和权限。1893年，阿散蒂国王普伦佩一世因拒绝接受英国的殖民要求而进行了正义的阿散蒂抗英战争。然而在殖民者坚船利炮的强大攻势下，1896年库玛西沦陷为英国的保护领地，此次战争以阿散蒂王国的悲剧性失败收场。1900年爆发了金凳子之战（the war of Golden Stool），在这场战争中领导加纳人民英勇作战的雅阿·阿散蒂娃也成为了彰显民族独立精神的文化形象。不幸的是，金凳子之战还是以雅阿·阿散蒂娃的战败告终。战争结束后，雅阿·阿散蒂娃被流放至塞舌尔群岛。不过，英国殖民统治者始终低估了加纳人民对民族解放的渴望程度。长期以来的剥削和压迫使得加纳人民前赴后继地投入独立自由运动之中。第二次世界大战之后，加纳人民的独立热情空前高涨。最终于1957年3月6日，加纳在克瓦米·恩克鲁玛的领导下争取到了完全独立，成为撒哈拉以南非洲第一个获得独立的国家。

如今的加纳共和国是一个多语言、多民族、拥有完备的海陆空军事建制的独立主权国家。该国共有10个省，它们分别是大阿克拉省、阿散蒂省、布朗—阿哈福省、中部省、西部省、东部省、沃尔特省、上东部省、上西部省、北部省。加纳共有50多个部族，其中阿肯族、莫莱—达戈巴尼族、埃维族、加—阿丹格贝族为4个主要部族。该国的官方语言为英语，另有阿肯语、莫勒—达戈巴尼语、埃维语、加—阿丹格贝语等数种民族语言。

　　自20世纪50年代以来，全球泛非主义一直是加纳的核心外交政策。克瓦米·恩克鲁玛强调："反殖民斗争和民族自决是维护非洲人民利益的根本手段，不管加纳社会如何发展，在理论上批判对黑人的污蔑和种族歧视，推翻白人至上的压迫思想，应是加纳外交政策的最强音。"因此，加纳从建国的那一刻开始，一直是泛非主义思潮的领导者，加纳为非洲的繁荣与平权做出了巨大努力。乔治·帕德莫尔将恩克鲁玛领导的加纳独立运动称为"泛非主义的绝对胜利"。他认为，在加纳发生的一切是一盏为非洲照亮未来道路的明灯。事实上，恩克鲁玛于建国之后的第二年，即1958年4月，便在加纳首都阿克拉举行了非洲独立国家会议。非洲独立国家会议的举行让阿克拉变成了非洲反殖民主义的中心，为所有的非洲自由战士提供了庇护所。它的存在，在非洲大陆掀起了一股探求自由独立的历史浪潮。同年12月，恩克鲁玛又召开了全非人民大会。现代历史学家普遍认为，全非人民大会是恩克鲁玛政治生涯的顶点，并且也使得加纳成为了世界泛非主义的圣地。它明确了加纳以消除殖民主义、构建非洲世界新秩序为目的的外交理念。

　　需要注意的是，在恩克鲁玛领导下展开的加纳式泛非主义运动，其作用范围并不仅限于非洲大陆。实际上，恩克鲁玛得到了全世界非裔人民的支持和声援，流落于世界各地的黑奴后裔纷纷举家迁回黄金海岸。此外，还有大批美国知识界的精英分子（包括著名历史学家威廉·爱德华·伯格哈特·杜波依斯）因赞赏恩克鲁玛的外交政策而移民加纳。所以，种族问题在非洲人民的心目中，不但有政治的意涵，还有民族尊严的情感。就像前文提到的雅阿·阿散蒂娃，她对于加纳人民而言，是英勇不屈的精神象征。阿散蒂娃在现代加纳文化中的地位，就是把种族歧视的历史问题上升到了民族认同的层面。

5. 话说加纳：农业——加纳的经济支柱*

农业是许多撒哈拉以南非洲国家的主要收入来源和经济活动支柱。在加纳，农业一直是独立前后经济增长和发展的主要驱动力。农业是加纳经济背后的主要推动力，约占加纳国内生产总值的42%，雇用了54%的劳动力。虽然农业收入随着其他部门的出现而下降，但农业对加纳国内生产总值和就业的贡献仍然很大。一些农业产品包括可可、棕榈油、菠萝、棉花、西红柿、香蕉、烟草、腰果和新鲜蔬菜等主要作物。考虑到对该国产出的影响，粮食和农业部政策文件继续指出，农业部门是加纳总体经济增长和发展的关键。

加纳农业具有现实意义，全国各地几乎都在进行农业生产。农田都在内陆地区，几乎所有沿海地区都是渔业社区。在有水体的地区，内陆捕鱼很普遍，畜牧业也很普遍。为了认识到农业对国家的重要性，每年在最后一个月的第一个星期五举行全国农民日庆祝活动。农业事务由粮食和农业部通过其各个分部门管理。

加纳分为五个不同的农业生态区，这些地区包括沿海萨凡纳、过渡带地区、北萨凡纳、落叶林和雨林地区。每个区域在不同的耕作制度中占主导地位。

农业对加纳经济的贡献

农业以各种方式对地方经济发展做出了贡献。事实上，考虑到其对国内生产总值的影响，该部门在创收、外汇等方面发挥了重要作用。对国家预算的趋势研究表明，农业占加纳国内生产总值的20%以上（2018年）。它在各种要素的供应方面发挥着重要作用，特别是劳动力、工业和其他现代部门，因为该部门的雇员人数相当大。该部门也可以成为现代经济发展的主要资本渠道，农业是发展中国家在发展早期阶段的一个重要资本来源。此外，农业生产对政府努力确保粮食安全和大幅度减少贫穷至关重要。

---

* 本文作者王道润。本文为【西非漫谈】2020年第5期（总第6期）。

加纳农业趋势：妇女的作用

加纳女性人口中很大一部分在农业部门从事自营职业。妇女除了通过农业就业，在农业生产中占很大比例之外，还参与全国农产品的销售和分配。妇女在农业中的作用始于农业生产、市场和家庭内部分配粮食。目前，她们在经济作物种植等典型男性占主导地位的地区也取得了突破。

然而，尽管妇女对农业经济具有重要意义，但妇女很少被视为农业部门的主要角色。她们获得生产资源的机会较少，与男子相比，她们从农业制度中受益最少。妇女从农业赚取的收入也较少，许多妇女不得不处于报酬低或无报酬的劳动状况。此外，妇女的决策权也很小，职业稳定性差，就业方面的挑战以及获得信贷、土地、服务等的机会较少。这些因素继续限制她们提高生产力和收入。

考虑到这些因素的影响，提供支持农业部门妇女的条件将有助于为她们争取平等的权利，也有助于粮食安全。

加纳农业趋势：农业机械化

在大多数发达国家，农业已通过使用拖拉机和其他农业器具实现了机械化，而加纳的农业在很大程度上仍然依赖人力、小型工具和设备。机械化计划在很大程度上由政府推动，通过农业推广服务推动制定政策和举措。然而，政策的连续性会影响技术的使用。尽管亚洲和非洲大陆其他地区的机械化经验已使农业产量提高，但还是存在较多不尽如人意的地方。

杂交种子的出现、化肥的应用以及灌溉泵和脱粒机的使用不仅改善了大规模耕作，而且扩大了小农获得小规模机械的机会（2017年）。可悲的是，加纳的情况并非如此，那里的农业作业机械化程度很低，尤其是在占农业部门大多数的小农中（2008年）。近年来，卫星耕作和智能耕作等新技术的应用，希望改善加纳的农业及其相关业务。对于许多大型农场来说，技术应用已经超越了拖拉机和重型设备的使用，有的甚至用到无人驾驶飞机。

挑战

尽管农业部门在国家经济发展中具有重要意义，但农业部门仍然面临着挑战。这些挑战严重限制了农业部门提高生产力、增加农业相关活动收入和该部门现代化的能力。农业部门现在面临生产力低下的问题，这是由于耕作方法不良、杂草管理不善、对改良种子品种的使用率低下。这些挑战突出了加纳对农业技术的需求。一般来说，农民和渔民的技术水平很低，这是因为他们只有基本的工具和设备，而且在国家层面缺乏大规模机械化。

同样，由于很少使用机械化灌溉系统、土地面积小、过度依赖降雨等自然因素，许多农场更有可能依赖季节性变化，而不是采取措施提供农业过程所需要的阳光和雨水。此外，土地是加纳农业的一个重要组成部分。然而，加纳的土地保有制度主要是传统的，只会鼓励小规模农业活动，阻碍农民为改善土地质量而进行长期投资。这使得农业筹集资金变得困难。

同样，推广服务不足和质量较差。自开始实施经济复苏方案以来，这种情况更加恶化，政府不得不削减农业部门的许多公共服务。由于大多数农民和渔民的教育水平低，这个问题具有挑战性。

就资本而言，仍然普遍缺乏信贷设施来为农业活动的长期投资提供资金。为向农民提供信贷而设立的农业发展银行已转向履行商业职能，使农民面临资本挑战。

农业投资不足导致农民收获后的损失，因为缺乏安全的储存设施和筒仓，其中许多已被遗弃或维护不善。除此之外，农业地区支持农业综合企业的基础设施不发达。

在社会经济方面，两性不平等和歧视妇女等问题继续阻碍妇女的努力。这种情况往往影响农产品的所有权、种植甚至分配。其他挑战包括无法获得高产种植材料、市场准入有限、农艺做法较差。

总之，农业生产力增长缓慢继续限制农业收入的增长。此外，农业产量低与技术采用有限和土壤贫瘠有关，农业贸易和农产品加工也受到限制。这是由于现有的基础设施系统薄弱。

应对挑战

私营部门和公共部门都采取了一些解决办法，以应对加纳农业部门面临的各种挑战。政策制定建议根据农业生态区的比较和竞争优势以及市场可得性，推广橡胶和油棕等植物。这是为了减少对主要作物的依赖。

此外，还设立了省级和地区机构，以促进小农生产与工业的联系。政府推动建立以农民为基础的具有两性平等的组织，以提高他们在价值链上的知识、技能和获得资源的机会,并提高他们在市场营销方面的讨价还价能力。

私营利益攸关方提出了某种形式的倡导,要求改善农村基础设施,以协助农业,因为大多数大型农业中心都位于农村地区。这些倡导意见表明应大力促进农民的联系,以改善小农获得信贷、种植材料和扩大农场规模的能力。

结　论

劳动力机械化是商业农业的一个主要特点。现代大型农场在农村地区占据主导地位,人们对农业带动就业的期望尚未取得成果。人们倾向于机械化农业,导致无法获得土壤生计的人陷入贫困。对农业至关重要的妇女的待遇也使她们从一种形式的家庭农场压迫转向没有妇女社会支助系统的农民的剥削。

加纳农业商业化已经通过诸多政策,从殖民时代逐步发展到目前的全球化阶段。这些因素导致产业的财产权和劳工权利发生巨大变化。殖民地和殖民后土地政策鼓励发展主要出口作物的商业耕作。传统的土地所有权和管理结构已经从自由公民身份、捐赠和持股计划演变为租赁和出售。

出口压力导致在竞争环境中争夺土地的加剧。市场机制以及通过经济作物开发对农民的剥削得到土地保有制政策的支持,其目的是将土壤分配给富裕的农民。加纳农业部门造成的土地集中和工作关系的形式,无疑损害了仍然缺乏获得资本机会的新兴穷人。

6. 对加纳社会与经济发展几点认识[*]

加纳是非洲发展最快的国家之一,作为西非地区发展的领头羊,被誉为非洲国家经济结构调整的样板。关于加纳经济社会发展我有以下几点看法。

摆脱政治动荡局面,实现社会长期稳定

加纳是撒哈拉以南非洲最古老的国家之一。15 世纪后期,加纳丰富

---

[*] 本文作者杜莹。本文为【西非漫谈】2020 年第 6 期(总第 7 期)。

的黄金吸引了大批欧洲商人来到几内亚湾。葡萄牙人于1471年率先来到沿海地区——"黄金海岸",掠夺黄金,贩卖黑奴。随后,荷兰人、丹麦人、英国人和瑞典人接踵而至。1897年,英国人确立了在黄金海岸的霸主地位。1901年,加纳的大部分版图沦为英国殖民地。"二战"后,在黄金海岸统一大会和大会人民党的努力下,加纳迫切渴望独立。

1957年3月6日,加纳共和国成立,恩克鲁玛担任首任总统。恩克鲁玛政府重视发展经济,主张使加纳经济快速转型,实现工业化。恩克鲁玛大规模地实施工业化项目,旨在大大地推动加纳经济的发展。于是,建造了阿科松博大坝和沃尔特铝业公司,修建了道路,在全国各地兴建学校,推广卫生服务。20世纪60年代前半期,加纳人均GDP居非洲第五位。1960年黄金产量为100万盎司,创历史最高水平。

公共部门的项目缺乏资金,国有企业缺乏管理人才,外汇储备耗尽,内部金融控制体系不完善导致政府官员严重腐败。20世纪60年代中期,加纳面临重重困境,债台高筑,通胀率攀升,经济管理不善。由于恩克鲁玛的独裁统治,再加上国家经济的崩溃,最终在1966年恩克鲁玛出国访华时,加纳发生了政变。从恩克鲁玛下台到1981年这段时间,加纳就更换了七届政府。每次政府的更替,都会使群众更加疏远政府,并伴随着军事干预,宣称要解决国家面临的问题。每一届新政府,不管是民选政府还是军政府,都没能稳定加纳的政治经济局势。

政治上,罗林斯奉行的是民族和解政策,主张加强民主与法制建设,建立健全法律制度;经济上,为促使加纳经济由衰退走向发展,进而推动其政局由动荡走向稳定,罗林斯主张以结构改革为中心的复兴计划;法治上,历届加纳政府重视法治社会建设,对犯罪行为严厉打击,有自身较为完善的体系,宗教问题、部族问题以及各类社会矛盾问题都有效解决。加纳社会状况逐渐良好,违法犯罪率逐渐降低,长期保持较低水平。从1981年开始,加纳政治形势一直处于稳定状态,共前后举行了七次大选,政权交接过程都能平稳进行,最终形成"新爱国党与全国民主大会轮流执政"格局。

调整国家经济结构,发展健康增长经济

20世纪50年代,独立后的加纳是撒哈拉以南非洲国家中最繁荣的国家之一,人均收入相对较高,通胀率低。1955年,农业是加纳人民收入和财富的主要来源，对 GDP 的贡献率达到 50%。单一作物产品可可粉占加纳出口收入的 3/5。加纳的外汇储备也很丰富，主要得益于可可粉出口的繁荣和充足的劳动力，包括来自周边国家的移民。

在加纳后独立时代，由克瓦米·恩克鲁玛制定的经济战略，优先发展国有企业的工业化，使出口多样化，从而减轻对仅有的几种初级出口商品的过度依赖，并且防止单作现象的出现。这导致可可粉产量下降，并影响了整个农业生产率；结果是出口下降，出口收入减少。这一工业化战略还倾向于实现自给自足，并通过贸易和非贸易壁垒建立一些进口替代工业。最后的结果是，经济进一步恶化，年均通胀率大幅上升。例如，通胀率在 1965—1973 年是 6%，但是在随后的 10 年升到 50%。

1983 年，加纳各项物资都严重匮乏，包括粮食、原材料甚至水。经济衰退的主要原因是结构性问题和外部震荡——尤其是贸易的萧条、经济管理不善和政治动荡。为此加纳政府 1983 年开始实行经济结构调整计划，把抑制通胀、发展农业、招商引资作为重点，经济保持了持续增长。1984—1987 年，加纳年均 GDP 增长率达到 6%，通货膨胀率从 1983 年的 123% 降到 1986 年的 24.6%。1983—1991 年财政连年无赤字。

解决国家经济困境，实现可持续发展目标

总的来说，1983 年开始实行的经济结构调整计划更侧重于宏观经济的稳定，而不是经济增长和减贫。由于缺乏财政纪律，再加上不利的外部经济条件——可可粉和黄金价格走低，而石油价格走高，1999 年第三季度加纳经济又陷入危机，通胀率加速上升，利率畸高。2000 年年初，加纳的国内债务已经达到全国产量的 20%，支付的利息超过了全国医疗和教育的总开支。

面临严峻的经济形势，2001 年约翰·阿吉库玛·库福尔领导的新政府宣布国家进入高负债穷国状态。高负债穷国偿债计划旨在为这些国家减免债务，实现外债的可持续性。之后的几任政府还进行了几次改革以提高宏观经济的稳定性，改善民生。

加纳政府在经济方面强调以自由主义市场经济为原则，侧重于充分利用私人资本这一强有力的资源，为经济社会发展不断注入活力。加纳社会市场准入门槛相对来说较低，当地政府发行积极政策吸引外资进入能源、基础设施建设等领域，例如电力、石油、矿产、农业及农副产品、旅游业、渔业、服务业等。加纳宏观经济政策长期处于稳定状态，逐步使得经济快速步入健康发展的轨道。例如，政府大力加强电力能源、开发油气资源建设、交通运输等基础设施建设，振兴加纳两大传统支柱产业——黄金和可可，从而带动与鼓励私有企业、农业的发展，进一步促进经济快速稳定发展。2004—2013年这十年间，加纳的经济保持7%左右的增长速度，最终实现了5倍的国内生产总值增长，外贸总额增长了5倍，外汇储备增长了近3倍。经过十年来的努力，加纳的钢铁行业、汽车装备行业、水泥行业、日用化工行业、纺织业以及食品行业均已初步形成规模。

加强同世界联系，合作共赢促进经济增长

加纳一向重视同非洲地区甚至整个世界的关系。它对1963年非洲联盟组织（现为非洲联盟）的成立起到积极的推动作用，又在1975年支持成立了西非国家经济共同体，这两个组织都是专门为促进区域间经济和政治合作而设立的。加纳还参与了利比里亚维和特派团，为维护区域内的和平稳定与安全做出了极大的贡献。此外，加纳也参与了几内亚、几内亚比绍、多哥、科特迪瓦、尼日尔和区域内其他爆发点的预防性外交。加纳外交政策的一项重要原则：对于与加纳具有同样文化历史、血缘和经济关系的邻国，尽可能进行密切的合作。这使得加纳建立了多种双边贸易和经济协定，组建了加纳及其近邻国家在内的永久联合委员会，但有时这些国家之间也会面对潜在的思想政治分歧与相互猜疑。总的来说，这些举措大大促进了次区域合作，缓和了区域内的紧张局势。

加纳和中国于1960年正式建立外交关系。中国在力所能及的范围内向加纳提供了经济援助，为促进两国的合作发展做出了积极的努力。例如，中国政府帮助加纳建设了国家大剧院、阿福非灌溉工程、国防部办公区、多个农村基础学校以及外交部与区域一体化联合体，另外还有进行中的海岸角布伊水电大坝工程、凯蓬供水扩建工程和阿图巴天然气工程。此外，中加两国在文化、教育、医疗等领域的交流与合作也十分频繁。

加纳与各个国家之间的友好外交关系有助于促进其经济的可持续发展，并推动区域经济一体化发展，从而为非洲大陆的崛起与世界经济的繁荣做出积极贡献。

结语

当前，加纳正在大力吸引投资，发展经济，改善民生，朝着联合国千年发展目标前进。但是，加纳在某种程度上仍未完全摆脱单一经济结构、基础薄弱、地区发展不平衡的局面，很多国民依旧处于贫困状态，容易受到内外多种因素的影响和制约。面临巨大的挑战，如果处理不当，就会影响经济社会发展的良好势头。我们有信心见证加纳充分利用资源和机遇，加速经济发展，缩小贫富差距，形势越来越好！

7. 对西非英语区五国社会治理的几点看法[*]

西非英语区包含五个国家，分别是冈比亚、加纳、利比里亚、尼日利亚和塞拉利昂，均为成立于1975年5月的西非国家经济共同体（以下简称"西非经共体"）的成员国。西非英语区五国都实行总统共和制，在总统和议会任期届满后举行下一届选举。民主治理虽然尚未在西非地区全面展开，但正日益成为政治生活的首选方式。五国政府的核心目标是通过实施已改革的布雷顿森林体系与减贫方案来确保经济平稳运行，以应对全球市场价格的波动给经济带来的负面影响。同时，五国均面临贫困问题，且贫富差距日益加大，面临着一系列阻碍国家治理水平提高的挑战。其中最大的挑战包括政局动荡、政治腐败、行政官僚化、产业结构不合理、人力资源流失、自然灾害频发、社会分化等，而这些问题同国家的治理水平密切相关。

对任何一个国家来讲，公共部门在国家战略规划、政策制定与实施上一直发挥着举足轻重的作用。其中，提高国家治理水平的一个关键环节是通过治理助推国家的可持续发展，这一过程离不开有效和高效运行的公共部门。然而，五国在打造运行有效和高效的公共部门方面面临以下问题：阻碍公共部门改革的原因是什么？如何提高公共部门绩效？

西非英语区五国的基本概况

冈比亚是西非地区最小的国家之一，总土地面积为11300平方千米。

---

[*] 本文作者 Kingsley S. Agomor。本文为【西非漫谈】2020年第7期（总第8期）。

冈比亚河将该国分为南北两岸。2013年,冈比亚总人口达到1857181人。与其他拥有丰富自然资源的西非英语区国家不同,冈比亚在很大程度上依赖自然资源的进口与外界捐助。冈比亚经济以农业、渔业和旅游业为主,其中农业是冈比亚最大的经济部门,但灌溉网络不发达使得粮食生产极易受到天气的影响和冲击。2018年,1/3的冈比亚人生活在每天1.25美元的贫困线以下。截至2016年12月,冈比亚的人均收入为532.30美元,被评为非洲人均收入最低的国家之一。人口贫困问题在冈比亚较为普遍,妇女和青年人的失业率较高。

加纳位于非洲西海岸,西邻科特迪瓦,北接布基纳法索,东毗多哥,南濒大西洋,其陆地总面积为238573平方千米。2016年,加纳总人口达到28207000人。据世界银行测算,2016年加纳的国内生产总值为426.9亿美元。其人口平均寿命从20世纪80年代的52岁提高到2016年的63岁。1992—2013年,加纳的全国贫困水平下降了一半以上(从56.5%降至24.2%),实现了联合国千年发展目标一。但是,贫困仍然在该国的农村地区普遍存在。在加纳,传统的农业为主导经济部门,吸纳了约60%的成年人劳动力。随着近年来石油开采业务的迅速发展,加纳从低收入国家行列进入中等偏低收入国家中。

利比里亚是非洲最早的共和国,人口主要由从美洲解放的非洲奴隶迁徙而来。利比里亚的总陆地面积为96320平方千米,北接几内亚,西北接塞拉利昂,东邻科特迪瓦,西南濒大西洋。利比里亚全国分为15个州,人口增长缓慢,为非洲人口最少的国家之一。2008年,利比里亚总人口为350万人。2016年,利比里亚的GDP为21亿美元,人均收入为753美元,在非洲处于较低的水平。采矿业推动了利比里亚经济的发展,而农业和服务业等非采矿业发展势头较弱。利比里亚是世界上最贫穷的国家之一,失业率高达85%,腐败问题普遍存在于各个经济部门之中。

尼日利亚位于西非东南部,总陆地面积为923768平方千米,邻国包括西边的贝宁,北边的尼日尔,东北方隔乍得湖,与乍得接壤一小段国界,东南与喀麦隆毗连,南濒大西洋几内亚湾。尼日利亚全国设联邦、州和地方三级政府,全国划分为1个联邦首都区、36个州和774个地方政府。尼日利亚是非洲人口最多的国家,2019年其总人口为2.01亿人。同时,尼日利亚也是非洲最大的经济体,2018年其国内生产总值为4217亿美元。但是，众多的人口使得尼日利亚的人均收入水平仍然相对较低，人均国内生产总值甚至低于撒哈拉以南的纳米比亚、加蓬和安哥拉。据估计，约有8600万尼日利亚人生活在贫困线以下。由于博科圣地组织的叛乱和该国北部地区经济发展较慢，近年来尼日利亚的南北差距有所扩大。

塞拉利昂位于西非大西洋岸，北部及东部被几内亚包围、东南与利比里亚接壤，首都为弗里敦，其总陆地面积为71740平方千米。全国分为3个省和1个区，即北方省、南方省、东方省和弗里敦所在的西区。3个省之下设有12个行政区，行政区以下设149个酋长领地。根据2015年的统计数据，塞拉利昂人口总量约707万人。该国拥有丰富的矿藏，包括钻石、黄金、铁矿石和铝土矿。农业部门是经济的主要生产部门。2016年，该国人均GDP为490美元。尽管塞拉利昂在2008—2010年的经济增长率高达4.57%，但仍有超过62%的公民生活在每天1.25美元的贫困线以下。

西非英语区五国在社会治理中面临的挑战

善治（Good Governance）是决定公共部门提供商品和服务的能力的关键性因素。根据世界银行研究所的全球治理指标，冈比亚在执政效力、问责制和遏制腐败方面的排名很低。威权主义遗留、公共机构较弱、政治不稳定以及政府行政能力有限等问题，是冈比亚社会治理水平不高的最重要原因。由于债务存量的增加，包容性增长和经济改善的空间很小，这导致国家在能源、农业和其他公用事业服务领域的投资不足，国家经济对农业、旅游业和中小型服务业有严重的依赖。由此，经济增长缓慢、就业前景不明朗、政治不稳定和粮食不安全等问题频发，给社会治理水平的提升造成阻碍。

加纳是宪政民主国家，是非洲为数不多的在民主政治生活方面拥有丰富经验的国家之一。但加纳政府在提供公共服务的过程中，有许多因素对其社会治理职能提出了挑战，包括资源分配不当、腐败、服务效率低下、政治过度干预、执行人员培训不足、权力过度集中、基础设施不完备、规章制度的修订落后于时代变革。

利比里亚是西非地区历史最悠久的国家之一。尽管利比里亚在巩固民主方面取得了一些进展，但是在执行法律、遏制腐败、解决土地争端、处理部族冲突等方面仍然存在不足。不同民族之间、宗教之间的冲突，严重的贫困，收入差距过大以及大量青年失业等问题频发，腐败的滋生消耗了有限的公共资源。埃博拉疫情的暴发更是敦促该国政府机构提升行政能力与应急管理水平。

在尼日利亚，可持续的民主、善政和发展一直是政府部门努力的方向，同时也是艰巨的任务。官僚的腐败和行政的低效仍然是尼日利亚公共行政部门改革面临的最大威胁。公务人员数量冗余导致了高昂的日常行政支出，阻碍了基础设施建设的发展。此外，尼日利亚公共服务改革局（BPSR）、公共服务改革小组（PSRT）和联邦公务员制度委员会（FCSC）等机构之间存在职能重叠和利益冲突的情况，使得尼日利亚在改革的实施和协调方面缺乏连贯性。

塞拉利昂为巩固民主政治做出了巨大努力。如今在塞拉利昂仍然可以看到，1991—2002 年发生的军事政变和旷日持久的内战所带来的破坏性后果。在冲突爆发的最后十年中，杀戮、抢劫和财产破坏让近 1/3 的人口流离失所，结果导致了大量人才的流失。塞拉利昂公务员体系较为薄弱，较低的薪酬水平不足以吸引和留住工作人员，其任命和晋升也缺乏内在或外在的绩效激励机制。2014 年 5 月暴发的埃博拉病毒危机以及 2017 年西部地区的洪灾对其经济造成了严重打击。此外，青年失业率高、腐败严重和治理薄弱等特征也为社会治理带来了挑战。未来，塞拉利昂在自然资源管理和财政支出方面应当提高透明度。

西非英语区五国社会治理的展望

近年来，西非地区的政治形势趋于稳定，多党选举快速发展，媒体拥有言论自由且立法机关的权威性有所提升。但与此同时，西非英语区国家也面临着共同的治理挑战，例如腐败问题、经济管理低效、大选后的暴力行为与种族冲突等，其中贫困、失业和资源匮乏是主要原因。

改革成功与否取决于执政者对经济增长、投资和国际竞争力的认识程度，这就要求政府最大限度地遏制腐败，增强政府公信力，并以高效的行政能力及可行的经济增长战略来充分调动一切资源。在这一过程中，对以往改革经验的反思、政策学习、辩论、沟通对话等都是可行的方式。政策学习还意味着通过社会组织向人民和利益集团传达信息，通报政府政策，并定期举办有政府、利益集团、社会组织和公民参与的论坛。只有当政府拥有政治承诺并建立透明、负责、开放、分权的行政管理体制时，腐败、寻租和欺诈行为才能得以遏制。换句话说，政府必须建立开放的政策参与系统，积极吸纳国际参与者、民间社会、工商界、非政府组织等角色的参与，从而加强决策过程的民主性与科学性。当前，西非国家正在寻求建立民主政府体系，提倡建设执行有力、负责任的政府。同时，社会各界对社会重大问题进行对话并达成共识的愿望越来越强烈，使得"政府—企业—公民"社会伙伴关系具有较为光明的发展前景。此外，公共部门体制改革必须具有广泛的群众基础，并摆脱财政的束缚和管理效率低下的限制。

由此，未来西非英语区五国的社会治理可以从以下几方面展开：遏制政治腐败——坚持依法治国、规制利益集团、倡导公平和公正的执政理念，以遏制腐败、寻租和不正当的政府权力消费；构建透明、问责、分权的民主政治体制——推动公民参与型社会的建设，推动建立非政府组织、国际组织及企业建言献策的有效渠道；搭建政策对话平台——通过政策探讨、政策学习与政策分析来搭建政府、公民和社会组织之间的政策对话平台。

8. 话说加纳：历史 | 加纳传统政治制度溯源——酋长制*

像其他非洲国家一样，政治对加纳而言也是老生常谈的话题。在欧洲人进入该地区之前，现代加纳地区的政治形态已经呈现为以种族为基础的民族国家。目前，加纳主要有八个种族，分别是阿肯族、莫西—达戈姆巴族、埃维族、加—阿丹格贝族、古安族、古尔玛族、格鲁西族、曼德·布桑加族。每个主要的种族群体都有其特定的制度形式和治理模式。从广义上讲，各种族固有的制度有所不同，既有中央集权型政治组织，也有无法发展成为国家的社会组织（无首领制社会）。

古安族和加—阿丹格贝族都属于无首领制社会，结构较为松散，无法建立集权的政治体系以制定和执行法律；而阿肯族和莫西—达戈姆巴族则建立了中央集权的等级制政治制度。

---

* 本文作者 Enoch Amoah。本文为【西非漫谈】2020 年第 9 期（总第 10 期）。

酋长制

前殖民时期加纳的社会政治制度虽然各不相同，但都有一个相似之处——酋长制。酋长制在加纳历史悠久，可以追溯到大约4000年前。酋长制起着管理和组织族群的政治与军事的作用，并且能够为族群间开展共同行动提供必要的联络信息。但每个族群的政治制度结构和酋长制的地位有差异，因此，酋长制的呈现形式也有所不同。例如，莫西—达戈姆巴族、埃维族、加—阿丹格贝族遵循父系家庭制度下的酋长制，阿肯族则遵循母系家庭制度下的酋长制。在这些族群社会中，酋长类似于州政府或社区的领导者。酋长制的起源有两种：一是以首批定居者的领导身份而成为酋长，二是通过武力征服或军事手段以成为酋长。通过任一途径成为酋长的人，其家庭成员也默认转变为王室成员，下任的酋长也将从其家庭成员中产生。此外，酋长制通常隶属于父权等级制，因而男性根据当时社会的文化和政治需求来担任职务。

（1）治理方式

酋长制的形式根据族群的不同而有所差异，具体表现为：在加纳人口最多的阿肯族中，人们认为国家的形成及其治理是所有人共同的责任。至高无上的酋长（omanhene，当地语言表示身份的一种特定称谓）领导着各个族群，被认为是传统地区的所有者。各族群领导人都宣誓效忠至高无上的酋长，酋长之下为部门首长，再次是由年长者组成的委员会和族群的执行阶层。在阿散蒂地区，权威级别最高的为Asantehene（阿散蒂人民的国王，当地语言表示身份的一种特定称谓）。在埃维族，坐拥金凳的酋长拥有最高的政治权力，各族群领导人在其统领下负责管理各自的区域。埃维族治理体系中的最小单位是氏族，并且各氏族都有自己的头领。在前殖民时期的加纳，下级领导在行政管理的各个方面均听命于上级领导的指示。

（2）权力象征

在前殖民时期，加纳的酋长以凳子（或毛皮）和剑作为身份的象征。若没有凳子或毛皮，酋长则无法得到众人的认可。加纳北部的酋长坐在毛皮上，而南部的酋长坐在凳子上，这是权威的传统象征，表明选出的酋长是得到认可的，其权威是合法存在的。在阿肯族，酋长的凳子用木头雕刻而成，代表着坐拥者重要的社会政治地位及无上的权威。同时，凳子也是族群间团结的象征，是人民的精神寄托和灵魂依仗，表示地区的安全和荣誉得到虔诚地守护。凳子在阿肯族政治生活中的重要性，相当于金凳对于阿散蒂人的意义。金凳被阿散蒂人视为最神圣的财产，不可接触地面。因为阿散蒂人相信自己的灵魂、力量、荣誉和福祉都储藏在其中，所以对它格外珍视。此外，剑是阿肯族的重要物品，价值仅次于凳子，其最主要的政治职能是作为最高酋长的装扮，比如当下的当选者在宣誓就职时手中就握有一把特定的剑。

（3）选举方式

在前殖民地时期的加纳，各个族群选举酋长的方式各不相同。在阿肯族中，酋长是由拥立王权的选举团选出来的，此选举团由最高管辖范围内的每个氏族代表组成，并且王室的王太后也会提名酋长候选人。埃维族的酋长是从王室家族中选举产生的。在某些有多个王室家族的地区，酋长之凳在各王族间流转。加族的酋长（manste，当地语言表示身份的一种特定称谓）选举要进行两次：第一次是由委员会（dzase，当地语言表示身份的一种特定称谓）进行提名，第二次是将该被提名人提交给负责的军官（manbii，当地语言表示身份的一种特定称谓）以供批准。并且，只有manbii有权选举或拒绝提议的候选人。而在加纳北部的主要族群中，即莫西—达戈姆巴族、古尔玛族、格鲁西族、曼德·布桑加族，竞争酋长之位的各王子为得到象征酋长地位的"毛皮"，被要求单独出现在选举团面前进行陈述和接受问答。选举团将考虑候选者的资历、性格和受欢迎程度。此外，选举团也会轮流在有资格的王室家族之间择优选出酋长。

（4）权力结构

加纳的某些族群会进一步将传统的权力结构划分为酋长和大祭司。例如，北部地区的族群将大祭司（tengdana，当地语言表示身份的一种特定称谓）设为土地的管理者。大祭司扮演着人民精神向往的角色，由占卜者的卜算决定，而不是通过选举团选举出来的。在大阿克拉地区和东部地区东南部的加—阿丹格贝族中也发现了类似的例子。据悉，加—阿丹格贝族起初并没有酋长制，而是由牧师首领（wulomei，当地语言表示身份的一种特定称谓）统治，猎人加以协助。在之后不断与其他族群（例如阿肯族）的接触过程中，加族才逐渐引入了酋长制。

(5) 职能形式

一旦被任命，酋长将履行军事、宗教、司法、行政、立法、经济和文化职能。酋长通过传统委员会履行行政和立法职能。作为委员会的主席，酋长主持委员会的会议，以做出影响国家的决定，这些决定将成为习惯法。与今天的族群领导者相比，前殖民时期的加纳酋长更多地参与军事活动。加纳传统社会的酋长亲自领导人民参加战争，并成为敌人的主要攻击目标。因为酋长一旦被俘，其军队也要投降。司法职能的行使有三个等级：族群领导人受制于地区领袖，而地区领袖又受制于酋长。乡村法院对在其领域范围内的轻微民事和刑事犯罪具有原始管辖权。各区长在其管辖范围内的村或镇法院裁决的争端中行使上诉权。最高酋长或其法院是最高的制度代表，具有最大的地理管辖权和上诉权力。所有此类案件均是公开审理，有时由长老和户主担任辩护人或"律师"，并且每一案件的判决都须由族长和长老达成共识，并得到出庭人民的认可。对酋长的常见惩罚包括死刑、免职、剥夺担任公职的资格、流放、罚款和放逐。

尽管酋长享有广泛的权力，但他们却非独裁者。酋长的权力受到习惯法，包括其所忌讳的禁忌的制约。并且，长老委员会还对寻求绝对权力的酋长进行检察。实际上，酋长在就职时的宣誓包括绝不违反委员会的建议的声明。委员会的成员主要由政治家、族群领导人和年长者构成。同样，酋长只是土地和共同财产的管理人，而不是所有者。因此，酋长只有在获得长老委员会多数同意的情况下，才能处置土地或社区财产。罢免酋长的理由是多样化的，并且整个过程也不算困难，比如一位酋长可能会因为没有听取委员会的建议而被罢免。此外，尽管酋长或其他权威人物主要来源于王室家族，但普通百姓的利益从未被忽视，领导人的甄选基本上是通过深入协商并检查符合条件的候选者的往绩来获得人民的认可。

(6) 王太后的职责

除委员会之外，妇女（王太后）在加纳的传统治理中也发挥着关键作用。在达戈姆巴族，Kukulogu、Kpatuya 和 Gundogu（均为当地语言，表示地名的一种特定称谓）的首领都是女性。在阿肯族的政治等级制度中，地位仅次于最高酋长的人是王太后，她不仅是女性权威的象征，而且通常是在位酋长的母亲，也被视为王室血统的来源。就评估王太后在阿肯族建立中所扮演的角色的重要性而言，奥多特发现，王太后在历史上都是族群的整体领导者，其委派王室家族的男性成员作为酋长。实际上，当酋长之凳无人席坐时，王太后就会主持选举，直到选出一个新的酋长。在新酋长的任命过程中，王太后会从符合条件的王室元老或拥立王权的人当中提名一个候选人。此外，王太后也是酋长在宗教和世俗事务上的顾问，同时肩负着为妇女谋求福利和调解家庭问题的责任。

(7) 罢免程序

殖民前的加纳社会已经建立了罢免酋长的程序。委员会对酋长的任何不当行为负责，语言学家则对酋长的每一次沟通不畅或不适当言语负责。尽管如此，在阿肯族中，还是对罢免酋长的任何不当行为都进行了明确的规定，例如违反禁忌、通奸和不合理地使用誓词等，这些都可能是导致酋长被免职的重要原因或指控理由。当有情况表明某位酋长违反了上述任何一项规定时，便会对酋长提出正式指控，并给予他足够的时间公开回应。平民百姓不能提出关于酋长的谋杀指控，但选举团可以。此外，王太后作为酋长的"母亲"，不能罢免酋长。因此，罢免酋长的责任就落到了手握权力的下级手中。

酋长制是加纳最具弹性的政治制度之一。1992 年的《加纳宪法》保证了酋长制及按习俗设立的传统委员会的存留和沿用。

9. 话说加纳：历史 I 英国殖民统治的建立[*]

15 世纪末，当第一批欧洲人（即葡萄牙人）到达时，黄金海岸的许多居民都在努力建设他们刚刚占据的领土，因为他们亟待定居在一个长久性安稳的舒适环境中。到 17 世纪下半叶，黄金海岸的三个州（隶属阿肯族），即登基拉（Denkyira）、阿基姆（Akyem）和阿克瓦穆（Akwamu）已经成功地发展为整个地区的核心腹地。然而，出于某些政治和商业原因，阿散蒂（Asante）人在 19 世纪初崛起，并几乎统治了现代加纳除芳蒂（Fante）同盟以外的所有区域。1670 年，由阿散蒂王——奥塞·图图

---

[*] 本文作者 Enoch Amoah。本文为【西非漫谈】2020 年第 12 期（总第 13 期）。

(Osei Tutu）建立的阿散蒂联盟对阿散蒂州的崛起做出了巨大贡献。在接下来的两个世纪中，阿散蒂州崛起成为一个帝国，并且领土面积超过现代加纳的范围。

当时，欧洲各公司之间竞争激烈，各方都希望尽可能多地将贸易交易控制在自己手中，以削弱其他竞争者在市场上的竞争力。为实现这一目的，欧洲公司逐步加深对加纳国家事务的干涉。以荷兰和英国为例，两国的公司组织管理井井有条，并且财务实力稳定雄厚，因而便底气十足地插手了当地的事务。比如，他们会为黄金海岸某些州提供枪支以用来对付其他州，甚至还会诱使当地人民在欧洲公司的竞争中支持他们。这一行为的加剧，不断引发了当地人民的内部斗争。此外，有时候欧洲人尤其是荷兰人和英国人会故意袭击某些州或城镇，仅仅是因为这些州或城镇拒绝依照他们的要求行事。

随着交易的不断增加，欧洲公司开始考虑将他们进行交易的区域视为他们的"势力范围"或"保护区"。例如，总部位于奥苏州克里斯琴堡的丹麦人将阿克拉（Accra）、阿达（Ada）、安洛（Anlo）、克雷佩（Krepi）、阿克瓦皮姆（Akuapem）、克罗博（Krobo）和阿基姆的一部分视为他们的"保护区"。荷兰人还认为埃尔米纳（Elmina）、科门达（Komenda）、阿辛（Assin）和阿克西姆（Axim）属于他们的势力范围。这段时间内，欧洲对沿海城镇的管辖权持续地扩展。18世纪中叶，英国委派驻扎在开普敦海岸城堡的堡长曾试图让当地居民遵守他们单独制定的法律法规。在沿海城镇中，案件也通常会转交给城堡中的欧洲人以作出判断，因为他们相信由欧洲人审理这些案件便会是公正和公平的。在这个过程的推进中，英国在黄金海岸的殖民统治便开始了。就欧洲公司与沿海地区的国家和人民之间多年来发展的关系的本质而言，到19世纪初，英国已成为沿海地区最强大的欧洲贸易国。黄金海岸南部的许多州都被认为是受到英国的"保护"。英国在黄金海岸的贸易要塞和定居点归在当地进行贸易的公司所有，这些公司同时也是英国皇家非洲公司的继任者，是英国在黄金海岸的堡垒。

1821—1874年，英国逐渐巩固了其在黄金海岸的统治。为了打破阿散蒂人的统治并废除奴隶贸易，英国政府决定终止英国商人在黄金海岸的统治地位，并于1821年对黄金海岸的堡垒和城堡建立直接的政府统治。1821年7月3日，英国政府解散其在黄金海岸设置的贸易公司，公司名下的要塞和其他财产归属王室所有。为此，英国委派至殖民地塞拉利昂的负责人——查尔斯·麦卡锡（Charles MacCarthy）爵士还被赋予了管理英国在黄金海岸的财产的附加责任，其于1822年3月28日到达海岸角上任就职。为了在政治领域发挥积极作用，麦卡锡爵士于1822年从当地的欧洲商人中任命治安法官，并设立了刑事法院和小额债务法院。

然而到1828年，英国政府又将领土的管理权移交给了英国政府选定的商人委员会。乔治·麦克林（George MacLean）上尉于1829年10月被任命为商人委员会主席，并于1830年2月19日就职。1831年，在麦克林上尉的促动下，阿散蒂与英国及其盟友（南部邻国）达成协议。据此协议，阿散蒂放弃了对沿海各州的绝对控制权。在当时安定的条件下，英国司法制度开始在南部各州实行。

1843年，英国政府决定恢复对黄金海岸英国堡垒的直接管理权，以严格控制其事实上的管辖权。因此，1843年，指挥官亨利·沃尔斯利·希尔（Henry Worsley Hill）被任命为黄金海岸副州长，麦克林上尉被任命为司法评估员和助理裁判官。1844年3月6日，希尔指挥官与海岸角的芳蒂领袖签署了一项协议，即1844年邦德协议。在这份简短的协议中，芳蒂领袖承认麦克林上尉事实上已从芳蒂人和法兰西人手中获得当地的实际管辖权。同时，该协议还授权英国及其代理人与当地领袖合作处理刑事案件的权力。实际上，这是英国为保证其对黄金海岸的绝对控制权而采取的首批正式举动，也为沿海各州正式采用并实施英国法律制度奠定了基础。

1850年，丹麦国王将其堡垒以及各种房屋和种植园割让给英国王室，费用为10000英镑。同年，黄金海岸的要塞被塞拉利昂切断，成为其附属物。因此，黄金海岸设置了自己的州长、立法委员会和执行委员会。1853年年末，黄金海岸还设立了最高法院。1856年，根据《英国殖民地和外国管辖权法》颁布的议会命令，对黄金海岸受英国保护的地区以受保护领土的名义给予正式承认。根据该法令，英国保护区的当地领袖丧失了审理其领土内发生的民事或刑事事项的权力，而最高法院和地方法院可以在未与当地领袖合作的情况下审理这些案件。如果管辖权只能在与当地领袖合作的情况下行使，参照 1844 年邦德协议的审案要求，该管辖权仍属于司法评估员。

1860 年，荷兰人同意进行一次交换，将其在开普敦海岸以东的领土转移给英国人，而英国将开普海岸西部的英属领土转移给荷兰人。但在当时，该计划由于受到当地人的强烈反对而被迫放弃了。之后，英国和荷兰于 1867 年 3 月 5 日签署的一项公约使该计划得以恢复实施。但这项计划发生后引起了许多动乱，并促使当地形成芳蒂联盟，以维护沿海州域的统一和安全。领土交换后的动荡使荷兰人放弃了自己的占领计划，于 1871 年 2 月 25 日在海牙（Hague）签署公约，荷兰国王同意将其在几内亚海岸拥有的所有主权、管辖权和财产权移交给英国国王。

福梅纳（Fomena）条约的签署也许是导致英国在黄金海岸南部建立殖民统治的最重要一步。条约制定的诱因是开始于 1873 年 1 月 22 日的战争，当时阿散蒂军队渡过了普拉（Pra）河，与加内特·沃尔斯利（Garnet Wolseley）爵士带领的部队展开了激烈的斗争，随后英国对沃尔斯利爵士的增援军队及时赶到，扭转了战争局面。这场战争最后以阿散蒂军队的失败告终，于是双方起草了《福梅纳条约》，阿散蒂王宣布放弃对埃尔米纳和其他所有沿海地区的统治权。从那时起，阿散蒂就再也没有入侵黄金海岸南部地区。

1874 年 7 月 24 日签署了《皇家宪章》，英国将其在黄金海岸的要塞和定居点连同拉各斯（Lagos）一道转变为其王室殖民地，并将普拉以南的各州转变为其保护区。自此起，这些地方就完全归英国政府控制。

1901 年，在雅阿·阿散蒂娃（Yaa Asantewaa）战争英国击败阿散蒂之后，阿散蒂和黄金海岸北部地区也成为了英国的保护区。直到第一次世界大战结束，现代加纳的所有领土都由英国王室控制。

10. 话说加纳：加纳独立后的政治发展[*]

自 1957 年以来，加纳通过克瓦米·恩克鲁玛领导的人民大会党的努

---

[*] 本文作者 Enoch Amoah。本文为【西非漫谈】2020 年第 13 期（总第 14 期）。

力,成为非洲摆脱帝国主义枷锁、实现独立的先驱。

恩克鲁玛政权的政治思想

独立后,加纳成为非洲一颗耀眼的新星,也是整个非洲殖民地寻求灵感、援助和方向的国家。加纳公民对本国经济繁荣、消除贫困和不平等以及提高生活水平等问题持有非常乐观的态度。更重要的是,克瓦米·恩克鲁玛早在加纳独立之前就明确表示,在结束对加纳的殖民统治之后,另一项主要任务是采取措施在加纳建设社会主义。尽管恩克鲁玛长期坚持社会主义信念,但在1957—1960年,人民大会党政府在继续执行自由贸易政策的同时,对国家经济保持最低限度的国家干预,继续推行殖民政府自由贸易政策的决定主要是出于对外国投资和技术援助的需要。在政治上,为了处理日益加剧的种族问题的紧张局势,防止反对党破坏人民大会党对政治权力的控制,政府采取了一些严厉和激进的政治措施。这些措施包括1957年的《避免歧视法》,该法禁止组建基于地区和族裔的政党;1958年的《预防性拘留法》,赋予总理下令不受拘束的权力,以命令逮捕和监禁任何人,不需要经过公民的审判。

但是,在1961年,即加纳共和国成立后的一年,恩克鲁玛的思想观念发生了明显转变。在1961年4月8日的黎明广播中,恩克鲁玛通过将可可贸易国有化,正式开启了加纳共和国的社会主义阶段。在接下来的五年里,政府几乎干预了经济的每一个部门,成立了国有企业来经营黄金开采业、种植园农业、加工业、运输业、建筑业、银行业和市场营销业等。此外,巨额投资被投入该国的交通基础设施和港口设施中。在此条件下,诸多新的铁路连接线被开通,将各个地区和村庄连接起来。同时,政府还成立了国家航空公司——加纳航空公司,以及国家航运公司——黑星航运公司。在贸易领域,政府严格控制进口,并将1961年成立的加纳国家贸易公司转变为该国商品的主要进口商和分销商。在殖民统治结束后,加纳也脱离了英国殖民时期的货币体系,人民大会党政府就银行业务层面予以新的规定:一是所有国有企业都必须向加纳商业银行存款,二是用塞迪纸币和佩塞瓦硬币取代原有的加纳镑、先令和便士。恩克鲁玛在任期间,最大的投资是伏特河项目,该项目于1965年完工,其目的不仅是为加纳的工业化提供大量廉价电力,更是为整个西非地区提供电力,其电力来源主要依靠的是一家铝冶炼厂。这座大坝也是恩克鲁玛在非洲大陆实现泛非主义野心不可或缺的一部分。

恩克鲁玛政府在基础设施方面取得了巨大的发展，使加纳成为许多独立的非洲国家羡慕的对象。然而，为了在尽可能短的时间内实现社会经济革命，恩克鲁玛作出了不利于国家经济的财政安排，最终使得国家社会、政治和经济领域都付出巨大的代价，以至于破坏了许多最初取得的成果。

在经济方面，到1965年，加纳的国家经济已经陷入绝境，因其外汇储备只有50万英镑，远不足以支撑整个国家的正常运转。在政治方面，恩克鲁玛在1964年宣布加纳为一党制国家，凸显了政府日益增长的不宽容、独裁和压迫的倾向，这一举措使得恩克鲁玛更加不受欢迎。随着一党制的形成，恩克鲁玛成为终身总统，不受任何限制地行使广泛的权力，并禁止反对党的出现。更有甚者，根据1958年的《预防性拘留法》，反对人民大会党和恩克鲁玛的主要政党成员被逮捕，未经审判就被投入监狱。在社会方面，有充分的证据表明国家部长和人民大会党积极分子中存在腐败现象，并且恩克鲁玛本人的性格和态度也发生了变化。1960年以前，恩克鲁玛被认为是一个节俭的人，憎恶金钱、财富和炫耀，过着正直的道德生活，的确堪称楷模。然而，他的许多亲信和内阁成员都认为，从1960年开始，他的这些值得称赞的品质开始消失，恩克鲁玛变成了一个妄自尊大的人，沉迷于自己的权力和野心。

加纳第一次军事政变

在政治动荡的背景下，加纳面临两种基本的政治选择：一是暗杀恩克鲁玛，二是发动政变。此前，在1961—1964年，有两次企图暗杀恩克鲁玛的行动均以失败告终。第二种选择被实现是在1966年2月24日凌晨。1966年2月21日，恩克鲁玛应北越胡志明总统的邀请，离开加纳阿克拉前往越南河内，探讨美国对越南战争升级的发展前景。1966年2月24日，就在恩克鲁玛外出访问之际，获悉国内政变，他已被推翻。

1966年2月24日的政变是军方在加纳警察的大力支持下发动的。政变的几个理由，包括恩克鲁玛政府压迫政治批评家、内部存在腐败的政府官员以及经济管理不善等。军方接管两天后，政变领导人发布了一份公告，成立了负责国家管理的国民解放委员会，由J. A. 安克拉中将担任主席。同时，委员会的成员都是高级军官和警官。

为了解决遗留的经济问题，国民解放委员会设立了一个经济委员会，探讨如何偿还加纳的债务。该制度能够通过谈判重新安排偿还主要外债的时间，并寻求国际社会的进一步援助。在国内，国民解放委员会采取了紧缩政策，包括削减政府支出总额和使国家货币贬值，作为挽救国家经济措施中的一部分。在政治和外交领域，面对与恩克鲁玛政府断绝关系的国家，国民解放委员会采取行动改善加纳的形象。例如，派代表团前往美国和欧洲各国解释政府的政策，并重申加纳不结盟的承诺。

在1966年2月26日发表的一份声明中，国民解放委员会明确表示，他们"没有政治野心，急于尽快将权力移交给合法组建的代议制政府"。国民解放委员会在执政后不久就承诺设立宪法委员会，以确定加纳公民支持的新宪法类型。随后还成立了选举和地方政府改革委员会，就设置新国民议会的选举程序提出建议。根据选举和地方政府改革委员会的建议，成立了特别选举委员会，以登记加纳全国的合格选民，并解除了恩克鲁玛任职期间颁布的组建政党的禁令。作为恢复国家宪法统治的最后一步，由150名成员组成的制宪议会委员会负责讨论宪法委员会提交的宪法草案，并为加纳第二共和国起草最终宪法。选举于1969年8月29日举行，此次选举由科菲·布西亚（Kofi Busia）领导的进步党赢得了140个席位中的105个。

第二共和国与布西亚政府

根据1969年宪法规定，加纳第二共和国于1969年10月1日正式成立，由进步党领导人、东文驰选区议会议员科菲·阿布雷法·布西亚（Dr. Kofi Abrefa Busia）担任总理。一个由三名成员组成的临时总统委员会在文官统治的一年半时间里取代了民选总统，该委员会于1970年8月解散。选举团选择爱德华·阿库福—阿多先生（Edward Akufo-Addo）担任礼仪总统。

人们对布西亚政府期望很高，因为进步党的成员大多数为知识分子，因此，他们对于国家如何进行治理具有更高的敏锐度。当局认为国家发展的关键是农村的发展。基于此，布西亚政府把农村发展作为首要任务。为了确保这项政策的成功，该政府成立了一个单独的部门——社会和农村发展部，并设立了农村发展基金，旨在有更充足的资金为农村地区提供良好的饮用水。根据国际货币基金组织（IMF）的建议，布西亚政府实施了紧缩政策，包括让塞迪贬值44%，以促进出口，降低进口对加纳消费者的吸引力。在外交政策方面，布西亚的睦邻政策与先前的政策没有任何不同。然而，由于布西亚总理的自由主义意识形态取向以及国内经济不景气，进步党政府并没有追求完全的不结盟政策，而是倾向于与西方合作。

尽管进步党政府取得了一些成就，但是政府的一些行动削弱了人民的信仰。在政治方面，政府不受欢迎，因为国家部长违反1969年宪法，拒绝公示财产。政府声称要解决国家工作人员过多、效率低下的问题，解雇了568名国家工作人员，后来发现被解雇的大多数人都是反对派的支持者，这一举动增加了民众对该政权的不满。同时，布西亚总理还被指责对种族隔离的南非态度软弱，呼吁通过外交手段解决该国的种族主义政治文化。在经济方面，政府在1971年实施的紧缩政策疏远了有影响力的农民群体，在那之前，他们一直是人民党的支持者，严重影响了中产阶级和受薪劳动力，使其面临工资冻结、税收增加、货币贬值和进口价格上涨等问题。在社会问题上，布西亚政府也受到了批评。其中包括1971年颁布的《学生贷款计划法》，该法不仅废除了加纳的免费教育，还对已经遭受苦难的工人征收5%的国家发展税，以及民众对腐败的指控等问题。

由于上述原因，加纳在民主管理方面的第二次尝试在1972年受到挫折。1972年1月13日，第一步兵旅指挥官伊格内修斯·库图·阿昌庞（Ignatius Kutu Acheampong）上校派军官向总统转达问候，并向总统解释为什么军队在那一天不仅撤回了对民政当局的支持，而且还推翻了民政当局。就像1966年的政变一样，它发生在首相布西亚总统不在加纳而去英国进行体检的时候。

军队的回归

在推翻了政府的进步党后，一个军政府——民族救赎委员会成立了，伊格内修斯·库图·阿昌庞为民族救赎委员会主席并成为国家元首和总司令。上校为其行动所提出的理由主要有三个：一是上一任政府对国家的经济管理不善，二是其违背一个重要社会形态的利益和愿望，三是其违背宣誓支持的民主宪法。作为国家元首，阿昌庞终止了1969年的宪法，禁止政治活动，逮捕了1300多名前政治家，并成立了强大的军事法庭。

阿昌庞上校和他的同谋们自诩为昔日的恩克鲁玛学者，试图扭转"新殖民主义者"出卖布西亚政府的局面，让加纳回到恩克鲁玛政府时期的美好时光。阿昌庞下令将恩克鲁玛的遗体（他于1972年4月27日在Rumania去世）接回国，并安葬在加纳，还为他举行了一场与前国家元首相称的国葬。此外，当局政府还通过扭转前政权的财政政策赢得了民众的支持。例如，其取消了对工人征收的5%的发展税，修订了1971年的紧缩预算，将货币升值了42%，并拒绝偿还该国的许多外债。阿昌庞认为，自1966年2月24日以来，有必要拒绝偿还约9440万美元的贷款，因为这些合同受到腐败和其他形式的非法行为的玷污和破坏。此外，行政部门对农村的农业发展有着浓厚的热情。其推出了各种政策，包括"自给自足行动""生产大米行动""供应行业行动"，以提供足够的普通食品，满足加纳人的需求，并为工厂生产当地原材料。

尽管民族救赎委员会在1972—1975年执政的前三年取得了初步的经济进展，但很快就面临巨大的问题，使国家陷入经济危机。面对1975年出现的经济危机，在当年10月9日，当局对民族救赎委员会的政治结构进行了重组，一个由七人组成的最高军事委员会（SMC）应运而生。不幸的是，新政权仍然无法解决加纳民众日益恶化的生活水平、经济上的不当行为和道德上的堕落问题。1976年9月，加纳律师协会公开主张迅速恢复文官统治。针对因管理不善给大多数人民带来痛苦而产生的越来越多的不安、批评和不满情绪，阿昌庞于1976年10月宣布，他希望在联邦政府概念的大方向下将加纳归还至文职人员手中，构建一个由军队、警察和平民组成的无党派政府体系。

阿昌庞认为，联合政府的理念是为了确保国家政治进程的稳定。然而，这一想法遭到了反对派的强烈反对。批评者认为，联合政府的概念可被视为政府采取行动遏制不同政见并将参与性压力引入有利于维持和扩大国家对人口的控制的途径的顶点。国内各种有组织的团体——认可专业机构协会、加纳基督教理事会和加纳全国学生联合会谴责校董会并要求其辞职。阿昌庞拒绝了此要求，因而造成了国内的大罢工现象。到1977年7月中旬，由于全国经济陷入停顿，革命仍在进行，阿昌庞被迫撤销了他的计划，但坚持认定他将继续担任政府首脑，直到1979年7月

1日。反对派在国内社会完全混乱的情况下,成功地鼓励了一系列罢工,这些罢工在1978年5月至7月期间使全国完全陷于瘫痪。为了防止混乱升级,并使国家生活恢复正常,阿昌庞政权决心将联合国政府强加于加纳,导致军队发动了一场不流血的宫廷政变。

阿库福将军和第二最高军事委员会政权

1978年7月5日,阿昌庞被迫辞职,弗雷德里克·威廉·夸西·阿库福中将(后成为将军)接任最高军事委员会的主席,并宣布成立另一个政府,称为"第二最高军事委员会"。阿库福(Akufo)指责阿昌庞(Acheampong)在举办"一个人的表演"中分裂了全国,他在没有咨询旧军政府(即最高军事委员会)成员的情况下做出了决定,而且他继续任职将妨碍和解的各种可能。但是,阿库福明确表示,新军政府(即第二最高军事委员会)只是旧军政府的改良版本。1978年12月,阿库福宣布成立制宪议会以制定宪法,联合政府的想法被其搁置。1979年1月1日,阿库福取消了政治禁令。

阿库福将军最初的行动是为了遏制经济衰退。为了抑制通胀,他在1978—1979年将政府支出增幅控制在11%,从而减少了货币供应量,这与上一财年的59%形成了鲜明对比。此外,政府将塞迪对美元贬值了58.2%。为了重建加纳的国际经济信誉,政府任命了国家经济顾问委员会(National Economic Advisory Committee),就恢复、复苏和稳定经济的措施向加纳政府提供建议,以期使加纳经济走上可持续增长的道路。新的领导层接受了国际货币基金组织提出的一项名为"短期稳定方案"的经济复苏方案,该方案获得了5300万美元的资金。美国政府提供了2300万美元的贷款,用于帮助该国的农业、卫生和教育项目。该委员会通过重新评估所有公司的应纳税收入来改善税收,其中发现许多公司低报了其收入。

然而,阿库福政府采取的大多数经济措施引起了许多加纳民众的愤怒。1978年10月初,消费品价格在某些情况下翻了一番甚至翻了两番。这些措施的效果,特别是货币贬值变得十分明显。加纳社会的各个阶层都感受到了困难,城市居民受到的打击最为沉重,不满情绪在人民中蔓延开来。因此,在1978年8—11月,该国记录在案的80起罢工事件涉及70000多名工人,也就不足为奇了。世界可可价格下跌使经济危机进一步恶化。加纳在 1978—1979 年的可可总产量只有 25500 吨。因此，在 1979 年 5 月 15 日，一位相对不知名的 29 岁空军中尉率领的空军下级军官企图发动针对第二最高军事委员会的政变，这并不令人感到意外。这位空军上尉是杰瑞·罗林斯。罗林斯和他的手下因叛国罪被逮捕并送交军事法庭。距离审判罗林斯及其同伙的军事法庭重新开庭还有 14 天，另一批由克瓦德沃·博阿基耶·吉安（Kwadwo Boakye Gyan）上尉率领的下级军官和普通士兵将罗林斯从牢房中释放出来。由罗林斯领导的这些军队控制了加纳广播公司。

罗林斯兴奋地对着麦克风喊道："这里是杰瑞·罗林斯中尉。我刚从监狱里出来。换句话说，军队刚刚接管了这个国家。各位同事，如果我们要避免任何流血，我请求你们不要试图阻挠，因为他们充满了我们在这些年的镇压中不断积累的恶意和仇恨。他们已经准备好把我们制造的毒液取出来了。所以，看在上帝的份上，不要妨碍他们。如果你有任何理由害怕他们，你可以逃跑。如果你没有理由感到内疚，不要动……我们无法控制他们。武装部队将在适当的时候移交给平民。选举即将举行，但是在选举之前，加纳工人被剥夺的正义必须得到伸张。我们中的一些人受苦受难太久了。你要么是问题的一部分，要么是解决方案的一部分，没有中间道路。如果你认为你工作是为了你下属的福利，你没有什么可怕的……我们知道你们中间有诚实的人，有些甚至在小麦哲伦里……所以看在上帝的分上，不要逃避。做你自己，去工作吧。尼科尔森体育场（Nicholson Stadium）将是我们的会面地点，我们将在那里举行选举。那些关心我们福利的人将会被选举出来……选举出来的领导人将会出现，而不是强加给我们的。"

革命和武装部队革命委员会政权

第二最高军事委员会的消亡见证了由 15 名成员组成的军政府，即武装部队革命委员会（AFRC）（以下简称"武革委"）出现在加纳的政治舞台上。罗林斯担任主席，武革委的其他成员则小心平衡了军队的初级和中级军官，由吉安少校担任发言人。作为这个国家经济和社会困境的一个解释，罗林斯认为民众缺乏道德勇气去挑战行为不当的领导人，并希望加纳民众能够鼓起勇气，向那些沉溺于把经济拖入未来混乱的肮脏把戏的未来政客亮出红牌。

罗林斯因此公开主张进行一场清理内部的行动，消除所有与前政权有关的腐败、牟取暴利或渎职的现象。1979 年 6 月 16 日，第二最高军事委员会（Supreme Military Council）成员、当时的边防军指挥官伊曼纽尔·乌图卡（Emmanuel K. Utuka）少将在一个革命法庭的简易审判之后，被行刑队处决，这是"清扫房屋"行动的第一步。十天后的 1979 年 6 月 26 日，就在大家都以为处决已经停止的时候，两位前军事国家元首阿库福将军和奥卡塔克瓦西·阿曼克瓦·阿福里法（okatakwasi Amankwa Afrifa）中将被行刑队公开处决。被处决的还有前国防参谋长罗伯特·埃比尼泽·阿博西·科泰伊（Robert Ebenezer abosy Kotei）少将、前空军司令空军副司令乔治·亚乌·博阿基耶（George Yaw Boakye）、前海军司令官乔伊·阿梅杜姆（Joy k. Amedume）以及前最高军事委员会所有成员和前外交事务专员罗杰·费利（Roger j. a. Felli）上校。他们的罪行包括非法或不诚实地获取贷款、财产、优惠或利益，不计后果地滥用公共部门的职权，对公共财产造成严重损害等。

内部清理的行动逐渐扩大到各种民间经济不法行为，如囤积居奇、牟取暴利和黑市交易。立即解雇公务员、没收其资产是消除腐败和破坏国家经济的其他不法行为的一种手段。因此，人民革命法院继续试图对犯有蓄意破坏加纳经济和其他罪行的人处以重刑。武革委还旨在将正直重新纳入公共领域，并强调道德责任的中心地位。逃税者被要求在最后期限内完成纳税义务，否则将面临革命性行动。

虽然罗林斯因为他的爱国主义、勇气和对不公正的厌恶而立即成为英雄，但加纳民众不希望整个国家再经历另一个漫长的军事统治时期。因此武革委不得不遵守自己的承诺，在 1979 年 10 月 1 日回到军营。罗林斯干预政治两周后，加纳选民前往投票站，十年来第一次选出他们在议会的代表以及总统和副总统的最高领导职位。尽管人民民族党（PNP）在议会选举中赢得了多数席位，但其候选人希拉·利曼（Hilla Limann）未能按照法律规定获得 50%（外加 1 票）的选票，因此不得不在两位领先候选人之间组织另一次投票。在 1979 年 7 月 9 日举行的第二轮总统选举中，利曼以 61.98% 对 39.2% 击败了人民阵线党的奥乌苏（Owusu），开始了一个权力转移的过程。在同年 8 月底，罗林斯表示，由于他确信武革委开始的"房屋清理"将由利曼政府继续进行，他将提前一周于

1979 年 9 月 24 日移交权力。

加纳第三共和国与利曼政府

1979 年 9 月 24 日，武革委将政府移交给了人民民族党。利曼政府在成立之初有两个局限性：其一，在第三共和国的就职典礼上，罗林斯警告该政府，它正处于试用期，并告诫即将上任的官员要把人民的利益放在第一位。罗林斯用一句名言劝诫利曼——"永远不要忽视加纳人民的新意识"，罗林斯的这些话将构成他第二次回归的基础。其二，现在上台的平民政治家们肩负着极其艰巨的任务，他们不仅要采取措施使得国家度过困难时期，而且还要证明自己的价值。第三共和国的政客们并没有寻求通过一个无私的政府来证明他们的价值，而是选择通过移除他们认为对他们的安全构成重大威胁的东西来保护他们自己的未来，即罗林斯以及任何与武革委有关的人。

在经济方面，政府活动的第一个也是最重要的领域是农业。在执政的头六个月，领导层申明将致力于将农业作为政府经济政策的基石。为此，1980 年发起了一项为期两年的农业方案，即《农业行动方案》，该方案强调必须增加粮食生产，以公平的生产者价格形式激励农民，并且农民需要使用必要的机器和学习专门的知识。食品在市场上变得可以买到，让许多加纳人的脸上重新露出笑容。为了改善与国际社会的关系，解除武革委的过分行为对该国的封锁，利曼走遍了欧洲、非洲和远东部分地区，不仅是为了恢复关系，也是为了寻找资金来改善该国的经济。

与此同时，曾经的武革委成员，包括继续充当革命先锋的罗林斯，给利曼总统带来了相当大的压力，表现得好像当局政府处于缓刑期。由于政府发现自己处于一种不同的政治环境——宪法行政，人民民族党很难在不受制约的情况下立即伸张正义。因此，随着腐败和其他不当行为的不断滋生，民众开始批评政府，指责它不能胜任国家面临的任务。同样，利曼总统与军方之间也存在问题，因为大多数服役指挥官被认为忠于罗林斯。为了维护自己的权威并控制军队，利曼总统试图"清洗"军队。为此，利曼发起了一场全力以赴的运动以遏制强制性机构。然而，总统的行动进一步将军队政治化，并在军队最高指挥部和利曼政府之间制造了紧张局势。

此外，越来越多的证据表明，当局在处理加纳面临的问题时缺乏明确的战略和有效的领导。例如，人民民族党的议会成员和行政部门之间没有协调。尽管行政部门在议会中拥有多数席位，但许多下院议员却反对它。因此，总统无法获得必要的支持以使他的1982年预算获得批准，这导致了政府停摆。更糟糕的是，政府面临着一个非常团结、雄辩和直言不讳的反对派。当行政当局无法获得议会对其预算的批准时，反对派提交了一份备选预算声明和经济政策，并得到议会的批准。反对派成功地制造了对行政当局的信任危机，并表示只要有机会就愿意接管政府。

在政府混乱和无能的背景下，以及在领导政府应对挑战方面缺乏领导能力的背景下，1981年12月31日，在罗林斯领导下的一群初级军官和士官推翻了利曼政府。

临时全国保卫委员会下的加纳

1981年12月31日，杰瑞·罗林斯在低级别士兵的支持下，发动了他两年来的第二次成功的政变，推翻了利曼总统的文职政府。罗林斯表示，他的第二次到来不是一场政变，而是一场革命，这将改变国家的社会和经济秩序。1981年1月2日，罗林斯在电台和电视台第二次广播中指责利曼政府故意违背继续进行"清扫房屋"的承诺。接着，罗林斯宣布暂停1979年的第三共和国宪法，罢免总统及其内阁，解散国会，取缔现有政党。1982年1月11日，罗林斯通过公告成立了一个有11名成员的临时全国保卫委员会，作为国家的最高立法和行政机构。

1981年12月31日之前，加纳与世界西方资本主义经济体的持续合作，使加纳陷入了经济困境。当局对国际货币基金组织的计划持敌对态度，并且哀叹西方资本、外国投资和国际金融机构的影响力。它明确表示不愿与世界资本主义经济体合作，并决定无视西方的援助。因此，当局通过其公开的言辞支持社会主义，并发动了罗林斯所谓的人民革命。根据对社会主义的承诺，民族和解委员会设法在民族和解委员会成立初期与东欧、古巴、朝鲜民主主义人民共和国和中国的社会主义政权发展密切关系。然而，1983年，面对严重的经济问题，加上干旱、丛林火灾、饥荒等灾害的袭击，罗林斯政府却未能从苏联及其盟国获得任何形式的经济援助，只得被迫忍气吞声。这些因素促使国家民主政府改弦易辙，放弃社会主义，转而向西方国际金融机构（即国际货币基金组织和世界银行）寻求财政援助。

因此，1983年4月，加纳和刚果民主共和国开始执行世界银行和国际货币基金组织提出的结构调整方案，即1983年预算中的经济复苏方案。在政治方面，为了分散政治权力和改进决策进程，1984年，国家民主和发展委员会设立了一个全国民主委员会，收集和整理人民关于如何最好地设计新的地方政府制度的意见。这些努力最终促成了1988年12月6日至1989年2月28日的地区选举。地方分权的计划是确保基层的发展和民众参与决策。这也是为了减缓青年从农村流向城市的数量和速度，为农村发展留住人才并创造资源。作为后续行动，国家住房和城市发展委员会设立了区、市和大都会议会。地区议会曾经（现在仍然）是该地区最高的政治和行政权力机构。

然而，国家民主和发展委员会行政当局被指控有严重侵犯人权的行为。例如，根据1989年3月28日生效的《报纸许可法》，政府禁止所有在12月31日政变前夕出现在报摊上的独立报纸出版。同样，根据1989年的《宗教团体（注册）法》，所有宗教团体必须申请官方批准才能运作。国家文化委员会是这方面的最终权威。在经济层面，尽管增加了国民生产总值并遏制了通货膨胀，但经济复苏方案造成了高失业率和高昂的基本必需品费用。更重要的是，尽管罗林斯大声疾呼，革命的原则是正直和问责制，而且他是非洲最廉洁的领导人之一，但是有证据表明，国家民主和发展委员会政权存在腐败现象。

11. 话说加纳：创新公共治理，提升加纳公共服务供给水平[*]

1988年，加纳政府启动了以权力下放、创新地方公共治理为核心的改革。此项改革以饮用水和卫生设施供给作为改善公共服务供给的切入点，中央向区议会移交包括提供水和卫生服务在内的职能，以期加强参与性民主和提升加纳地方公共服务供给水平，推进加纳政治民主化进程。

---

[*] 本文作者Amoah Enoch，载于赵蜀蓉主编《西非英语区国家公共治理面临的问题与挑战》，社会科学文献出版社2018年版。本文为【西非漫谈】2020年第14期（总第15期）。

然而，迄今为止，加纳持续约 30 年的权力下放与公共服务供给改革实践收效甚微。在卫生方面，水和卫生分析专家哈罗德·埃塞库（Harold Esseku）透露，仅在 2002—2012 年，加纳就制定了 109 项有关卫生问题的政策、战略和准则，但政府出台的多项战略、规划与项目未达到加纳政府改革的预期目标。2017 年加纳自来水有限公司和社区卫生机构联合监测方案报告显示，只有 20% 的加纳人使用改进的卫生设施，远远低于千年发展目标中 54% 的目标，每 4 个加纳人中就有 1 个在露天排便。2014 年，加纳霍乱疫情造成 200 多人死亡，这不仅是该国 1982 年以来最严重的记录，而且在该国半数以上地区造成 25000 多人感染。2012 年加纳联合援助战略显示，公民对地区议会获得饮用水和卫生服务治理质量的评估显示，不满意率为 62%，满意率为 27%。据世界卫生组织和联合国儿童基金会统计，截至 2010 年，因缺少收集和处理污物的设备，加纳每年约有 5000 名儿童死于卫生问题造成的疾病。根据此前世界银行开展的专项供水和卫生项目研究结果，加纳每年由于缺少卫生设施造成约 2.4 亿美元的劳动力和生产力损失。加纳希望通过权力下放改善当地服务的提供，显然这一愿景并未实现。加纳各行政区在基本公共服务供给方面均面临着饮用水和卫生设施缺乏的问题，这已成为阻碍加纳政府提升公共服务供给绩效的重要因素，对加纳公共治理水平的提升与权力下放的政治民主化进程带来了严重挑战。

本文选取加纳 Bosomtwe 地区饮用水和卫生设施的公共服务供给状况作为研究对象，系统梳理了国内外 150 多篇相关文献的研究成果，借鉴了加纳其他行政地区权力下放、提升公共治理水平的改革经验，运用三角测量法、序贯混合研究法与扩展研究法，将定量研究与定性研究充分结合，剖析加纳基本公共服务供给环节与流程存在的政策执行不到位问题，深入探讨了加纳政府权力下放的改革未能有效提升基本公共服务供给水平的原因，主要原因如下：第一，中央政府通过权力下放、创新地方公共治理的改革缺乏政治效力，而中央与地方关系的性质与权力下放紧密相关。地方政府必须享有特定职能的决策和执行自由裁量权。然而，大多数被调查居民认为，由于中央政府的政治承诺程度不够，地方政府政策的执行一直无法到位。第二，地方政府对饮用水和卫生设施建设的重视不足。虽然区议会强调了改善服务提供的承诺，但半数以上的与会者认为大会没有优先提供水和卫生服务，所在地区的水和卫生服务资源分配不足。第三，公民在地方政府决策和问责政府中参与度不高。公民可获得信息的数量和质量均不高，无法深度参政议政。第四，地方财政支持力度不够。尽管存在法律文书和广泛的责任，但地方政府无法有效调动收入来源，为地方发展提供资金。第五，地方政府组织能力不强。加纳公职人员的招聘更多受政治赞助而不是技术和管理技能的影响，导致地方政府能力低下而制约公共执行效果。第六，财务管理环节薄弱。尽管有公共财政相关法律法规，但资金支出等财务活动未得到严格规范。第七，地方政府未能调动私营企业参与公共服务供给，公民与企业参与意愿不强。尽管部分地区的社区已经暴露出一些缺陷，例如在水和卫生设施管理方面的所有权和管理模式较薄弱，但议会没有考虑将这些职能下放给私营部门，也没有考虑与私营企业家建立伙伴关系，共同建造设施。

基于对加纳 Bosomtwe 地区饮用水和卫生设施的公共服务供给问题的分析与反思，本研究得出如下结论。

权力下放、提高公共服务供给水平是一个中央政府—地方政府—公民共同参与的过程：中央政府须具备监管与调控的权力；地方政府须享有一定程度的决策自主权与组织管理能力；公民，即公共服务的受益者须积极参与地方政府决策与问责政府。只有当三方之间达到协调配合，以权力下放、创新地方公共治理为核心的加纳政府改革才能达到预期目标，即提升加纳地方公共服务供给水平，推进加纳政治民主化进程。

法律构架、组织能力和财务能力三个要素的协同运作是加强公共服务供给的基础。基于以上三个要素，从公共服务供给和需求两个维度，本研究提出提升政府公共治理水平的概念模型。在该模型中，公共服务的供给方面包括政治承诺实现度、公共服务供给次序、政府财政收入的来源与可用性、政府组织能力、私营部门参与度和公共财务管理系统运行度。公共服务的需求方面则应从公民参与和问责机制的建立方面着手。只有同时满足两个维度的必要条件后，国家的公共治理水平才能有效提升。

最后，本研究提出通过权力下放提升公共服务供给水平的有效路径：履行政治承诺、高度重视公共服务供给，鼓励以私营部门为代表的第三方积极参与，公共财政支持，推动公民参与型社会的建立，树立顶层设计理念。本研究将为加纳政府通过权力下放的改革来提升公共服务供给水平提供对策建议，以期为加纳政府创新地方公共治理、推进加纳政治民主化进程与西非国家简政放权的改革实践提供一定的参考。

12. "一带一路"与西非法语国家：特性与前景[*]

2013年9月7日，中国国家主席习近平在出访中亚国家期间，首次提出共建"丝绸之路经济带"。同年10月，他又提出共同建设"21世纪海上丝绸之路"。二者共同构成了"一带一路"重大倡议。实际上，它旨在满足多维连接的关键需求：物流、电信、经济、金融、文化、社会等。这就是"一带一路"在越来越多的国家和国际机构的参与下，很快就获得了全球共识的原因。习近平主席于2018年7月20日至21日对塞内加尔进行国事访问，并签署了关于塞内加尔加入"一带一路"的第一份谅解备忘录，该项文件得到了批准。这标志着西非地区正式加入"一带一路"。

"一带一路"在西非法语区的特殊性

"一带一路"启动近五年之后，在非洲次区当中，西非可以说是基础设施连通需求和期望最关键的区域。令人担忧的是，次区域连通性薄弱导致贸易流量疲软，而贸易流量本身又受到产能有限的压力。

实际上，自非洲国家独立以来，基础设施一直是中非合作的重点。从地区角度来看，可以说《北京行动计划（2013—2015年）》标志着构建中国与非洲联盟伙伴关系的第一步，主要在非洲基础设施发展计划（Programme for Infrastructure Development in Africa，PIDA）和总统基础设施冠军计划（Presidential Infrastructure Champion Initiative，PICI）框架内共同进行设计、研究、融资和管理。其实，"一带一路"也望支持非洲国家的互联和融合。在行动计划中特别指定了基础设施项目，包括道路、铁路、空中、电气、数字、通信等连接。

---

[*] 本文作者 Guillaume Moumouni。本文为【西非漫谈】2020年第17期（总第18期）。

多年来，对"一带一路"倡议的热情已在次区域各国广泛传播。西非经共体地区 15 个国家中有 13 个（87%）已签署"一带一路"谅解备忘录，分别是贝宁、佛得角、科特迪瓦、冈比亚、加纳、几内亚、利比里亚、马里、尼日尔、尼日利亚、塞内加尔、塞拉利昂和多哥。8 个法语国家中，有 7 个（87.5%）已经加入。

各国在次区基础设施筹资方面较弱，如果大多数社区项目的实施缓慢，这在很大程度上是由于各国的地方性弱势，也是次区域组织在筹集资金方面的弱势。

不得不提的是，在西非法郎成为"Eco"的模糊阶段，如何降低风险也是"一带一路"实施中的重要课题。包括 8 个法语国家的西非经济货币联盟在基础设施项目的设立和运转方面，也想起到自己独特的作用。

前景

结构性的基础设施项目将加快。这些措施包括铁路环路、达喀尔—拉各斯高速公路、西非区域通信基础设施计划和天然气管道，预计这些计划的实施将通过加入"一带一路"获得更多动力。

西非经共体超越西非经货联。随着 Eco 通用货币的出现，西共体方面的次区基础设施项目可行性比西非经货联盟方面的相关性更大。

"一带一路"的发展具有必然性。"一带一路"的可持续性取决于其多维度的运行范围，即以区域间混合主义（hybridinterregionalism）形式，是中国与次区域之间不同形式的互动结果：双边、多边、区域集团、国家集团、地方政府之间等。因此，必须加强与文化和社会交流有关的"一带一路"的五个领域。

三方合作。这也是不可避免的合作领域，将有助于提高"一带一路"在基础设施项目的开发、实施和监控中的总体内容，尤其是在次区和区域性的项目中。例如，可以与非洲法语国家基础设施基金会（FFIA）合作。另外，有可能在科托努—尼亚美铁路重建中进行这种合作形式。

更充分地利用大国或地区（欧、美、中、日等）提供的特殊待遇。包括许多法语国家在内的西非次区拥有不同程度的优待，比如说零关税待遇。但由于工业基础薄弱，这些国家无法真正享受该优惠政策。而随着"一带一路"步伐的迈进，西非国家的产能增加，不久就能更充分地利用这些优惠待遇。例如，在达喀尔以外由中国资助的经济特区是中国在西非法语国家建立的第一个经济特区,且由于塞内加尔是美国非洲增长机会法(African Growth Opportunity Act,AGOA)的成员,因此塞内加尔将通过该经济特区将商品出口到美国市场。

13. 科特迪瓦的农业发展[*]

概述

科特迪瓦是一个西非小国,国土面积为322416平方千米,2018年人口为2507万人,年均增长3.8%。科特迪瓦的农业部门既是可可和橡胶等产品的主要经济引擎,也是全球市场的重要参与者。确实,西非国家由于土地肥沃,已发展成为各种农产品的主要出口国。同时,通过扩大本地生产以获取更高的附加值和打击森林砍伐等举措,政府旨在确保该行业的经济可持续性和环境可持续性。此外,这些举措的资金预计将在中长期内扩大,以增强本部门的经济潜力。科特迪瓦的农业部门在该国1960年获得独立后迅速增长。菠萝、香蕉、棕榈油、可可和咖啡的出口收入使政府能够在卫生、教育和基础设施方面进行大量投资。到1980年,该国成为世界上最大的可可出口国,也是向非洲出口菠萝和棕榈油的最大出口国。在农业部门,2/3的人口在工作,贡献了GDP的30%和出口收入的70%。小型农民种植的主要粮食作物是水稻、山药、木薯、车前草、玉米和蔬菜。就木薯、山药和香蕉而言,科特迪瓦是自给自足的,但严重依赖进口大米、奶制品、肉和鱼。尽管国家产量低,但渔业部门仍占该区域鱼类消费量的30%。阿比让是大西洋第二大金枪鱼着陆港,出口的罐头也在三个加工厂进行加工。微小的中上层鱼类和沙丁鱼是大多数手工渔民的关注对象,通常以新鲜或熏制方式出售。在科特迪瓦水域,10000名手工渔民中有90%是加纳人,科特迪瓦人领导着潟湖捕鱼、大陆水域和新生的水产养殖业。尽管科特迪瓦没有作为动物饲养国家的声誉,但其40%的农场结合了农业和某些动物的饲养。动物饲养集中在北部,牛占总数的85%。

可可的消费量变得越来越重要,科特迪瓦和加纳共同提供了全球

---

[*] 本文作者Priscilla Owusu-Ansah。本文为【西非漫谈】2020年第18期(总第19期)。

60%以上的产量。如果农民因低收入而灰心，那么将很难维持这一生产水平。不仅在科特迪瓦，在全世界可可生产的可持续性都将受到威胁。可可价格协议使得在可可品质高的地方大大提高农民的收入并确保生产的可持续性成为了可能，这一点得到了业界的高度赞赏。这两个国家必须达到满负荷生产，并且该协议向利益相关者保证，如果对农民的补偿得当，他们将继续高效地、专业地生产可可。鉴于科特迪瓦咖啡和可可理事会与加纳可可理事会所登记的销售前景良好，2020年10月实施的协议已经取得了成功。在2010年科特迪瓦的选举危机之后，这个国家仍然处于虚弱和不安全状态。国际捐助者已准备好介入，以支持一个在发展和改善农业部门方面具有巨大潜力的国家，但专家提醒，打击系统性腐败也很重要。在2010年大选后的危机中，逾13000名农民已利用红十字国际委员会的项目在受灾最严重的地区恢复和改善11000公顷的咖啡和可可种植园。国际货币基金组织最近也批准了一笔6.15亿美元的贷款，以促进该国的经济复苏。尽管存在局限性，但最近的研究表明，至少在未来15年中，农业部门仍将是科特迪瓦经济的驱动力。农业部的任务是改革部门，并以保护环境的方式增加产量。该部门还强调目前需要增加出口产品包括可可和橡胶在内的各种原材料的价值。

COVID-19对可可生产的影响

在COVID-19中，农业面临的最大威胁之一是供应链可能中断，特别是这些在运输延误期间可能变质的新鲜产品。在科特迪瓦，农业是关键的经济驱动力：农业主要由小农组成，并且2018年农业提供了大约一半的就业机会，贡献了GDP的23%和所有出口的近40%。虽然科特迪瓦农业部门严重依赖出口导向型作物，但大多数商品的保质期并不短。根据世界银行的数据，该国出口最多的商品是可可，2018年，科特迪瓦的可可产量约占全球可可产量的40%。在2020年复活节期间，一些外国巧克力生产商预计销量会低于正常水平，即便是在对定期活动的限制和业务运营取消之后，需求的任何下降都可能需要一段时间才能恢复。然而，这种情绪并非无处不在。投资银行——瑞士信贷表示，新冠疫情并未显著抑制需求，并表明美国糖果制造商——好时集团的收入确有增长。对于科特迪瓦的农民来说，这是个好消息。2020年3月中旬，世界银行将其可可豆主要来源地科特迪瓦和加纳的巧克力生产国评级从"中性"上调为"表现突出",理由是在金融危机期间,巧克力消费可能会增加。此外,公路网络的缺乏阻碍了农产品进入国内市场,特别是在该国北部较为偏远的地区。在那里,部分农产品最终被卖到邻国(通常是非正式的),因为邻国更容易到达。尽管存在着这些持续的挑战,但公私投资的结合,加上技术的改进和农业生产多样化的持续努力,农业将在中期得到进一步发展。

14. 贝宁高等教育助推减贫:如何借鉴中国经验[*]

一般来讲,扶贫和提高人民生活水平是政府的艰巨任务。这种挑战在发展中国家来说,更为突出,因为这涉及绝大多数人口。近几十年来,非洲国家制定了雄心勃勃的政策,旨在促进教育、卫生等方面的发展和提高人们的生活质量。虽然大多数国家至少在其中一个领域取得了进展,但进展还不够。非洲开发银行在其 2016 年年度发展实效审查中所作的发言反映了非洲政策目标、设计和执行之间的广阔前景和差异。与许多非洲国家一样,贝宁提出了一系列旨在提高其人民生活水平的战略。但它仍然是最不发达国家之一,这意味着绝大多数人是穷人。正如世界银行和开发计划署所认为的那样,贫穷是由于缺乏资产、经济增长不足以及治理不善造成的。

长期以来,脱贫政策所面临的一项艰巨任务是明确界定贫困和绘制贫困人口图。从词源上讲,"poverty/poor"(贫穷)一词来源于拉丁语"pover/pauper"(穷苦),意思是"一无所获";它指的是牲畜和农田无产量或产量少。从历史的角度看,18 世纪法国的"pauvres"(贫民)与"indigents"(十分穷民)之间存在着巨大的差异。"前者在作物歉收或对临时农业劳动力需求低时经历了季节性贫困,后者由于身体和精神不好、意外事故、年龄或酗酒而长期贫穷。政策的中心目标是支持贫民区,防止他们变得贫穷。"在当代,人们认为贫穷与其持续时间不太相符,而与

---

[*] 本文作者 Guillaume Moumouni、田沛佳。本文为【西非漫谈】2020 年第 19 期(总第 20 期)。

其根据人类基本需要界定的严重程度相符，其中包括营养食品、衣物、住房、清洁水、卫生服务、教育等。因此，需求可分为"基本生存需求"（主要是食物、清洁水、住房和衣物）和"反映社区普遍生活水平的需求"（基本生存需求的临界水平，卫生服务、教育等）。

可见，政策似乎是消除贫穷的一个重要变量。印度诺贝尔奖获得者阿马蒂亚·森（Amartya Sen）、巴基斯坦马布卜·乌尔哈克（人类发展指数发明家 Mahbubul Haq）、孟加拉国诺贝尔奖获得者穆罕默德·尤努斯（Muhammad Yunus）、澳大利亚经济学家马丁·拉瓦利昂（Martin Ravallion）、尼日利亚伊曼纽尔·巴洛贡（Emmanuel D. Balogun）、美国经济学家莫莉·奥汉斯基（Mollie Organsky）等研究人员，几十年来一直在研究如何衡量贫困，以及哪些政策可以帮助贫困人口适当地与贫困作斗争。这些工作在很大程度上影响了国际上对贫困的理解和衡量，也影响了国家的运行。

贝宁自1990年开始民主化进程以来，制定了数十项国家减贫战略。尽管该国的人类发展指数（HDI）到2017年提高了48%，但其HDI到2018年在185个国家中仍排在第163位，被列为"低人类发展"。因此，如此多的战略和方案能否有效地帮助人们摆脱贫困是一个很大的问题，尤其在有53%的人口居住的农村地区。农村地区的减贫似乎是该国所有发展战略的首要部分。

在过去十年中，贝宁的收入贫困率（以购买力平均每天1.9美元的门槛值）从2007年的33.3%上升到2011年的36.2%，到2015年上升到40.1%，到2018年又上升到46.4%。考虑30年前几乎同一水平的国家，例如中国的许多成功案例时，贝宁的贫困问题显得更为突出。

如果说高等教育是社会发展的领头羊之一的话，那么人民的生活条件未能得到明显地改善，是否说明该国的高等教育对扶贫工作也无能为力呢？那么，被多数人认为在扶贫方面有不少成功经验可借鉴的中国，是否对贝宁这样的国家有启发的作用，换句话说，贝宁在减贫领域能从中国学到什么？

本文的主要假设为"高等教育与减贫有直接的关系"，结合贝宁减贫相关研究，总结归纳探索贝宁四所国立大学在扶贫减贫方面的功能，并在此基础上，针对如何借鉴中国发挥高等教育在脱贫减贫中的作用，提出几点启示。

高等教育与减贫研究

正如卢卡斯所说的,经济增长的主要动力是人力资本——知识的积累,各国生活水平差异的主要来源是人力资本的差异。从 20 世纪 80 年代末 90 年代初开始,在非洲国家什么程度的教育值得更多关注,一直引起激烈的争论。基于教育对私人和社会的回报,部分专家建议非洲国家以牺牲高等教育为代价支持初等教育,因为前者的社会回报被认为远远低于后者。因此,国际发展机构一直鼓励低收入和中等收入国家将教育支出集中在小学和基本职业技能上。他们认为大学提供较低的公共投资回报率,并以穷人为代价使精英受益。

不过,近年来,这种情况正在发生变化。现在人们已经认识到,高等教育体系是减贫体制中的一个重要组成部分,尤其是高教体系中那些应对地方和国家发展挑战所需要的技术创新者和研究人员。只是需要三个关键因素的结合,否则高等教育不会对各国的发展产生真正的影响。第一,为了公共利益,大学必须作为连贯系统的一部分共同运作。第二,接受高等教育的机会必须公平,并允许来自弱势背景的有才华的学生入学。第三,教学、研究和社区参与必须满足地方和国家的主要发展需要。鉴于大学目前的发展方向,这三个因素都不能被认为是理所当然的。

全球高等教育的两大趋势正在挑战这些假设:商业化和"分拆"——传统校园大学的逐渐解体。商业化已经影响到大学运营的方方面面,从"成本分担"或引入学费,到为私营部门提供咨询和校园服务的商业外包。鉴于世界各地对大学公共资金的紧缩,很少有地方不大力鼓励大学将其活动商业化。皮尔森(Pearson)认为,"分拆"是指传统大学的职能组合被分离出来的过程,可能导致传统的大学解体。

然而,1998 年 10 月在联合国教科文组织框架内通过的世界高等教育宣言明确指出:应特别注意高等教育对社会的服务作用,特别是重视高等教育在那些旨在消除贫穷、暴力、文盲、饥饿和疾病等活动中的作用,以及那些旨在发展和平的活动,可通过跨学科的方法充分发挥高等教育的作用。

贝宁国立大学与减贫

(1)国立大学的使命和资源

贝宁共有四所国立大学:两所综合性大学(阿波美卡拉维大学

"UAC"和帕拉库大学"UP")和两所专科大学(国立农业大学和国立科学与技术大学)。2001 年 9 月通过并于 2006 年 3 月修改的总统令规定了两所综合性大学的任务如下:为贝宁、非洲和世界的经济、社会、知识和文化发展需要培训专业人员;参与基础和应用科学研究;帮助为国民经济提供必要的动力——确保理论与实践之间的联系;确保教育和研究与生产之间的连贯性;确保促进和加强培训与发展和职业生活的要求相符;发展教育和研究基础设施;通过培训和研究机构与企业在国家和国际层面积极合作,促进国家的科学和技术发展;促进人员对科学和技术等不同领域的了解和掌握。

设立国立农业大学的法令在以上使命精神的基础上,强调了该大学的任务:培训人力资源,以满足贝宁、非洲和世界的经济、社会、知识和文化发展需要;通过培训和研究单位与企业在国家和国际两级积极合作,促进国家科技发展和创新;协助制定和评估国家农业政策和战略;在部门部委和农业机构中发挥支持和咨询作用;发展教育和研究基础设施;促进人员对其不同农业和半农业活动部门的科学和技术进步的掌握;以国家语言作为知识工具,在科学上促进、评价和推广研究成果和本土知识;为公共和私人培训机构制定农业培训课程;确保科学、专业、社会和文化领域的基础教育和继续教育;提供符合劳动力市场需要并考虑到国家、区域和全球情况的培训。

阿波美卡拉维大学(UAC)于 2018 年 11 月通过了"战略计划(2018—2023 年)"文件,其总体目标是"促进以专业化、本土知识、创新和创造附加价值为基础的高等教育和科学研究"。为了达到目标,该大学将采取四项发展措施,其中包括:确保公平和高质量的教育;进行优质科学研究和技术革新以促进发展;使大学间和机构间合作促进 UAC 的发展;改善 UAC 的治理和领导。

值得强调的是,贝宁的创新系统和大学研究至今还没有明确的地位,而且大学的作用没有得到充分的承认,没有充分融入其国家研究、创新和生产系统。这很明显地影响到国家对大学研究的认识和有效的财务支持。高教部 2019 年财政预算中的研究费用,共拨了 10.3 亿西非法郎(约 170 万美元),占该部预算的 1.7%或者国家预算的 0.055%。从这里就能推断出高等教育在贝宁减贫战略中起到的实际作用较小。

（2）国立大学在减贫战略中的作用

众所周知，贝宁在起草文件、立法、规章、战略等方面非常出色，但很难达到预期的结果。主要原因在于两个方面：一是起草文件缺乏连贯性，即一旦换届，战略就不一样；二是实践环节非常弱。在减贫战略方面，20世纪80年代末90年代初，国家从一党制走向多党制的西方化民主制度以来，先后通过了十余份战略文件。这些减贫战略可分为如下三个阶段。

第一阶段为1990—2007年，主要有：1992年为减轻结构调整计划的社会压力而推动的"社会紧急行动计划"（PASU）；1994年的"发展战略中的社会因素"（SDSD）；1996年的"人口政策宣言"；1997年的"最低社会需求"（MSC），即教育、卫生服务、粮食安全和农村道路的修复等需求的保障；1998年通过的"国家定向计划1998—2002年"（PON）；2000年通过的"贝宁长期发展前景研究"（或"前景2025"）（Alafia 2025）；2002年的"减贫战略文件（2003—2005年）"（DSRP）。

第二阶段为2007—2015年，主要包括"以增长推动减贫战略"系列，即2006—2011年和2011—2015年。国家从2000年执行的发展战略中也纳入了千年发展目标。

第三阶段为2015年至今，主要是持续发展目标主导的战略，其核心点为"国家发展计划2018—2025年"（PND）。

令人瞩目的是，虽然这些战略都多多少少提到了大学在发展中的作用，不过都没有给出具体的地位。这与教科文组织非洲地区教育办事处在1986年研究贝宁教育体系时指出传授知识方与环境的关系不佳的思想是符合的。虽然说战略的目的是培养出能够适应贝宁社会不断变化的需要的专业人员，但不幸的是，这种战略变化是由国际科学发展主导而不是人民的实际需要决定的。换言之，按照战略规划高等教育确实参与了科学研究，但它似乎并不参与对这项研究结果的利用，或者更确切地说，该结果并未被用于人民的需求。

最近，贝宁和大多数非洲国家都在就大学在发展中的地位进行激烈地辩论。政府—大学—产业关系（三螺旋线），即大学的社会经济角色正在构思中。人们认为，三螺旋线提供了一个现成的框架，从中可以对国立大学在社会发展中的功能进行分析。可以结合地区信息化、智慧化、信息产业基础等整体发展水平的特点，探索政产学研的深度融合，实现政府、高校与产业之间的良性互动，有利于助力贫困地区形成自我发展的能力，推动当地社会经济的持续发展。而从另一个角度看，三重螺旋被认为是不现实和狭隘的，因为它不能反映发展中国家的情况，因为发展中国家的许多生产能力不均衡，可能在于非正规部门主导的经济活动。因此，人们指出将通过大学采用社区创新体系（Community Innovation System)，结合小企业和技术激励措施，最适合发展中国家的大学能够直接与人口中较贫穷部分接触。

可见，一些高等教育实体如国立农业大学和阿波美卡拉维大学的农业科学院，在过去或者正在实施与农村地区有关的具体项目中，也产生了一定的影响力。例如，在阿波美卡拉威前校长 Brice Sinsin 教授的领导下，应用生态学实验室完成了令人瞩目的研究项目。例如，贝宁耐昆虫高产量牛肉品种的发展，以农村初级保健为基础的可持续自然资源管理，牧场、气候和健康项目，人类活动和气候变异对贝宁自然资源和沿海带畜牧系统的综合影响（2015—2018 年），等等。

尽管如此，缺乏宏观策略框架会抑制这些项目享有广泛意义和可持续的影响。此外，大学与乡镇脱离的另一种现象是，大多数毕业于农业科学的人员和农业专家都在城市工作，都注重办公室工作，而不是在农业地区工作。理论与实践的脱节在某种意义上也不利于高校在减贫中发挥作用。

学习中国发挥高校助力减贫作用

当下，消除贫困是世界各国面临的严峻挑战，更是全人类的共同使命与理想。正如诺贝尔奖得主约瑟夫·斯蒂格利茨所说的，历史上没有一个国家像中国那样在过去的 30 年里，发展迅速，摆脱了贫困。中国为消除贫困做出了巨大的努力，取得了巨大的成果，减贫贡献堪称世界第一，极大地推动了全球减贫进程，其经验、智慧和方案是各国开展脱贫减贫的学习典范。自党的十八大明确脱贫攻坚是全面建成小康社会的最艰巨任务和标志性指标以来，中国就扶贫开发工作出台系列方针政策，形成卓有成效的中国方案，构建中国特色脱贫攻坚制度体系，开辟出精准脱贫工作的新局面，为打赢脱贫攻坚战奠定坚实基础。从党政领导，建立了党政一把手扶贫工作责任制，到政府主导，发挥市场作用，社会力量广泛参与，聚集政府、企业和社会等有效资源，实现专项、行业及社会领域扶贫的互联互通，协同推动构建脱贫攻坚大格局。坚持扶贫与扶智相结合，不断激发脱贫攻坚对象的内生动力，变"输血式"扶贫为"造血式"脱贫。

2019年1月15日，在贝宁科托努举行的中国贝宁发展问题首届学术讨论会（CCBD1）的主题是"中国和贝宁在改善人民生活条件方面的经验：政府应如何行动？"这是在中国驻贝宁大使馆和国家计划与发展部的主持下，贝宁阿波美卡拉维大学孔子学院和计划与发展部社会变革观察所共同组织的项目。专题讨论会的主要目的便是让参与者学习中国在减贫方面的一些经验。中国驻贝宁大使彭惊涛以"改善贝宁人的生活条件：与中国合作的作用"为主题介绍了中国在历史上经历的经济演变。在讨论会结束时，所有与会者都同意，贝宁在消除贫困的斗争中仍然有比较长的路要走，各社会主体也应承担起自己的责任。

综上所述，贝宁高校在助力当地脱贫所起的作用极其有限，因为两个"缺乏"：一是缺乏对贫困区的联合行动，高校及研究所只限制于其具体的研究对象，没有纳入更宏观的框架之内；二是缺乏资金，从高等教育部预算中的研究部分就可以得出，高校或研究所没有外部支持，就很难生存下去。结合中国高校在减贫中发挥的作用及经验，有利于推动贝宁高教减贫，发挥高等教育在贝宁脱贫减贫中的作用，尤其是高校的作用，提出以下几点启示。

第一，重视人才培养。高校是人才培养的核心阵地，其职能和目标就是为社会持续培养和输送人才，以促进经济发展与社会进步。与此同时，根据国情和社会发展的主要趋势，高校应深入思考，找准人才定位，并在此基础上积极调整或更新自身的培养模式，从而更好地服务社会、引领社会。贝宁的历史与现状表明，人才瓶颈对贝宁发展的制约愈加凸显。学生和毕业生是创造财富和就业机会的重要社会引擎。贝宁高校应注重劳动力市场需求，按需提供培养项目、技能培训以提升学生技能水平，培养学生的创造力、技术思维和创业能力，重视技能型人才的培养，以确保毕业生的就业能力，鼓励学生创业。

第二，发挥"思想库"作用。贫困是一个复杂而综合的社会现象，是从多方面、多维度展示出来的，很难通过高等教育解决所有类型的贫困。但在知识型社会中，可基于知识的创新型活动、知识传播及高等教育机构的合作等方式达到多渠道、多维度的减贫。贝宁高校应以问题为导向，围绕国家减贫重大战略需求，产出脱贫减贫政策思想，提供脱贫减贫政策方案，发挥决策咨询作用，充分展现"智囊团"功能，为贝宁脱贫注入智慧源泉。

第三，强化校地、校企合作。多部门共同参与、协同治理以促进社会发展是解决贫困问题的重要思想。贝宁高校具有人才、资源等多方面优势，是区域发展的载体，有必要将高等教育在社会经济发展和减贫中的作用置于区域内，凝聚社会扶贫合力。一方面，加强高校与当地社区、企业等的合作，通过高等教育适应特定地理空间的经济发展特征形式，形成区域创新系统，服务地方经济发展；另一方面通过校区的拓展、新校区的建立，为当地带来新的商业、财富和就业机会，助力减贫脱贫。

第四，加强国际合作与学习。加强国际、校际合作，是推动贝宁高等教育发展的重要举措。贝宁高校可与其他国家高校如中国在合作开展科学研究、教师培训、学术访问、贝宁留学生培养、共同开发课程和联合培养研究生等领域达成加强交流与合作的共识，并在今后一段时间的合作中，以达成的共识为指导原则，全面开展双方的合作，并着力强化合作的广度和深度，提升科研能力及培养高素质人才，为国家减贫发挥更强的支撑作用。

贫困问题是个世界性难题，是影响贝宁社会经济发展的关键问题，反贫困是人类共同面临的一项历史任务。同样，高等教育是人力资本成立的重要投资形式，它有可能成为非洲经济发展的核心驱动力之一。正如 Jeffrey D. Sachs 所说的，有些事情是大学能做的，而其他机构做不到。其实，教育是一个多层面的过程，它促进经济增长的同时，也通过提高生产力来减少贫困。一个国家生活水平的主要决定因素是它在开发和利用技能和知识，促进健康和教育其大多数人口方面的成功与否。贫困与教育和经济增长有着密切的关系。

高校要想成功地促进减贫和发展、服务社会，就必须为公共利益提供高质量的教学和研究，并与当地社区接触，因地制宜地发展。在消除贫困的艰难历程中，贝宁需借鉴中国经验，取长补短，更需要根据本国的国情与文化，形成具有自身特色的方案。

15. 科特迪瓦的经济前景*

众所周知，科特迪瓦是世界上最大的可可生产国和出口国之一（占世界产量的30%），是世界三大腰果生产国和出口国之一，也是棕榈油、咖啡和石油的重要出口国。这个国家的经济主要以农业为基础。第一产业占GDP的近1/5，雇用了该国不到一半的活跃人口（48%）。通过建立原料加工单位，政府试图增加农业生产，它在2019年1月推出了一个由世界银行发起的五年计划（2018—2023年），价值1070亿法郎。在过去的几年里，石油行业的比重一直在增加，形成了一个稳定的增长速度，并吸引了大量的投资。该国有一些采矿活动，特别是贵重矿物，如黄金和钻石等，但也有一些其他的矿产，如镍。制造业也占GDP的1/4，但只有6%的活跃人口在工作。该国的主要制造业部门包括食品加工、纺织品、建筑材料、化肥、金枪鱼罐头、摩托车、车辆装配和自行车。

同其他许多非洲国家一样，在过去几年中，该国第三部门以相对较快的速度扩展。电信业正在蓬勃发展，是服务业和其他行业的主要驱动力。服务业约占GDP的42%，雇用了46%的劳动力。2018年，服务业对经济增长的贡献率为3.4%，仍是经济增长的主要引擎。得益于具有竞争力的农业食品行业和建筑及公共工程市场，2018年农产品行业贡献了1.5%。多亏了农业（其得益于国家良好的降水和种子分布），第一部门贡献了0.8%。然而，由于石油产量的下降，采掘业的贡献也随之下降。目前，该国进口的石油产品和食品占该国进口总额的40%以上。公共债务占GDP的比例从2017年的49.8%上升至2018年的52.0%。由于腰果和橡胶价格的下跌，经常账户赤字在2018年扩大到4.7%，但在2019年又改善到3.9%的预期水平。2018年财政赤字占GDP的3.9%，主要由债券提供资金，2019年的财政赤字估计为GDP的3.1%。在可持续投资、更高的可可销售和更高的社会支出的引导下，科特迪瓦

---

* 本文作者Priscilla Owusu-Ansah。本文为【西非漫谈】2020年第20期（总第21期）。

2019年的经济增长率为6.9%,根据国际货币基金组织的数据,由于新冠疫情对经济的影响,2020年科特迪瓦的经济增长率预计为1.8%。科特迪瓦总统Alassane Ouattara 2020年8月26日在非洲开发银行年会开幕式上表示,该国表现最差的将是受影响最严重的农业、建筑、交通和旅游业。新的增长前景接近该国当局就COVID-19对经济的影响制定的"中值"预测。如果到2020年9月底疫情得到控制,该计划下的增长率预计为GDP的1.6%。然而,国际货币基金组织做出了更好的预测,该组织预计科特迪瓦2020年的经济增长率为2.7%,而2019年为6.9%。

为了与西非经济货币联盟的标准保持一致,该国政府设定了预算赤字占GDP 3%的目标。为保持强劲发展、确保宏观经济稳定、减少贫困和增强包容性,科特迪瓦制定了宏观经济政策和结构性改革方案。《2016—2020年国家发展规划》重点推进生产多元化,提高原材料加工水平,建立第一产业价值链。继上一项规划之后,2020年的国家预算将经济体制转型和提高人民生活水平作为首要任务。为了加快实施具有最大社会影响的国家发展计划,当局将遵循2019年年初启动的PSGouv项目。这些项目包括农村电气化和对贫困家庭征收社会电价,以及2019年10月引入全民医疗保健系统。政府把项目费用占GDP的比例从2019年的1%提高到2020年的1.5%。2019年,债务占GDP的比例为52.7%,而通胀率维持在1%,远低于西非经济货币联盟3%的标准。2019年12月,在三年前批准的延期信贷安排和延期基金安排下,国际货币基金组织完成了第六次评估,并指出该国的表现令人满意。国际货币基金组织表示,该地区面临的挑战包括农业和矿业汇率波动、气候条件、安全威胁以及金融市场紧缩。2020年10月总统选举前的政治背景也会对总体有利的经济前景造成一些波动。2019年通胀率上升至0.8%,这一趋势将在未来两年持续下去,2020年将增长至1.2%,2021年将增长至1.4%。

16. 塞内加尔的经济发展*

背景简介

塞内加尔，一个西非国家，它是非洲大陆最西端的"通往非洲的门户"，有许多空中和海上航线。这个国家位于半干旱草原、海滨和热带雨林交汇的生态边界，这种多样的生态系统给塞内加尔带来了各种各样的动植物。正是从这些丰富的自然遗产中，人们选出了这个国家的国家象征——猴面包树和狮子。

长时间以来，塞内加尔一直被认为是古代加纳王国的一部分，也是穿越撒哈拉商队路线的重要节点。它也是与欧洲早期接触的起点，在19世纪末遭到英国、法国、葡萄牙和荷兰的争夺，最后才成为法国的殖民地。直到1960年它一直是法国的殖民地，在作家、政治家利奥波德·森古尔（Leopold Senghor）的领导下获得独立，最初它是作为短暂存在的马里联邦的一部分，后来才成为一个完全拥有主权的国家。

沃洛夫人是一个高度分层的社会的成员，其传统结构包括世袭贵族和一个由音乐家以及被称作格里奥（griots）的故事讲述者组成的阶层，它们几乎占塞内加尔公民的2/5。当代塞内加尔文化，特别是它的音乐和其他艺术，很大程度上来源于沃洛夫人，但也很明显的是，其他塞内加尔团体（包括Fulani，Serer，Diola，Malinke）也是具有影响力的。沃洛夫人在国家事务和贸易事务中也占主导地位，但是随着时间的推移，这种优势地位加剧了种族冲突，因为地位较低的群体试图与沃洛夫人中的大多数人保持平等。在塞内加尔，它的首都达喀尔是最重要的城市。这个充满活力和吸引力的大都市，位于佛得角半岛，比邻大西洋海岸，是一个受人欢迎的旅游目的地。尽管政府最终宣布了将首都迁往内陆的计划，达喀尔仍将是非洲最重要的港口之一，也是整个西非的一个经济和文化中心。

经济概况

塞内加尔的经济由采矿业、建筑业、旅游业、渔业和农业提供动力，

---

* 本文作者 Priscilla Owusu-Ansah。本文为【西非漫谈】2020年第21期（总第22期）。

并且拥有丰富的铁、氧化锆、天然气、黄金、磷酸盐和最近发现的大量石油资源，这些都是农村地区就业的主要来源。塞内加尔的大部分外汇来自渔业、磷酸盐、花生、旅游业和服务业。塞内加尔的农业部门作为经济的主要部分之一，极易受到环境因素的影响，例如降雨和气候变化，以及世界商品价格的变化。法属西非的前首都现在是为西非法语国家服务的银行和其他机构的所在地，也是该地区的航运和运输中心。在非洲，塞内加尔也是旅游业最发达的国家之一。塞内加尔的经济依赖外国援助，它是世界贸易组织的成员。塞内加尔的经济传统上是围绕着一种经济作物——花生来运转的，但是，政府已经通过向棉花、园艺产品和甘蔗等大宗商品以及促进非农业部门的发展，努力实现经济作物和自给农业的多样化。在 21 世纪初，政府成功地使渔业、磷酸盐和旅游业成为外汇的主要来源，尽管交通和电力基础设施的条件限制了扩张的可能。塞内加尔的工业还生产食品、纺织品、木制品、化学品、建筑材料、机械、设备、电力和水。然而，由于缺乏能源管理，工业部门目前正处于危机之中。目前，通过可兑换外汇赚取的资本和收入或投资的转移或返还没有任何限制。美国在塞内加尔的直接投资仍然约为 3800 万美元，主要集中在石油销售、制药制造、化工和银行业。每年大约 3 亿 5 千万美元的经济援助主要来自法国、国际货币基金组织、世界银行和美国，同时加拿大、意大利、日本和德国也为其提供帮助。塞内加尔拥有较为发达但耗资巨大的港口设施，一个为 23 家国际航空公司服务的主要国际机场，以及直接和不断扩大的与世界主要中心联系的电信市场。

塞内加尔服务业对 GDP 的贡献为 50.4%，雇用了国家 55% 的劳动力。它受益于该国发达的电信基础设施，这促进了对电信服务和互联网的投资。这个行业一直在稳步发展。旅游业也在增长，尤其是欧洲游客。黄金、石油和天然气等矿产资源的开发也使经济多样化。2014—2018 年，塞内加尔是非洲经济增长最快的国家之一，年增长率保持在 6% 以上。2019 年，国内生产总值增长 5.3%，低于 2017 年的 6.3%。服务业仍然是 GDP 增长的最大贡献者，而投资（+12.5%）和出口（+7.2%）是需求方面最强劲的增长推动力。自 2020 年年初以来，COVID-19 极大的影响了塞内加尔的经济前景，其发展速度已大大放缓，其中服务业（如旅游业和运输业）和出口受到的打击尤为严重。塞内加尔采取了遏制措施和一项全面的经济刺激计划（PRES），以维持人民的生存和生计。然而，该国存在财政储备不足、安全网不足、脆弱的医疗体系和广泛的非正式部门等问题。在强劲的私人消费和投资的推动下，该国经济将会逐渐复苏，这需要深化塞内加尔新兴计划设想的改革，以恢复新冠疫情前的经济增长轨迹。另外，大力吸纳私人投资对提高塞内加尔的生产能力和促进出口增长至关重要。服务业仍是 GDP 的主要贡献者，第一产业（特别是农业）是最具活力的增长动力。石油和天然气开发由于受到 COVID-19 的影响已经被推迟，预计只有到 2025 年前后才能对该国的收入和出口做出贡献。

17. 科特迪瓦的采矿业[*]

位于西非南部海岸的科特迪瓦，虽然常常作为全球最大的可可豆出口国为人所熟知，但是就其采矿业和其他自然资源而言，该国也同样为世界提供了大量的资源。非洲十大矿业国家主要集中在非洲南部地区，而位于西非南部海岸的科特迪瓦，很少被列入这个排行。事实上，这个非洲小国拥有着巨大的开采潜力，并且自然资源丰富，为科特迪瓦提供了获取丰厚经济收益的投资机会，对促进自身经济发展也做出了巨大的贡献。在本期的"西非漫谈"中，让我们一起来了解一下科特迪瓦的采矿业。

采矿潜力和矿产资源

从塞内加尔到加纳，矿产丰富的绿岩带有 2/3 以上位于科特迪瓦境内。但令人遗憾的是，这一矿产资源仍未被开发，仅占该地带产量的 5%。与加纳 14% 的开采量相比，科特迪瓦拥有等待开发的丰富资源。尽管黄金是该地带的主要资源，但该地区也不全是黄金。科特迪瓦是一个矿产丰富的国家，它正通往真正实现经济财富安全且不断增强的道路上。

2011 年，科特迪瓦总统阿拉萨内·瓦塔拉承诺扩大经济规模，使其经济多样化。为了实现这一目标，政府修改了矿产和采矿法，颁发了几

---

[*] 本文作者 Priscilla Owusu-Ansah。本文为【西非漫谈】2020 年第 22 期（总第 23 期）。

十个新的采矿许可证,过去几年黄金产量有所增加。尽管科特迪瓦采矿的潜力巨大,但投资者在经历 2010—2011 年的危机后仍感到不安,许多人倾向于采取观望态度。《2012 年投资法》的实施和对工业部门重新产生的兴趣促使人们对整个矿业产生了更大的兴趣,科特迪瓦也有可能像南方大国一样受到黄金生产者的欢迎。

在殖民前时期,黄金是从沉入地下的小竖井中开采出来的,或者是从河流和河床中开采出来的,然后在沿海或撒哈拉沙漠中出售。然而在殖民统治下,该国试图在中部的 Kokoumbo 和东南部的小矿山开采黄金是没有效益的。伊蒂矿业公司由国有矿产运营商 SODEMI 和一家法国矿业公司于 1984 年成立,旨在开采 30 年前发现的矿床。这段时间,该开采计划的总投资估计为 12 亿非洲金融共同体法郎。该金矿的黄金质量中等,金矿石比为每吨 8.5 克。提取计划于 1987 年开始,预计在运营的头两年内将生产 700 千克黄金。同时将增加 23 亿非洲金融共同体法郎的投资,以使得黄金的年产量提高到 700 千克。SODEMI 在 Issia 地区和 Lobo 河床地区也勘探到了金矿,预计年产量分别为 100 千克和 25 千克。

20 世纪 70 年代中期,靠近利比里亚边境的邦戈洛,其低品位铁矿储量估计为 5.85 亿吨,于是一个代表日本、法国、英国、美国、荷兰和科特迪瓦利益的财团来开发这些矿藏。然而,全球铁矿石的价格低迷,迫使这些参与者无限期推迟了该项目。

黄金仍然是科特迪瓦最重要的矿产资源之一,其产量在过去十年中大幅增长,从 2011 年的 12 吨增加到 2017 年的 25 吨以上和 2019 年的 32.5 吨。科特迪瓦共有五个商业金矿,其中一个是安古保鲁金矿,其位于阿比让西北 200 千米处,由加拿大奋进矿业公司于 2012 年 6 月建立。该矿业公司拥有该矿 85% 的权益,其余 15% 为科特迪瓦政府所有。2013 年年底,第一批黄金被开采出来;2014 年第一季度,开始进行商业运营。该矿目前的平均年产能约为 103000 盎司,计划到 2022 年投入运营,目前正在考虑未来的扩建。奋进矿业在伊迪经营着第二个金矿,该公司最近完成了碳中浸出设施的建设,以延长该矿的使用寿命。该公司拥有该项目 85% 的股份,而政府持有 10% 的股份,其余 5% 由国有采矿运营商 SODEMI 控制。伊迪在运营 20 年中已经生产了 120 万盎司黄金,预计 2019 年将生产 160000—200000 盎司黄金,每盎司 590 美元左右。

Tongon 位于阿比让以北约 680 千米，由加拿大巴里克黄金公司（Barrick Gold）拥有，是国内最大的矿业产地之一，2018 年的黄金产量为 23 万盎司。在 2018 年的前四个月，黄金产量下降了 25%。该矿是当年全国黄金产量下降 3.6% 的原因之一。这种减少是由工人罢工行动触发的，该罢工行动要求给予奖励激励和工作保障，而对矿山长期前景的担忧使后者受到质疑。例如，在 2019 年 8 月，国际媒体报道巴里克黄金公司打算出售其在该矿 90% 的股份。作为合并过程的一部分，巴里克黄金公司与总部位于泽西岛的兰德戈尔德资源公司于 2019 年年初达成了一项以 180 亿美元交易的合并后，拟议中的出售被视为是卸载价值 15 亿美元的主要采矿资产。政府将重点放在这些金矿的潜在产量上，副总统丹尼尔·卡布兰·邓肯在西非国家经济共同体首脑会议开幕式上的讲话中预测，到 2025 年，年金产量将翻一番，达到 50 吨。这项新的金矿勘探许可证于 2019 年 10 月发放，当时向澳大利亚的 Predictive Discovery 子公司科特迪瓦资源公司颁发了新的黄金勘探许可证。

18. 科特迪瓦的文化和历史[*]

在往期"西非漫谈"中，我们了解了科特迪瓦的经济前景、农业、采矿业及旅游业等，今天让我们一起走进这个国家丰富多彩的文化和历史。

科特迪瓦独特的地理位置、民族的聚集以及多年被法国占领，使其文化呈现出层层叠叠、丰富多彩的特点。他们拥有 60 多个不同的土著部落，甚至还有更多的子部落，并且都有着自己独特的身份和传统。科特迪瓦主要有四个区域，分别是东大西洋（阿坎）、西大西洋（克鲁）、曼德族和伏达克族。这些文化区域主要在语言、经济活动、环境和传统方面存在差异。如今，构成科特迪瓦的 60 个不同的种族群体大致分为四个主要文化区域，这些区域在环境、经济活动、语言和整体文化特征方面有所区别。东南文化的大多数代表是阿肯人，他们是阿桑特王国 18 世纪移民的后代。科特迪瓦最大的阿肯族人口主要位于鲍勒和阿格尼的农业

---

[*] 本文作者 Priscilla Owusu-Ansah。本文为【西非漫谈】2020 年第 23 期（总第 24 期）。

社区，较少的群体生活在东南泻湖地区，阿肯族与其他群体之间的接触和通婚产生了具有多元文化的生活方式。他们依靠捕鱼和农业为生，没有组织成村级以上的集权政体。西南的克鲁族人可能是科特迪瓦当今族群中最古老的族群，其中最大的部落是贝特族。传统的克鲁族群体被组织成村庄，这些村庄依靠狩猎和集聚来维持生计，然而他们很少形成中央集权的领地。在北部，早期的曼德征服者的后裔占领了西北的领土，一直延伸到几内亚北部和马里。曼德族主要由马林克人、班巴拉人和朱拉人组成。曼德族以东是伏达克人，这些人中最多的是 Senufo 人，他们在 16 世纪和 19 世纪从西北部迁移到现在的地方。

科特迪瓦的历史

在这些独特文化的形成过程中，科特迪瓦人民受到了法国的影响。第二次世界大战后，科特迪瓦成为法国的一个自治共和国，并于 1960 年 8 月 7 日取得独立。随着科特迪瓦成为一个国家，在殖民、剥削、当地人反抗法国、法国文化的突出以及最终独立的过程中，其人民生活在种族多样性、强大的经济繁荣和文化马赛克之中。直到 20 世纪后半叶，数十年的政治紧张局势才在该国的第一次政变中达到顶峰。

科特迪瓦自 20 世纪 60 年代脱离法国独立以来，经济迅速发展。但是，由于 1999 年 12 月开始的军事政变，情况变得更糟了。这对该国安全造成了威胁，并导致了政府被推翻。军政府主席罗伯特·盖伊在人为操纵的选举后宣布自己为新的国家元首，但广泛的抗议迫使他下台，并把席位让给了洛朗·巴博。改变了游戏规则的武装叛乱引发了 2002 年科特迪瓦的重大分裂，叛军占领了该国北部。到 2003 年年底，政府与叛军之间陷入了三个月的僵局，最终达成了停火协议。

法语是该国的官方语言，但是科特迪瓦有 60 多种母语。尼日利亚—刚果语的四个主要分支在科特迪瓦人中间使用，包括克瓦语、大西洋语、曼德语和伏达克语。语言区域与国家的四个文化区域紧密对应。阿格尼语和保勒语都是克瓦语，是南部使用最广泛的语言。在北方，曼德和 Senofu 的变体是使用最广泛的，但在几乎所有的南方贸易地区也能听到。大多数人口都不使用单一的非洲语言，并且大多数科特迪瓦人能流利地说两种或两种以上的语言。法语在学校和商业中使用，而且男性使用法语的频率比女性高。阿拉伯语在北部最常见的古兰经学校里被教授，并且主要是来自黎巴嫩和叙利亚的移民使用。许多科特迪瓦人都懂英语，而且高中和科特迪瓦国立大学都教授英语，但是英语并不是一种语言选择，即使是受过教育的人也不例外。科特迪瓦几乎一半的成年人都识字。

科特迪瓦的文化

科特迪瓦有60多个土著民族，每个民族都有自己独特的传统，其文化的多样性确实令人惊叹。音乐、艺术、节日和语言在世界不同地区都不同。科特迪瓦的美食受到附近西非国家的影响，大部分的菜肴都使用块茎和谷物，常见的食物有attiéké及其配菜、木薯粗面粉。Maquis 是一种炖鸡或鱼，上面沾满了西红柿和洋葱，有时还配以attiéké或kedjenou，这是一种带有淡味酱料和蔬菜的鸡肉。

音乐也是象牙海岸人民生活的重要组成部分，尽管该国每个民族都有其传统，但某些节奏和旋律却是普遍流行的。音乐可用于各种庆祝活动以及悲伤时刻。不同的乐器包括讯息鼓、kpalogo、djembe、shekere、cleaver 和 akombe，被用来表达各种情感。这些乐器都是用当地的材料手工制作的，比如兽皮、葫芦和角。

面具是最具代表性的科特迪瓦艺术。复杂多样的设计确实令人印象深刻，因为这些文化符号有许多用途。它们代表着较少的神灵、更高的精神甚至死者的灵魂。科特迪瓦人还制作仪式面具，每个面具代表一个实体。木雕、织物和陶器也是流行的艺术形式。由于种族的多样性，科特迪瓦人坚持不同的宗教和信仰。大约34%的人口是基督教徒，而27%是穆斯林。其余的少数民族的故事和传说则由前几代的祖祖辈辈流传下来。

许多体育运动也在这个国家进行。阿比让、亚穆苏克和圣佩德罗的高尔夫球场为高尔夫练习提供了多种可能，可提供9—18洞的四个高尔夫球场。每年都会举办国际公开赛，颁发Félix Houphouët-Boigny奖，并登记知名参赛选手。潟湖的水域和海洋也为一些真正的运动提供了可能性，包括钓鱼、潜水和鱼叉捕鱼、冲浪、航行、帆板、划独木舟甚至是沙滩排球。该国还进行骑马和某些机械运动（邦达马河拉力赛、越野摩托车）。科特迪瓦还开设手球、篮球、排球、橄榄球、田径和网球等体育课程。

然而，足球仍然是科特迪瓦的王者运动。它吸引了大量的人群，人们展现出巨大的热情。这项广受欢迎的运动甚至在这个国家最偏远的地区也在广泛地进行。每个城市甚至每个社区都举办马拉卡纳锦标赛（科特迪瓦有一支国家马拉卡纳队，曾在2012年和2013年的马拉卡纳非洲杯上夺冠）。科特迪瓦足球联合会组织和监督由非洲国家体育和ASEC Mimosasin球队在国家一级主导的足球运动。但在过去的两年里，圣佩德罗体育赛区夺得了全国冠军。许多足球运动员在国外参加训练，在国际体育比赛中，他们大多数被选入国家队——大象队。以前由本·巴迪、加吉·切利和阿兰·古迈内这样的球员领导的大象队，在迪迪埃·德罗巴这一代也非常成功，他是第一个获得2006年世界杯参赛资格的人。

19. 西非——非洲大陆一体化的先驱*

非洲大陆自由贸易区于2019年7月7日宣布启动。非盟54个成员国签署《非洲大陆自由贸易协定》，并有27个成员按本国相关法律程序批准后向非盟委员会递交了协定批准书。非盟特别峰会同时启动支持自贸区运作的五个文件，即原产地协议、在线协商论坛、监测及削减非关税壁垒机制、数字支付系统、非洲贸易观测门户网站。此次峰会最终决定将非洲大陆自由贸易区秘书处设在加纳。

为什么会将非洲大陆自由贸易区秘书处设在西非的加纳呢？可能有这么几个因素。一是考虑国际组织和地区组织在非洲大陆的地区平衡。这是加纳第一次被选定为区域性组织秘书处的所在地。非洲联盟总部设在亚的斯亚贝巴（埃塞俄比亚首都），联合国在非洲总部则设在内罗毕（肯尼亚首都），南非是泛非议会的东道国，埃及首都开罗是阿拉伯联盟总部所在地。二是加纳的经济形势相对稳定。加纳经济一直呈现增长态势。作为世界上增长最快的经济体之一，加纳年平均GDP增长率约为6%。三是加纳为非洲地区政治局势最稳定的国家之一。2020年的选举顺利完成，12月9日加纳宣布，该国执政党新爱国党候选人、现任总统阿

---

* 本文作者李安山。本文为【西非漫谈】2020年第24期（总第25期）。

库福—阿多在 7 日举行的总统选举中获胜,赢得连任,成功当选为新一届加纳总统。

然而,西非在近代以来一直是促进非洲一体化的重要动力,这可能是一种历史的选择吧。由于西非是欧洲传教士较早渗透非洲的地区,这些早期传教活动造就了近代西非第一批知识分子,他们成为鼓吹非洲统一和非洲独立的斗士。利比里亚的爱德华·布莱登(Edward Blyden)、塞拉利昂的阿非利堪纳斯·霍顿(Africanus Horton)、黄金海岸(今加纳)的格拉夫特·约翰逊(J. W. de Graft Johnson)和塞内加尔的阿里翁·迪奥普(AliouneDiop)是早期的卓越代表。[①]

爱德华·布莱登的童年是在西印度群岛度过的。由于美国的种族歧视政策,他被剥夺了进神学院深造的机会。为了实现为黑人争取自由权利的理想,1851 年,他来到当时已取得独立的利比里亚。他不仅通过自学掌握了七八种语言,而且通过编辑工作积极参加政治活动。在他的著作《流血中的非洲的呼声》中,他提出黑人应该为自己种族的历史和成就而自豪。1861 年,他成为利比里亚学院教授。由于他卓越的语言才能,美国的语言学学会聘请他为会员。汉密尔顿学院授予他名誉文学硕士称号,尽管他在语言文学上很有造诣,他毅然放弃了当时英国财政大臣格莱斯顿为他提供的上大学的机会,决心效力于非洲民族斗争。1864 年,他出任利比里亚国务卿。以后的 50 年里,他在西非各地进行宣传鼓动。他在塞拉利昂创办了《尼格罗人报》,并为《拉各斯星期纪录报》和其他西非民族知识分子办的报刊杂志撰稿,讨论非洲的古代文明、伊斯兰教的影响、非洲的教育事业和黑人独立的前途等社会问题,为西非的民族独立运动在舆论上做了重要的准备工作。布莱登的杰出才能和贡献不仅使西非人民对他深怀敬意,就是一些白人学者也对他表示钦佩,赞扬他不仅是"一位世界闻名的学者和作家,19 世纪黑人最伟大的战士,而且是一位对西非命运有影响的政治家"。

霍顿于 1835 年出生于西部非洲塞拉利昂的一个木匠家庭,10 岁就进了英国教会办的学校,18 岁时转到福拉湾书院。1855 年受英国教会推荐,霍顿被选送到英国学习。三年后,他成为皇家军医学会成员,并于

[①] 李安山:《论西非民族知识分子的形成及其发展》,《西亚非洲》1985 年第 6 期。

1859 年获得爱丁堡大学医学硕士学位。除了在医学上很有造诣，先后出版了 6 本关于西非地理气候条件及地方病的专著外，他潜心研究了西非的历史和现状，发表了多部著作。霍顿于 1868 年发表了他的重要著作《西非的国家和人民》。在序言里，他谈到写这本书的目的，"我希望下述内容（尽管我担心很不完善），将使他们信服：非洲人不是没有能力发展的；借助于友好和有能力之辈的帮助，他们定能在一定时间内崛起，在文明世界的历史上取得显著的地位"。他用大量已掌握的史料证明非洲在古代文明中所取得的非凡成就，引用一些欧洲人在非洲的亲身经历来驳斥"非洲人天生落后"的谬论，并且真诚地希望英国能帮助非洲人前进，使一个落后民族成为文明世界的一员。在第三部分《各个殖民地和定居点的需要》，他分章节叙述了塞拉利昂、冈比亚、拉各斯等各殖民地的需要，详尽地提出了改革措施，要求"扩大公民权""促进教育"。他的主张对促进殖民政府的一些改革起了很大作用，同时也为西非民族主义思潮提供了启示。这些著作对西非后来兴起的民族独立运动的影响很大，也为非洲一体化提供了精神食粮。在他逝世时，一位著名学者写诗悼念这位西非近代民族知识分子的先驱：你的英名将成为人民的歌声/你的价值必将为人民所传颂/你的著作将引导你的种族前进。[①]

1929 年，一位黄金海岸（今加纳）的民族主义知识分子格拉夫特·约翰逊（J. W. de Graft Johnson）在题为"西非国家地位之望：年轻的非洲所思对年轻的英国所言"（Towards Nationhood in West Africa——Thoughts of Young Africa Addressed to Young Britain）的著作中提出了自己对非洲民族前途的思考："今天，全世界都在关注非洲。所有种族的人都把注意力转向了那片广袤的大陆，而非洲人开始问自己一个尖锐的问题——我怎么了？这种兴趣是如此生动、强烈和突然，以至于人们倾向于对它可能预示的事情保持警惕。它激发了非洲年轻人想象中的邪恶和善良……白人世界越来越意识到自己在经济上对非洲的依赖，而当经济状况和没有肤色界限的法律无情地拥抱我们时，将我们团结在一起的纽带将更加紧密。"这里透露出几个信息。第一，著作标题表现出一位加纳青年对西非在非洲国家建构中应起的重要作用的认识。第二，标题也再现出非洲的

---

① 李安山：《论西非民族知识分子的形成及其发展》，《西亚非洲》1985 年第 6 期。

自信,"年轻的非洲"面对"年轻的英国",没有妄自菲薄,也没有盲目自信,而是带有一种互相尊重的平等态度。第三,对世界命运与非洲前途之密切关联的理解,这种理解不仅有通过"关注"或"兴趣"所表达出来的感性认识,也有对白人世界对非洲依赖而体现出的理性认识。

20世纪30年代,以利奥波德·桑戈尔等为代表的法国殖民地的知识分子发起"黑人传统精神"(Negritude)文化运动,主张对非洲文化和现实进行重新认识。加纳的恩克鲁玛(Kwame Nkrumah)在1942年提出:所有西非殖民地"在能够实现大范围的国际合作之前,必须先联合起来,结成一个民族实体,完全摆脱外国统治的桎梏"。1947年由阿利翁·迪奥普(Alioune Diop)在巴黎创办的非洲存在出版社(Présence Africaine)掀起了"非洲存在"文化运动,为说法语的非洲知识分子提供了一个宣传泛非主义思想的舞台。非洲存在出版社会集了一批在巴黎的法国殖民地的知识分子,在西方世界出版了一套关于非洲文化、文学和哲学的重要著作,这套以"非洲存在"为名的有关非洲传统和文化的书籍中包括塞内加尔著名学者安塔·迪奥普的有关非洲文化的重要著作。阿利翁·迪奥普继续宣传黑人传统精神,为泛非主义摇旗呐喊。非洲存在这一由非洲知识分子创办的关注黑人历史文化的出版社一直充当黑人世界与外部世界的媒介,向世界传达黑人对非洲文化和自身命运的观点,成就了一大批具有世界影响力的黑人知识分子,作为"他者的文化"实实在在地存在并赢得了它的尊严。

以上这些西非知识分子的努力为非洲的独立和一体化贡献了自己的力量,西非可以当之无愧地作为非洲一体化的先驱。加纳位于西非,西非国家经济共同体(Economic Community of West African States, ECOWAS)这些年来的发展和西非维和部队的运作表明了西非一体化的进展相对顺利,这应该是加纳被选中的另一个重要因素。此次加纳是在击败了埃及、斯威士兰、埃塞俄比亚、肯尼亚、马达加斯加和塞内加尔等候选国后,被非盟选定为非洲大陆自贸区秘书处东道国的。非洲大陆自由贸易区将覆盖12亿人口、GDP达2.5万亿美元的市场。作为一个自由贸易区,非洲成员国聚集在一起,同意将不对商品和服务征收关税,设定配额及其他贸易壁垒。非洲自由贸易区将成为自1995年世界贸易组织成立以来全球最大的自由贸易区。

我们为加纳祝福，为西非祝福，为整个非洲一体化和这个大陆的未来发展祝福。

（二）抗击新冠疫情专稿

1. 中加共同抗击疫情：方式不同、暖意同在[*]

在突如其来的新冠疫情面前，我们见证了中华儿女万众一心、共克时艰。在这场抗击疫情的无硝烟战争中，我们并不孤单。我们见证了非洲朋友对我们的鼎力相助，抗击疫情成为了全人类的共同挑战，中非友谊也在患难与共中进一步升华。正如同国务委员兼外长王毅所说，"这是一个传统安全与非传统安全相互交织的时代，也是一个局部问题和全球问题彼此转化的时代，任何一个国家都不可能独善其身，任何一个国家也不可能包打天下，各国命运休戚与共，紧密相连"。

我们感受到了加纳政府对我国抗击疫情的深切关注。新冠疫情暴发后，我国驻加纳大使王世廷会见了加纳总统阿库福—阿多，他表示对中国政府采取的非凡抗疫举措表示钦佩，认为"举措公开透明、高效有力，加纳坚定支持中国的抗疫努力，相信中国政府和人民一定能战胜疫情"。2020年2月5日，加纳阿克拉省长伊斯梅尔·阿谢蒂代表加纳政府紧急向湖北武汉捐赠1万只N95口罩。尽管数量不多，但也倾尽其全力帮助了我们。除了直接提供的物资和资金支援，加纳政府还通过不同渠道表达了对中国政府和人民打赢疫情防控阻击战的信心。

同时，电子科技大学西非研究中心收到了来自加纳中华工商总会会长、电子科技大学西非校友会会长唐宏先生发来的加纳政府关于支持中国抗击疫情的报道，以及中心海外成员单位慰问来信，令我们感受到了加纳政府、社会组织及其人民对我们抗击疫情的热切关心与高度支持。

2020年2月6日，加纳—中国友好协会（GHACHIFA）在加纳新闻网页上赞扬了中国政府为应对新冠疫情而采取的有力措施。GHACHIFA代理秘书长本杰明·安雅格（Benjamin Anyagre）博士签署并抄写给阿克拉加纳

[*] 本文作者谭梦涵、樊文雪。

通讯社的评论中说:"中国政府抵抗疫情的能力最终将使中国成为胜利者。我们与中华人民共和国并肩站立,我们的口号是'发展中的团结'。"2月8日,加纳华侨华人社团联合总会、加纳中华工商总会与加纳中国和平统一促进会共同发表倡议,为赴加纳的华侨华人提供抗疫指导,并表示全球华人必须同全体国人站在一起并肩作战,共克时艰,齐心抗疫。

中心成员单位加纳发展大学以及加纳行政管理学院副校长 Philip Duku Osei 发来了慰问信函。加纳发展大学表示:"我们感谢中国政府与电子科技大学在应对疫情方面所付出的努力,包括对在中国及贵校的外国公民的关心与支持。我们对中国控制疫情的能力有绝对的信心和决心。"

加纳行政管理学院副校长 Philip Duku Osei 则代表学校表示:"作为电子科技大学大家庭的一员,我们真诚期望中国在疫苗研发方面取得突破,祝你们一切安好。"

令我们感到欣慰的是,加纳在疫情防控方面做好了充足准备。目前,加纳的疫情状况总体上比较平静。自新冠疫情暴发以来,加纳发现的9例疑似新冠肺炎患者经隔离检测后,加纳卫生部宣布所有疑似病例的检测结果全部呈阴性。加纳政府采取了多种必要措施,以确保病毒无法传播到该国;同时还通过广播、电视、Facebook、Instagram 和 Twitter 等渠道开展媒体宣传,呼吁加纳人采取正确的预防措施。

患难见真情,在对抗新冠疫情中,无论是政府、民间组织还是社会民众,加纳表现出了对于中国对抗疫情工作的关心和支持,为在历经艰苦时刻的我们点亮了一盏温暖的灯。电子科技大学西非研究中心对加纳共和国以及非洲各国支持中国抗击疫情的政府和人民,表示深切地问候和衷心地感谢。相信风雨过后总会有彩虹,正像习近平总书记所说,我们完全有信心、有能力、有把握共同战胜这场疫情。

2. 抗击新冠疫情斗争:贝宁的视角和参与[*]

全球化对人类社会来说意味着同挑战、共命运,这也意味着疾病在

---

[*] 本文作者吉尤姆·穆穆尼。

全球范围内的传播，即便是千里之外也"无需护照"便肆意蔓延。因此，人类的命运是被捆绑在一起的。这也是为什么习近平主席对于人类命运共同体的政策观点广受全世界认同、赞扬的原因。就此次暴发的新冠疫情而言，贝宁人看到了中国人民抗击疫情的顽强斗志和众志成城，看到了中国政府应对疫情的沉着冷静和科学有序。

对中国抗击新冠疫情的视角

中国抗击新冠疫情的行动，有三大特点。

(1) 速度惊人

一句熟悉的西班牙谚语告诉我们，大病必治。为了解决缺乏应对新冠病毒的合适的医院问题和提升国家的救治能力及统一管理，中国政府启动了一个短期项目，迅速建设了一些医院。其中，最有代表性的是2020年2月4日验收使用1000张床位的武汉"火神山医院"。这所医院从方案设计到建成交付仅用了10天的时间。虽然2003年4月开始使用的中国人民解放军"小汤山非典医院"（北京小汤山非典医院）从方案设计到建成交付才8天，不过那一所医院的床位只有200张。因此，对很多贝宁人来说"10天盖1000张床位的医院"已经成为中国的代名词。

2020年2月19日，会见中国驻贝宁大使的时候，贝宁基础设施与交通部长埃尔维·厄奥梅（Hervé Hèhomey）表示，他非常想去现场看一看，10天之内是如何建成拥有1000多个床位的医院的。

(2) 中央动员能力强

动员能力主要表现在国家对于某种目标，从法律基础到实际用人上都有能力达到。

当中国政府在2020年1月下旬因新冠疫情封锁了武汉时，许多西方公共卫生专家在社交媒体上表示质疑。中国不仅对这座城市进行了隔离，而且确保了这项措施的全面有效实施，确保社会各阶级都能积极地参与。

在执行西方民主模式的贝宁，虽然版图较小且人口也不多（11万平方千米，1100万人口），但对几十万人口城市的隔离措施在形式上也很难通过。因此，人们认为中国的强大能力首先体现在动员上。

果然，这些天来，中国的COVID-19病例增长明显放缓，使人们对疫情达到顶峰的希望增加。这更是加强了人们对武汉隔离的共识：它为中国和世界赢得了准备的时间。重要的是，这一时间差使得公共卫生机构能够设计和分发诊断测试用品，医院可以利用这种测试来识别携带新冠病毒的病人。

（3）全球责任感

全球中国的概念说明全球化的中国在流行疾病时期也表现出正面的内涵。

2020年1月底，世界卫生组织宣布新冠疫情构成国际关注的突发公共卫生应急事件（global health emergency）。据统计，从2020年2月25日起，中国境外报告的新增病例数量首次超过了中国境内，使得部分媒体和政客开始呼吁要将本次疫情宣布为"全球流行病"（global pandemic）。

中国对新冠疫情的处理体现了其全球责任感。正如中国外交部发言人耿爽在2020年2月20日例行记者会上所说的，新冠疫情发生以来，除了内部强有力措施以外，中方还及时向世界卫生组织、有关国家和地区组织以及港澳台地区通报疫情信息并保持密切沟通，第一时间向世界卫生组织分享了新冠毒基因序列信息。显然，这些措施有助于许多国家的预防、诊断和治疗等工作。

贝宁对新冠疫情的反应

贝宁政府通过不同的途径，即中国驻贝宁大使馆和贝宁驻华大使馆，高度赞赏中国政府采取的防控措施，也多次表示支持。贝宁驻华大使馆在与贝宁侨民尤其与留学生的日常交流中，强调要遵守中国政府关于疫情的规定和具体措施。

2020年2月5日，贝宁计划与发展国务部长比奥·查内会见彭惊涛大使的时候表示，"贝宁政府对中国政府高效的防控措施表示钦佩和支持，自己毫不怀疑中国能够在习近平主席的领导下战胜疫情"。

在境内，贝宁卫生部宣传抗击新冠疫情时提出了七项措施：第一，经常用水和肥皂或酒精溶液洗手。第二，避免唾液四溅。第三，在咳嗽或打喷嚏时，用医用口罩、纸巾等捂上嘴和鼻子，然后再洗手。第四，如果戴口罩，确保嘴和鼻子都有适当的遮盖；避免触摸使用过的口罩外侧，使用一次性口罩后立即丢弃，并立即洗手。第五，避免与发烧和咳嗽的人进行不受保护的密切接触，并在发烧、咳嗽和呼吸困难的情况下立即就医。第六，在旅行期间发现患病时，要通知驾驶员或机组人员，立即就医并告知旅行记录。第七，在活体动物市场上，避免与活体动物和与动物接触的表面进行不受保护的直接接触，并在吃肉前将肉煮熟。

另外，政府已向民用航空局和机场界发出了加强卫生监视、检测措施的指示。在国家边境对可疑人员进行隔离，并向工人和旅客提供信息以提高防范认识。

在西非地区层面，西非经济共同体框架内的西非卫生组织（OOAS）在2020年2月14日组织了重要论坛，以加强西非经共体区域国家和区域实体监测、预防和早期发现COVID-19流行病的能力。

总之，贝宁与绝大部分非洲国家在疫情暴发至今，对中国政府在理念和具体措施上，有绝对的认识和信任。贝宁与其他非洲国家没有匆匆忙忙地把自己的侨民接回国，是作为中国"全天候朋友"的最佳表现。

3. 齐心协力共抗疫情，世界就在我们的掌握中[*]

人类自古至今，就一直在与各种疾病作斗争。21世纪以来，就有像中东呼吸综合症、埃博拉病毒以及如今的新冠病毒（COVID-19）接连出现。传染病的流行也是全球化的一部分，此类疾病既不分国界，也不分种族。然而，正如马丁·路德·金（Martin Luther King Jr.）提醒我们的那样，"一个人的终极衡量标准不是他在舒适和方便的时刻所处的位置，而是在面临挑战和争议时所处的位置"。因此，从对困难的反应中可以更好地了解每个政府的素质和每个社会的实力。

几十年前，中国向世界证明了制定和实施合理的政策不仅可以使一个国家摆脱贫困，而且可以使其位列世界大国之一。如今，COVID-19疫情再次成为中国展示其政治体系的力量的机会。中国在面临如此严重疫情的情况下，及时采取了紧急遏制病毒扩散的措施：社会隔离，学校和工作场所全部关闭等，通过限制外出的方式防止病毒传播。中国人民一直严守纪律，合作并遵守政府的一切措施。这不仅保护了中国人民，也保护了整个人类世界。

世界永远不会忘记，中国人民从上至下在这场全面的人民战争中为

---

[*] 本文作者 Enoch Amoah。

遏制疫情做出的贡献，全世界都因此赞叹中国对疫情的空前反应。世界卫生组织（WHO）称赞"中国检测出病毒、分离出病毒、测序基因组并与世界卫生组织和全世界共享的速度令人印象深刻，而且令人难以置信"。我们不会忘记中国是如何在几天之内调动所有资源来完善医疗设施的，如何全面实施温度监测、追踪观察密切接触者的，不会忘记中国各省之间的团结一致，以及在抗击 COVID-19 的一线医务人员所做的牺牲和无私奉献。

特别是留在中国学习的外国学生，将永远感激中国。我所就读的电子科技大学定期为我们分发医用外科口罩、洗手液等；学生非必要，不离开校园；向学生提供在线课程教学，以确保我们的学习不会受到干扰；校园的食堂和超市都开放，食物和水供应充足。中国电子科技大学（UESTC）的国际学生特别感谢成都市人民政府、电子科技大学的校长和副校长、管理层以及国际学生办公室对国际学生的关心，学生们同样感谢电子科技大学各学院、校医院、安全部门和宿舍管理人员。

中国正在尽一切可能控制新冠病毒的传播，并且还在向其他正在努力应对 COVID-19 的国家提供支持。中国对医疗材料的需求很大，但是中国仍然捐赠出了包括医用口罩和呼吸器在内的大量医疗用品，以满足其他国家的紧急需求，协助意大利、伊朗、伊拉克、巴基斯坦、日本和韩国等国家抗击疫情。除此以外，中国还向世界卫生组织捐赠了 2000 万美元，用于抗击新冠疫情。

考虑到新冠病毒在全球范围内蔓延，与病毒作斗争是自然与人类之间的全球战争，没有哪个国家可以独自对抗。我们打破国家的界限，分享我们的专业知识和来之不易的经验，相信一定可以战胜疫情。

中国向我们展示了一个国家在政府领导与人民合作之间良好配合所能取得的成就。世卫组织总干事高级顾问布鲁斯·艾尔沃德博士描述了中国应对 COVID-19 时强大而果断的方法："他们之所以采取措施果断且有效，是因为中国人民从最基层的社区干部到最高层的中央政府的集体承诺和意愿，这就是我们所说的非凡的政府、非凡的社会和非凡的方法。"

4. 中非团结一致、共同抗击新冠病毒的一年[*]

尽管我已退休，离开外交第一线，但我仍在关注中非关系的发展。2020年对中非合作来说极为不平凡。

面对突如其来的全球新冠疫情，中非关系经受了严峻的考验，取得了来之不易的成果。可以说，2020年是中非团结一致、共同抗击新冠疫情的一年。

患难见真情。当新冠病毒在武汉肆虐，中国人民全力抗击疫情时，非洲与中国坚定地站在一起，给予了中国宝贵的支持。各国和非盟领导人、政府、媒体和民众通过各种方式声援中国，一个令人感动的例子是，联合国公认的世界上最不发达的国家之一——科摩罗，该国的中国友好协会向中国捐赠了100欧元，尽管数额不大，但礼轻情意重，足以体现两国间浓浓的"兄弟情谊"。

当非洲国家遭受新冠病毒的严重攻击时，中国克服自身困难，想非洲兄弟所想，急非洲兄弟所急，毫不犹豫地伸出了慷慨的援手，向非洲国家提供了大批抗疫物资，并派遣医疗专家组赶赴非洲，建立中非医院的对口合作机制。中国和非洲团结一心、共同抗疫的事实再次证明，双方在面对危难与挑战时仍然是好朋友、好兄弟、好伙伴，是休戚与共的命运共同体。而中国也全面落实了二十国集团有关缓债倡议，与12个非洲国家签订缓债协议，决定免除15个非洲国家截至2020年年底到期的无息贷款债务，真诚地帮助一些非洲国家渡过经济难关。

为了更好地应对疫情，2020年6月中非以视频会议的方式召开了"中非团结抗疫特别峰会"，为中非合作抗疫提出了重要倡议和主张，为携手构建中非卫生健康共同体指明了方向。

值得注意的是，在新冠病毒依然在非洲肆虐之际，中非两项旗舰合作项目取得重要进展。中国与非盟签署援建非洲疾控中心总部项目实施协议。项目建成后，该中心将极大提升非洲国家医疗卫生的能力，并为

---

[*] 本文作者旷伟霖。

后疫情时代中非开展医疗卫生合作提供平台。中国还与非盟签署了关于共同推进"一带一路"建设的合作规划,双方将通过建立共建"一带一路"合作工作协调机制,携手推动合作规划实施落地,这将为后疫情时代中非经济务实合作提供广泛的空间。

2020 年是中非合作论坛建立 20 周年。按照现有机制,2020 年的第十四届中非合作论坛高官会本应在塞内加尔举办,不过由于新冠疫情原因,会议改在北京举行。这次会议彰显了中非关系强大的韧性和生命力。

展望 2021 年,虽然中非都将面临严峻挑战,但双方合作的步伐不会停滞,特别是中非合作论坛将举行新一届部长级会议,相信中非合作届时将有新的举措,中非关系有望迈上新台阶。

(资料收集与整理:张海琳　王昆莉　孟雅琪)

第 二 篇

西非研究文献选介

第五章

西非研究论文选介

本部分选取了2017—2020年与尼日利亚、几内亚共和国、加纳共和国、利比里亚共和国、塞内加尔共和国、尼日尔共和国、马里共和国等相关的西非研究学术文献进行梳理,研究内容聚焦政治、经济与文化等领域。

一 尼日利亚

尼日利亚位于西非东南部,北邻尼日尔,西邻贝宁,东和东南部与喀麦隆毗连,南濒大西洋几内亚湾。尼日利亚政局总体上比较稳定。尼日利亚自然资源丰富,拥有大量具有商业开采价值的矿产资源,包括天然气、煤、钽铁矿、黄金、铁矿石、石灰石、锡、石墨和锌等30多种矿藏。尽管尼日利亚自然资源储量大,但该国的采掘工业还处于初级阶段。尼日利亚共有250多个民族,其中最大的3个部族占国内总人口的68%,包括豪萨—富拉尼族、约鲁巴族和伊博族,分别位于北部、西南部和东部。尼日利亚的国家政权组织形式为联邦总统制,实行立法、司法、行政三权分立的政治制度。石油业是尼日利亚国民经济的支柱产业。作为石油输出国组织(OPEC)成员国之一,尼日利亚是非洲最大的石油生产国,同时是世界第六大石油出口国。尼日利亚国内其他产业发展滞后,粮食不能实现自给自足,基础设施也相对落后。尼日利亚的官方语言为英语，全国信奉伊斯兰教的人约占 50%，信奉基督教的人约占 40%，剩余人口信奉其他宗教。1971 年，中国与尼日利亚正式建交，自此以后两国关系获得顺利发展。

本书选取了 2017—2020 年 11 篇有关尼日利亚的代表性学术文献，从政治、经济和文化等方面对尼日利亚进行梳理与介绍。政治层面的代表性文章《"博科圣地"的演变与尼日利亚反恐政策评析》，通过对集宗教极端主义与恐怖主义于一身的"博科圣地"对尼日利亚及其邻国的安全构成严峻挑战进行分析，提出尼日利亚应着力解决国家发展问题，构建和谐的民族宗教关系；经济层面的代表性文章《由盛而衰：尼日利亚纺织业发展演变的原因论析》，详细探究了尼日利亚纺织业由盛而衰的发展演变史，对产生这一演变现象的主要影响因素进行了分析，得出了一些对当前中非产能合作的启示；文化层面的代表性文章《尼日利亚电影的"民主"实践》，关注尼日利亚电影的"民主"实践，探讨了"诺莱坞"对尼日利亚社会结构转型的反映，重点考察了"民主电影"类型中，公众对公认的文化或个体符号的接受推动电影发展出新的美学模式。

1. 族性视野中多民族国家族际政治问题比较研究
——基于尼日利亚与印度尼西亚民族国家建构的经验观察*

主要观点

族性是影响多民族国家安全及其族际政治走向的关键变量。它既能促进族际政治整合、维护国家安全、有助于民族国家建构，也能导致族际政治冲突、危及国家安全、阻碍民族国家建构。本文以"族性"为分析视角，通过对尼日利亚与印度尼西亚民族国家建构历程的梳理及其族际政治问题的比较，建构一个在历史上和观念中都不曾存在的能够超越族性分界的国家民族，并结合两国国情提出应对策略。

文章第一部分探讨族性政治与多民族国家建构。族性是某一民族稳定、内在的心理倾向与文化特质，也构成不同民族之间的心理/文化差

---

* 本文作者于春洋，刊于《国际安全研究》2017 年第 3 期。

异。这种差异是一种客观存在，并不必然与政治发生关联。然而在全球化时代，伴随"文化他者"的涌入，传统民族国家内部相对单一的民族结构发生重大变化，不同文化样态的民族生活在同一个民族国家的政治架构之下，进而为了保障自身利益和争取利益最大化而围绕政治权力展开了竞争。由此，常态下潜藏和内隐于民族文化中的族性被外部竞争压力"激活"，凸显为提升民族内部凝聚力、增强族群认同的重要凭借。在这一过程中，族性也具有了政治化倾向，开始与族际政治发生关联。在全球化背景之下，族性对于国家安全与民族国家建构的两重性依然存在。事实上，我们正生活在一个经由族性而不断建构和解构的民族国家时代，多民族国家安全与族际政治问题发展前景的不确定性和风险也正在不断增加。因此，"族性成为理解和分析当代民族问题与政治问题的一个恰当视角"。

文章第二部分探讨尼日利亚民族国家建构中的族际政治问题。尼日利亚获得国家独立并不意味着现代民族国家建构任务的完结，而只是表明该国在确定自己疆域边界和族群结构之后，又站在了新的历史起点上。尼日利亚还面临一系列棘手问题，这些问题正在威胁该国的国家安全和它作为现代民族国家的底线。比如，军人对于尼日利亚国家政治生活的影响还远未消除；"还政于民"以来的历次总统选举（除 2015 年总统选举外）均伴随形态各异的暴力事件与族群冲突；存在较为严重的腐败和贫富分化问题。这些问题导致"穷人将会采取越来越频繁的暴力手段来宣泄他们的愤怒"，并且也"为'博科圣地'的兴起提供了肥沃的土壤"。而这其中的关键问题在于怎样把国内 250 多个异质性的文化族群（部族）整合成为一个国家民族，并让这个刚刚建立的多民族国家得到这些异质性文化族群（部族）的拥戴？无疑，这些问题的解决无论对尼日利亚的民族国家建构，还是族际政治问题的解决，都是至关重要的。

文章第三部分探讨印度尼西亚民族国家建构中的族际政治问题。印尼族际政治问题治理的成效主要体现在三个方面：其一，虽然民族分离主义运动对于印尼民族国家建构的干扰和破坏问题一直没能得到很好地解决，但"国家统一"和"政治稳定"这两个基础性目标还是基本实现了；其二，后苏哈托时代印尼政治民主化所取得的成绩表明，苏哈托时代印尼威权政治整合的脆弱性特征在很大程度上被克服了，从威权整合到民主整合的嬗变也意味着印尼族际政治关系走上了良性发展的轨道；其三，经济发展取得的良好成绩为印尼族际政治问题治理提供了坚实的物质基础。

最后，通过上述分析，本文得出多民族国家族际政治问题的共性结论，并提出应对策略：寻找重叠共识，建构文化多元、政治一体的国族共同体；借鉴差异政治和差别公民权利思想，探寻积极回应不同民族群体正当利益诉求、实现各族人民成果共享、利益均沾的政治制度、体制和机制；消除军人在政治生活中的影响，惩治腐败；探索包容促进多语言、多宗教和谐相处的民族政策。

2. 尼日利亚农牧民冲突：超越民族宗教因素的解读*

主要观点

近年来，尼日利亚中部地带频繁发生农民和牧民之间的暴力冲突，成为该国非传统安全的突出问题，其危害性与"博科圣地"相比有过之而无不及。尼日利亚农牧民冲突由来已久，究其原因，"天灾"与"人祸"二者皆有，加之经济社会发展变迁，致多重矛盾叠加交织，冲突频现。本文就尼日利亚农牧民冲突中超越民族宗教的因素进行解读。

农牧民冲突的原因很复杂，有深刻的历史背景。随着尼日利亚人口的迅速增长、经济社会领域的深刻变革、东北部地区的动荡、传统冲突解决机制的弱化、气候变化以及小武器的泛滥，农牧民冲突往往呈现出暴力的倾向。此外，农牧民冲突也被蒙上了宗教冲突的色彩，因为富拉尼牧民信仰伊斯兰教，而农民多为基督徒。游牧业是一种风险较高、不确定性颇大的行业，在全球气候变化日益加剧的情况下尤为如此。当游牧民在"天灾"面前孤立无援，不得不四处迁徙寻找新出路的时候，就不可避免地会与其他生态圈或地域的人发生冲突。自然生态的脆弱与气候变化对非洲国家的影响通过尼日利亚农牧民冲突的案例清楚地展现在

---

* 本文作者李文刚，刊于《西亚非洲》2018年第3期，文字顺序略作调整。

世人面前，值得警醒和反思。说到底，冲突的本质是农牧民为了各自的生存发展争夺土地等资源导致的发展问题。因"天灾"引发的"人祸"也是全球性问题，应当引起各国高度重视，并采取有力措施加以应对，尽最大努力将引发人类暴力冲突的危险性降到最低。"人祸"也折射出尼日利亚现代国家治理所面临的多重危机以及治理能力的欠缺。极端势力、恐怖主义、小武器泛滥等"人祸"盘根错节，织成了束缚"西非巨人"的大网，对这个国家经济社会发展的严重危害恐怕没有人会否认。更令人担忧的是，如果愈演愈烈的农牧民冲突未能得到及时有效的管控，其危害性较之于在东北部肆虐多年的"博科圣地"有过之而无不及，因为它正在将尼日利亚引向"国将不国"的危险境地。农牧民冲突的危害是多方面的，它不仅造成冲突双方大量人员死伤和财产损失，对尼日利亚农牧业发展也产生不利影响。冲突使得本已敏感、尖锐的民族宗教矛盾更难化解。这也让构建和谐的民族宗教关系和民族国家一体化进程步履维艰。居心叵测的政客和民族宗教分裂分子正在大肆渲染穆斯林富拉尼牧民对基督徒农民的屠杀，甚至将之称为富拉尼人发动的新一轮"圣战"，目的是要将整个尼日利亚"伊斯兰化"。凡此种种，不禁令人联想起50年前爆发的惨烈的比夫拉战争。我们要正确理解农牧民冲突，应该超越民族宗教范式，根据事件本身的是非曲直来进行评判。民族宗教因素既不能忽视，也不能夸大。

人类社会之所以能够攻坚克难不断前行，在于不断探索和创造物质与精神财富，更在于传承历史经验和汲取历史教训，想方设法避免历史悲剧重演。尼日利亚也一直在做这方面的努力。无论是尼日利亚联邦政府还是地方政府，无论是立法机关还是司法机关，均出台了一系列应对农牧民冲突的措施，但效果有限，悲剧还在上演。何以至此，值得反思。不仅仅是尼日利亚，许多非洲国家在应对危机和挑战时，缺的不是计划和智慧，而是执行力。在2019年尼日利亚大选即将来临之际，各种不安全因素相互叠加，该国再次面临大考。全体进步大会党（APC）要想保住执政党地位，布哈里总统要想谋求连任，就要在应对包括农牧民危机的各类危机和挑战中有所作为，以便争取更多选民的支持。当然，解决农牧民冲突，单靠尼日利亚一国之力是不够的，因为富拉尼族本身就是西非的跨界民族，农牧民冲突已经是一个区域性的问题。如同应对"博科圣地"宗教极端组织一样,至少尼日利亚的邻国喀麦隆、乍得、尼日尔等都应携手共渡难关。只要当事国、非政府组织、区域组织以及国际社会密切合作,加强应对措施的执行力度,包括农牧民暴力冲突在内的各类危机最终得到妥善解决的可能性还是存在的。有鉴于此,尼日利亚和国际社会亟须加强协调合作,加紧出台应对之策并贯穿执行,以妥善处置问题。

3. "博科圣地"的演变与尼日利亚反恐政策评析[*]

主要观点

近年来,宗教极端主义和恐怖主义在世界多地呈现蔓延态势,对包括非洲国家在内的各国安全构成威胁。在西非地区,集宗教极端主义与恐怖主义于一身的"博科圣地",对尼日利亚及其邻国的安全构成严峻挑战。关于"博科圣地"的演变与尼日利亚反恐政策,作者做出评析与研究。

"博科圣地"系豪萨语和阿拉伯语的组合词,意为"禁止西方教育",正式名称为"致力宣教与圣战的遵训者组织"。"博科圣地"的宗旨是宣扬伊斯兰主义,主张在尼日利亚实行伊斯兰教法,宣扬以伊斯兰神权国家取代世俗国家。在与尼日利亚政府的较量中,"博科圣地"逐渐由一个伊斯兰主义组织异变为恐怖组织,给尼日利亚和西非地区造成重大人员伤亡和财产损失,成为非洲和平与安全面临的最严重威胁之一。"博科圣地"在尼日利亚北部的兴起和蔓延既是政府治理不力导致民众反抗意识增强的表现,也是北部保守宗教环境的产物,同时也与伊斯兰主义在西非地区的历史积淀和现代勃兴密切相关。尼日利亚民生问题积重难返、国家治理薄弱和国际伊斯兰极端势力渗透等因素,催化了"博科圣地"的异变,具体表现为以下四点。第一,民生问题突出。自20世纪70年代以来,尼日利亚经济过度依赖石油出口,成为典型的"食利国家",腐败问题尤其突出。单一的石油经济发展导致农村、农业受到忽视,大部分

---

[*] 本文作者李文刚,刊于《阿拉伯世界研究》2018年第4期。

民众生活在贫困之中。贫穷、落后、被边缘化以及腐败、贫富悬殊、社会两极分化等问题往往成为当代宗教极端主义产生的直接原因,这些因素也是"博科圣地"兴起的重要原因。第二,南北地区差距不断扩大。尼日利亚北方穆斯林与南方基督徒之间的民族、宗教矛盾以及在经济、社会发展方面的巨大差距,成为双方不时爆发冲突的导火索。第三,国家治理能力弱。经过一系列政变、战乱、协商和妥协之后,尼日利亚达成了不成文的穆斯林与基督徒"轮流坐庄"的政治惯例,这在 2010 年北方穆斯林总统亚拉杜瓦任期内病故后遭到破坏。第四,境外宗教极端势力渗透。"博科圣地"的持续做大与周边极端势力的渗透和相互勾结密切相关。2012 年 1 月卡诺爆炸案后,联合国报告指出,"博科圣地"不少成员来自乍得。同月,阿尔及利亚、毛里塔尼亚、马里、尼日尔、尼日利亚外长在毛里塔尼亚首都努瓦克肖特出席会议期间指出,"博科圣地"与"伊斯兰马格里布基地组织"存在联系。

  对尼日利亚而言,伊斯兰极端势力虽不是新问题,但联邦政府特别是乔纳森政府的应对措施仍显得经验不足。除传统应对措施外,尼日利亚周边邻国和国际社会的态度是决定该国打击"博科圣地"成效的关键因素。布哈里总统上任以来,通过强硬表态,鼓舞士气,前移反恐中心,织密反恐大网,积极寻求国际合作等措施,尼日利亚应对"博科圣地"问题的举措取得了一些成效,但在改善北部落后与贫困、降低青年失业率、加强地区和国际反恐合作等方面仍任重道远。

  综上所述,"博科圣地"的兴起与尼日利亚特殊的民族—宗教—地缘生态密不可分,它的异化则说明,民族宗教问题极易被极端势力操纵,成为谋取个人或帮派利益的幌子,极具欺骗性。"博科圣地"的罪行可谓罄竹难书,充分暴露了其反人类、反宗教的本来面目。尼日利亚的应对措施总体而言比较有效,"博科圣地"在尼日利亚的生存空间被大大压缩。事实证明,打着伊斯兰旗号的恐怖组织较普通恐怖组织更具欺骗性、蛊惑性和破坏性,打击此类恐怖组织的行动也更具长期性和复杂性。对国际社会而言,应对宗教极端势力和恐怖主义势力任重而道远,对民族国家构建程度不高、社会分化严重、经济社会矛盾突出的尼日利亚来说更是如此。未来,尼日利亚应着力解决国家发展问题,构建和谐的民族宗教关系,用经济社会的协调发展来构筑抵御宗教极端主义和恐怖主义威胁的防线。

4. "一带一路"背景下尼日利亚宗教格局及宗教风险分析[*]

主要观点

"一带一路"倡议是中国提供给国际社会的一项重要公共产品，受到越来越多的国家和国际组织的欢迎。2018年9月，中国与尼日利亚签署共建"一带一路"的谅解备忘录。作为重要区域组织——西非国家经济共同体（以下简称"西共体"）的领头羊，尼日利亚在"一带一路"建设中地位突出，中尼共建"一带一路"前景广阔。值得注意的是，尼日利亚是多民族、多宗教和多文化国家，民族国家构建程度不高，加之受国内外多重因素影响，"一带一路"倡议在尼日利亚实施面临不少风险，宗教风险就是其中一个突出的方面。本文就"一带一路"背景下尼日利亚宗教格局及宗教风险做出分析。

宗教极端主义泛滥、穆斯林和基督徒之间的矛盾、伊斯兰教派纷争、境外宗教风险的影响和渗透等，都进一步加大了尼日利亚宗教风险的多重性和复杂性。宗教风险会在尼日利亚长期存在，在特定时期甚至会出现叠加。有鉴于此，本文对尼日利亚宗教基本情况、宗教风险的种类、影响及趋势等做一些粗浅研究，以加深对尼日利亚宗教文化的认识，促进对宗教风险的研判和防范，为中尼共建"一带一路"和中尼民心相通工程创造有利环境。随着"一带一路"的推进，中国学界加强了对重点国别宗教风险的研判。有学者归纳了宗教风险的几大类型，对于开展国别宗教风险研究颇具指导意义。从宗教热点事件和宗教形势看，宗教风险主要包括：宗教矛盾冲突上升，原教旨主义的影响，难民危机演变成宗教隔阂，新兴宗教运动活跃，宗教性质的政党积极参政，宗教活动场所成为敏感危险的地方，宗教信仰差异造成情感认同障碍。

结合尼日利亚的具体国情，特别是当前非传统安全领域所面临的突

---

[*] 本文作者李文刚，刊于《世界宗教文化》2019年第2期。

出热点和难点问题，本文归纳尼日利亚宗教风险主要包括以下几类：第一，宗教极端主义的蔓延。当前，尼日利亚最为突出的就是伊斯兰极端主义，代表势力就是"博科圣地"。伊斯兰极端势力打着宗教旗号，裹挟尼日利亚本已尖锐的民族宗教问题，极具欺骗性和破坏力。第二，穆斯林与基督徒的矛盾和冲突。从总体上看，尼日利亚伊斯兰教和基督教的和平共处是大局，但局部的宗教冲突，特别是穆斯林和基督徒的矛盾，都使得尼日利亚成为一个宗教风险较高的国家。北部穆斯林核心区面积广阔，历史上是政教合一的"哈里发国"，殖民统治期间保留了埃米尔的宗教地位和影响力，独立后整个国家多为穆斯林掌权，包括数位军政权国家元首均为北部穆斯林。他们在执政期间，或多或少都有一种使尼日利亚更具"伊斯兰"色彩的冲动。以上因素构成了穆斯林和基督徒矛盾的深层次背景。第三，伊斯兰的教派纷争。尼日利亚的伊斯兰教、穆斯林内部并非铁板一块。尼日利亚的伊斯兰教激进分子和学生领袖宣扬的复古主义加剧了伊斯兰教的复杂化，加速了穆斯林之间的分化。尼日利亚伊斯兰教的主体是逊尼派，自 20 世纪 70 年代末以来，受伊朗伊斯兰革命的影响，尼日利亚逐步出现了一些什叶派，并最后发展成为以"尼日利亚伊斯兰运动"为代表的什叶派，是非洲大陆最大的什叶派组织。什叶派问题之所以成为尼日利亚宗教风险之一，主要在于它不仅与传统的逊尼派发生冲突，也与尼日利亚国家发生冲突，并造成一些暴力流血事件。第四，境外宗教风险的影响和渗透。随着全球化的发展，特别是在信息技术日新月异的大背景下，尼日利亚宗教风险的境外因素也较为突出。一方面，伊斯兰世界的各种思潮和运动，特别是激进思想乃至极端思想，都可以通过书籍、录像带、广播、网络传入尼日利亚；另一方面，西方世界一些突发或偶发的涉及伊斯兰教和穆斯林的事件也会在极短时间内在尼日利亚引发骚乱。

尼日利亚的上述宗教问题在一些地区（如东北部、中部地带）造成大量人员伤亡和财产损失，引发严重人道主义危机，制约了尼日利亚民族国家的构建和经济社会的可持续发展，为中尼共建"一带一路"造成较大威胁和挑战。

5. 社会变迁与宗教皈依：以殖民时代
尼日利亚的伊杰布人为例*

主要观点

伊杰布人是尼日利亚约鲁巴人的一支，它在殖民时代经历了从族群宗教向基督教和伊斯兰教这两大世界宗教皈依的过程。宗教皈依与殖民时代社会结构的剧烈变迁密切相关，而与殖民征服之间并无必然的直接联系。伊杰布人的宗教皈依过程并非世界宗教对于传统社会的"征服"，而更多是世界宗教的"非洲化"过程，伊杰布社会内部因素在这一过程中发挥了重要的能动作用。作者认为，殖民时代的伊杰布社会经历了由族群宗教向基督教和伊斯兰教这两种世界宗教皈依的过程。这一皈依过程并非世界宗教对于传统社会的"征服"，而更多是世界宗教"非洲化"以及当地化的伊斯兰教和基督教传统的形成过程。

约鲁巴邦国有着与欧洲以及伊斯兰教世界贸易和交往的漫长历史。在这一背景下，包括伊杰布人在内的约鲁巴人并未被基督教驯服，而是选取其中部分内容从而扩展自身现有的世界观，而且约鲁巴人是以同样的态度对待基督教和伊斯兰教，评估这两种宗教所带来的物质利益以及它们调和上帝与人类之间关系的能力。在皈依世界宗教之后，约鲁巴人仍以务实态度来理解宗教皈依，关注于宗教皈依所带来的精神力量和世俗利益。在殖民统治早期，伊斯兰教相对于基督教仍然具备一定优势，它较少要求潜在皈依者放弃原有文化习俗，例如一夫多妻制，而基督教随着皈依者增多也更加容忍约鲁巴习俗。这两种世界宗教之间既相互竞争，同时也相互交流。两大世界宗教给约鲁巴社会造成严重冲击，这些全新的宗教信仰需要与现有群体认同实现调和。正是在这一背景下，伊杰布人掀起阿拉杜拉独立教会运动。这场独立教会运动源于伊杰布奥德圣公会教徒对1918年流感大流行的回应，在20世纪二三十年代经济萧条和社会失序的背景下，阿拉杜拉运动不断发展壮大。阿拉杜拉独立教会通过提供基督教的医治和占卜，实现了影响极为深远的基督教非洲化。

---

* 本文作者李鹏涛，刊于《世界宗教文化》2019年第4期。

伊杰布社会是基督教非洲化的典型案例，伊杰布人接受了基督教和伊斯兰教，并且在这一过程中推动这两种宗教与自身文化实现融合。包括伊杰布人在内的约鲁巴族不仅接纳了伊斯兰教和基督教，而且也将自身信奉的奥里萨教传播到新世界。尽管这两种世界宗教相互竞争，但它们必须接受伊杰布人传统的宗教观念。伊杰布人宗教皈依的案例研究表明，非洲社会并非殖民时代宗教变革的被动接受者，反而在这一过程中发挥了极大的能动作用。

6. 非洲国家传媒产业的演化路径研究
——以南非、肯尼亚和尼日利亚三国为例*

主要观点

非洲的新闻传媒事业起源于18世纪末19世纪初。在时间跨度上，非洲国家传媒产业的演化普遍经历了殖民、独立和民主化三个时期。本文以尼日利亚等非洲三国为例，对非洲国家传媒产业的演化路径进行研究。

按照动因及实施机制，产业演化可进一步划分为层级型演化和自组织型演化。层级型演化是指高层次经济系统或政府的约束和影响导致的产业演化，即由一系列基本的经济、政治、社会与法律规则等要素构成的层级型制度制约下的产业演化。从层级型演化的维度来说，非洲国家传媒产业演化经历了宗主国独裁体制、专政审查体制到市场竞争体制下的三种产业状态：殖民时期独裁体制导致本土媒体发展滞后；独立时期专制体制下私有媒体受到压制；民主时期市场竞争体制下公私媒体并存。自组织型演化是指产业经济系统内部的各种经济元之间相互作用下的产业演化，即意识形态、伦理规范、道德观念等要素构成的自组织制度支配下的产业演化。但是，由于自组织型演化的作用，各个国家的传媒产业呈现出不同的演化路径。在非洲国家传媒产业的自组织演化中，民族意识与商业意识成为推动该类演化并导致当今各国不同产业状态的主要动因。

---

* 本文作者罗雪，刊于《传媒》2019年第17期。

在自组织制度和层级制度的共同推动下,非洲国家传媒产业经历了各具特点的演化路径。本文选择南非、肯尼亚和尼日利亚三个起始于不同殖民方式且传媒产业最为发达的非洲国家作为代表进行考察。南非传媒产业起源于"直接殖民"的双拐点型演化路径,在独裁制度下,南非媒体产业呈现种族与商业意识相争的局面;在专政制度下,南非媒体产业的国家意识占据主导地位;在民主变革后,南非媒体产业的商业意识迅速膨胀。肯尼亚传媒产业起源于"直接殖民"的单拐点型演化路径,在独裁制度下,肯尼亚传媒产业的民族意识逐渐增强;在专政制度下,肯尼亚传媒产业的国家意识渐占优势;在民主变革后,与南非相比,肯尼亚媒体产业中的商业意识虽然在民主化改革后有所增强,但是仍然受到国家意识的牵制。尼日利亚传媒产业起源于"间接殖民"的单拐点型演化路径,在独裁制度下,尼日利亚传媒产业的民族意识快速蔓延;在专政制度下,尼日利亚传媒产业的国家意识日益成熟;在民主变革后,尼日利亚传媒产业的商业意识逐渐增强。

非洲国家传媒产业的层级型演化与自组织型演化共同构建了其演化路径,虽然层级型制度在产业演化临界点的路径选择上作用甚微,但是殖民时期传媒体制的差别还是对后来传媒产业的状态产生了一定的影响。尼日利亚、南非、肯尼亚作为当今非洲传媒产业最为发达的国家,其传媒产业的演化过程代表性地呈现出层级型演化与自组织型演化对产业演化路径的共同构建作用。南非与肯尼亚同属"直接殖民"国家,两国传媒产业在殖民时期的媒体资源基本由殖民者掌控。但是,由于自组织型制度的影响,两国传媒产业的演化路径存在差别。殖民时期,南非传媒产业中种族隔离在与商业自由的意识博弈中占据主导地位,推动产业进入专制状态;肯尼亚传媒产业则是民族意识在博弈中逐渐占据优势地位,推动产业进入专制状态。独立时期,南非传媒产业中种族意识与商业、民族意识相互妥协而催生了国家意识,并推动产业进入市场竞争状态;而肯尼亚传媒产业中的商业意识即使在市场竞争体制下有所增强,但是仍然受到国家意识的掣肘。相比之下,尼日利亚作为"间接殖民"国家,传媒产业层级型制度的设立是为了服务本土民众,民族意识与独裁意识锁定在专制状态,直到市场竞争媒体体制的引入才催化商业意识的发展。

7. China Town in Lagos: Chinese Migration and the Nigerian State Since the 1990s [*]

Some scholars have examined the interaction between Chinese migrants and local Africans at the micro level with their migrant-centered approach. And, Chinese state-owned enterprises in Africa and their interaction with African governments occupy major attention from the media, and the migrants-to-locals approach examines Africa-China interaction from the bottom. But Chinese investment in Africa and Africa-China interaction is the important yet often overlooked interactions between private Chinese investors and African states. So, this paper on the interaction between private Chinese traders in Lagos' China Town and the Nigerian state contributes to filling the missing middle ground between the state-to-state and people-to-people approaches in the study of Chinese investment in Africa and Africa-China interactions.

Despite made-in-China products captured a big chunk of the Nigerian market in the late 1980s and 1990s, at that time those products were mainly sold by Nigerian traders and imported indirectly via Dubai. Nigerian consumers were only dimly aware of their connection to China or its people. Many Chinese manufacturers were likewise completely unaware that their products were sold in Nigeria. When Nigeria opened its markets to foreign competition to fulfill promises it had made upon joining the World Trade Organization (WTO) in the mid-1990s; and at the same time, China's Reform and Opening Up policies had placed it on the fast track of export-oriented industrial development. Mainland Chinese manufacturers, encountering barriers to their goods in many of the developed nations, were eager to explore the huge Nigerian market; and the newly opened and unprotected Nigerian market thus emerged as an ideal destination. From a Mainland Chinese perspective, the establishment of Lagos' China Town in the late 1990s was the perfect answer to their hopes: providing market

---

[*] 本文作者 Shaonan Liu, 刊于 *Journal of Asian and African Studies*, Vol. 54, No. 6, 2019。

information, a sales platform, and relevant support services for Chinese manufacturers and traders who wished to sell their products in Nigeria. The center made Nigeria famous in China as the most profitable and largest market in Africa. On the Nigerian side, China Town's status as the first marketplace in Nigeria where Chinese traders sold made-in-China products in a Chinese-managed shopping complex rendered it symbolic of the Mainland Chinese community as a whole, and created a strong brand. In its early days as the cornerstone of the newly established direct trading relationship between China and Nigeria, China Town was characterized by its bargain prices and by the wide variety and decent quality of its products, and these factors enabled it to rapidly sweep the Nigerian market in the early 2000s.

In addition to the advantages conferred on it by its early products' good reputation, China Town in its first years enjoyed a de facto monopoly of Chinese imports into Nigeria, underpinned both by strong connections to Nigerian political leaders and by its shady but mutually beneficial relationships with numerous Nigerian government officials. Having been important players in the "cowboy" phase of China's economic reform, China Town's merchants were just as comfortable with operating on the margins of legality in Nigeria as they had been in their homeland, and even praised Nigerian bribery culture for its relatively low cost and high efficiency.

Chinese traders' seemingly cozy relationship with the Nigerian state turned out, however, to be fragile. Facing pressure from Nigeria-based manufacturers, and harboring its own concerns about the potential demise of textile manufacturing and other domestic industries, the federal government changed its stance towards imported goods beginning in 2003. Raided and shut down regularly by various federal government law-enforcement agencies, Lagos' China Town fell into an inexorable downward spiral, hastened by Nigerian traders' new habit of obtaining the wholesale goods they needed directly from manufacturers in China.

Nevertheless, the popularity of made-in-China products among Nigerians was not influenced at all. The majority of local traders and consumers showed little sympathy for their own country's manufacturing industries, and silently resisted the federal government's call to boycott substandard made-in-China goods, as the traders' profits and the customers' levels of satisfaction were both high. Nigerian consumers, amid decades-long economic deterioration and ever-shrinking disposable income, had come to define quality more in terms of affordability and availability than technical specifications. Similarly, the commercial and reputational collapse of China Town did nothing to stem the arrival of Mainland Chinese migrants, whose numbers kept growing through the 2000s and 2010s. The essential problems of traders' practices in China Town in terms of smuggling, grey customs clearance, and bribery went towards different directions for different Chinese traders: while some of them became more law-binding to maintain long-term benign relationships with the Nigerian state, others simply escaped China Town to circumvent the surveillance of the authorities. As the principal emblem of both Nigeria's Chinese community and imported Chinese products, China Town drew a great deal of fire from Nigeria's government and business community, so to some extent its existence had eased the burdens of those Chinese traders who operated in other parts of Lagos and beyond. China Town's vicissitudes also convinced some Mainland Chinese migrants of the perils of pure trading, and they started to invest in manufacturing and service industries, thus greatly diversifying the community's business portfolio. China Town itself also gradually transformed from a shopping complex into a more comprehensive business and service center.

8. Symbol of Wealth and Prestige:
A Social History of Chinese-made Enamelware
in Northern Nigeria*

  Since the 2000s, manufactured goods imported from Chinese factories have dominated the Nigerian market and become essential in the everyday lives of Nigerians. However, contrary to the general impression of the "recent" popularity

---

  * 本文作者 Shannan Liu，刊于 *African Studies Review*，Vol. 63，No. 2，2020。

of Chinese products, the presence of both imported and locally manufactured Chinese goods dates back as far as the late colonial period. By discussing the historical aspect of Chinese goods in Nigeria, a subject that has been barely mentioned in previous research, as well as by uncovering the evolution of European introduced and later Chinese-made enamelware from a new and modern object to an integral part of northern Nigerian tradition, the author delves into how the initially new and foreign Chinese-made enamelware was absorbed or indigenized into the world of local containers as well as the local networks of gendered meaning.

Nigerians have a long history of fashioning, trading, andusing household containers made from a wide variety of natural materials. Containers made from calabash, wood, grass, and brass were also widely used in late pre-colonial northern Nigeria, including *Tukunya kasa*, *Randa*, *tulu*, *kwarya*, *adudu*, etc. The various types of indigenous household containers were also deeply integrated into marriage customs in pre-colonial northern Nigeria with indispensable symbolic meaning. And some also became indicators of one's social capital and / or economic status.

During the Colonial Period, the indigenous household containers in northern Nigerian society did encounter some competition from European containers. European trading companies introduced enamelware to early colonial northern Nigeria through conducting a series of trading activities by European trading firms in Nigeria. However, European enamelware barely made inroads into the lives of the majority of northern Nigerians, due to the manufacturers' and importers' widespread failure to identify or address the specific interests and needs of the consumers.

After the 1950s, this situation underwent a dramatic change, with enamelware containers starting to fully take the place of traditional ones in northern Nigeria. The Nigerian government's pursuit of industrialization dovetailed with Chinese industrialists' quest for an alternative manufacturing base for its enamelware products, which led to the establishment of a series of enamelware factories in Nigeria. The indigenization of enamelware design by newly established

Nigeria-based Chinese enamelware factories as well as their changing modes of operation adapted well to the needs of Nigerian consumers, which accounted for the rise of enamelware as the most commonly used household containers in northern Nigeria for its durability and solidity. Additionally, the variety of designs and colors featured on high-value enamelware made it both aesthetically and socially attractive as household decor among Nigerian consumers. It was also believed to be more hygienic than wood, calabash, and pottery containers. In addition, the sudden dramatic increase in the uptake of enamelware among northern Nigerian consumers in the 1950s and 1960s lay in the increasingly indigenized designs, colors, and sizes of the enamelware products that were available, due to the narrowing of the distance (mental as well as physical) between manufacturers and consumers. The new Nigeria-based Chinese-owned enamelware factories could send representatives directly to local markets to glean information about customers' preferences and rapidly make adjustments to their product designs according to what they had learned. By keep learning from the designs, colors, sizes, and functionalities of traditional domestic containers to indigenize their own, those enamelware manufactures were able to ensure that the relationship between enamelware and traditional containers was one of inheritance and development rather than of opposition and discontinuity.

In the 1960s, when Chinese factories moved to Nigeria and based in major cities such as Kano, Lagos, and Port Harcourt, these factories established a network of market information with its hub at the Kurmi Market of Kano, due to the market's central position in the enamelware trade within Nigeria and beyond. They since then were able to identify and then satisfy demands from different social classes. The Chinese were mainly aiming at boosting the sale of their products, of course, yet in the process their increasingly deeper understanding of the Nigerian market also uncovered the historical gendered meaning network of household containers.

The indigenization of enamelware was not limited to its practical everyday functions. In the process of defeating all of its indigenous competitors, enamelware firmly integrated itself into local networks of gendered meaning. Enamelware not only inherited the key role of indigenous containers in marriage customs as a symbol of female wealth and prestige, but also imposed lifelong social pressures on Hausa women, both symbolically and economically, in the decades between independence and the end of the twentieth century. The way enamelware itself as an object reflected gendered prestige also changed over time. Northern Nigerian women, facing the pressure of acquiring an industrially manufactured object with cash they had little access to, demonstrated their own agenda when buying enamelware or even tried gaining profits from trading the enamelware itself. Since 1950s, enamelware had become a symbol of wealth and prestige for a newly married woman. The more enamelware the bride brought from her family, the higher her social and economic status in the community.

By the 1970s and 1980s, with enamelware more commonly seen in both cities and villages, the threshold for enamelware also increased, with the key being the number of walls the bride could decorate with it. Later in the 1990s, regular enamelware started to be replaced by advanced enamelware. Moreover, the social pressures associated with enamelware did not cease with the completion of the wedding ceremony. Apart from the lifetime social pressure enamelware generated, it also created economic pressure for Nigeria women. They amassed their fortune through collecting, investing in enamelware with their aesthetic judgment and investment horizon as it was female-only property independent of their husbands. With continuing changes in the marketing and availability of containers in Nigeria, the role of enamelware continues to be updated and redefined.

9. 尼日利亚华侨华人历史与现状探析[*]

主要观点

迄今为止，国内外学界关于尼日利亚华侨华人历史与现状的系统研究还不多见。李安山的《非洲华侨华人史》和《非洲华人社会经济史》是关于非洲华侨华人历史的奠基性著作，但整体而言偏重于南部非洲国

---

[*] 本文作者刘少楠，刊于《华侨华人历史研究》2020年第3期。

家和印度洋岛国，对尼日利亚等西非国家华侨华人着墨不多，且多以企业家个人故事为主。2000年以来，国外学界对尼日利亚华侨华人有一定的关注，但整体而言，缺乏历史深度。本文以尼日利亚国家档案馆的档案材料、尼日利亚当地报纸和近年来对尼日利亚华侨华人的深度访谈为基础，对尼日利亚华侨华人60多年来的历史发展脉络和现状进行分析，希望以此加深对尼日利亚华侨华人的认识和了解。

尼日利亚华侨华人近30年来出现了数量、构成等多方面发展，新老中国移民都在经济上取得了不同程度的成功并积极尝试融入当地社会。尼日利亚作为非洲人口和经济总量第一的大国，依旧持续吸引着中国新移民，但近年来尼日利亚华侨华人面临着机遇与挑战并存的局面。其中机遇主要表现在：第一，尼日利亚华侨华人作为当地一支重要的经济力量，是"一带一路"倡议在非洲这一经济和人口第一大国的重要桥梁，尼日利亚华侨华人社区在文化传承与传播方面有着长足进步。此外，尼日利亚华文媒体目前发展态势良好。第二，老一代移民与当地政府、媒体、商人和民众的交流方式，对非洲政治、经济、社会和文化状况的理解与尊重，在长期开拓创业和经营管理中的成功经验与失败教训，都是新一代移民赴尼或赴非投资的宝贵财富。在中尼友好的主流环境下，华侨华人仍然面临着一些问题：第一，尼日利亚的安全局势仍然存在着不稳定因素。第二，不少新移民由于外语能力有限，很容易对尼日利亚人产生误解和隔阂，缺少对包括政府官员、雇员和普通消费者在内的尼日利亚各个阶层生活现状的深入理解，进而把一些不愉快的个人遭遇归结为尼日利亚人的腐败、素质低下和整体落后。第三，尼日利亚的热带疾病较多，医疗卫生条件相对落后，这也是新移民必须面对的问题之一。在投资环境方面，尼日利亚也不够稳定。首先，尼日利亚政府的经济政策有时缺乏连续性。其次，尼日利亚的主要外汇收入仍然非常依赖石油出口，其本国货币奈拉的币值与国际原油价格紧密相连，因此会有汇率波动的风险。最后，尼日利亚整体的基础设施仍然比较落后，尤其是供水供电并不稳定，这就使得投资该国制造业有风险。在教育方面，尼日利亚的华人社区缺少相应的教育资源。长期以来，在尼华侨华人基本选择将子女送往西方国家开设的英文国际学校或将子女留在国内接受教育，而这在一定程度上是因为尼日利亚境内没有专门为华侨华人开设的中文国际学校。

综上所述，尼日利亚华侨华人的历史发展演变是非洲乃至世界华侨华人史的组成部分，更为全球移民研究添加了一个南南视角。同时，尼日利亚华侨华人面临的发展机遇和挑战也对中国推进"一带一路"建设具有重要的研究意义。本文有助于人们对尼日利亚和非洲华侨华人的理解，并为将来深入研究奠定基础。

10. 由盛而衰：尼日利亚纺织业发展演变的原因论析[*]

主要观点

纺织业是当代大多数非洲国家发展战略的重点。尼日利亚是非洲人口最多的国家和最具代表性的非洲国家之一。历史上，尼日利亚纺织业曾经十分兴盛，然而现在却趋于衰落。本文详细探究了尼日利亚纺织业由盛而衰的发展演变史，对产生这一演变现象的主要影响因素进行了论析，总结了一些对当前中非产能合作的启示。

尼日利亚纺织业发展演变分为四个阶段：20世纪五六十年代尼日利亚纺织业的形成与初步发展（1955—1969年）、20世纪70年代纺织业繁荣与80年代早期纺织业的衰落（1970—1985年）、结构调整计划时期纺织业微弱复苏之后的崩溃（1986—2006年）以及纺织业政策的改变与形势的进一步恶化（2007年至今）。

对尼日利亚纺织业由盛而衰的演变进行论析，发现主要原因在于以下几个方面：与石油开采伴随的"资源诅咒"、"荷兰病"与寻租行为、动荡不定的政治格局、不合时宜的结构调整计划、全球竞争的加剧及走私活动增加（包括二手服装的涌入）、糟糕的基础设施特别是不稳定的电力供应、不切实际的本土化政策以及棉花产量的下降等。

综上所述，相对于20世纪70年代，尼日利亚的纺织业乃至整个制造业都在衰退。造成尼日利亚纺织业衰退的原因是复杂的，许多当地和全球的政治和经济因素造成了目前的状况。在1955—1999年，军事独裁、

---

[*] 本文作者刘青海，刊于《历史教学问题》2020年第4期。

政治领导层的频繁更迭也破坏了一贯的政策，而这些政策本可能有助于该行业的稳定发展。需要指出的是，这并非非洲国家的个别现象，而可以说是整个非洲大陆制造业趋势的一个代表。实际上，就制造业增加值占 GDP 的比例而言，1960—2010 年，尼日利亚从 10% 降至 2%，加纳下降了一半。总的来说，非洲国家在 20 世纪 60 年代和 70 年代脱离殖民主义独立后，其制造业比今天更加强劲。由此可以得到一些"一带一路"背景下选择中非产能合作重点国家、重点领域的有益启示：第一，资源丰富且政局不稳定的国家不宜作为中非制造业产能合作的重点国家；第二，电力供应严重缺乏、走私现象严重的国家不宜作为中非产能合作的重点国家；第三，将政府治理、电力建设、打击走私、促进棉花生产，以及制造业的后向一体化部门、工业园区的建设等作为中非产业促进行动的重点领域。

11. 中国—尼日利亚共建"一带一路"：优势、挑战及前景[*]

主要观点

2018 年，中国与尼日利亚签署共建"一带一路"谅解备忘录，尼日利亚正式加入"一带一路"大家庭。尼日利亚对"一带一路"认同度高、经济发展潜力大、发展规划与"一带一路"契合度高、中尼人文交流日趋活跃，这些因素是中尼共建"一带一路"的有利条件。本文对中尼共建"一带一路"面临的优势和挑战进行梳理和研究，并对未来合作重点进行分析，以期推动中尼关系迈上新台阶。

就尼日利亚而言，"一带一路"建设面临的挑战主要在非传统安全、工业化掣肘因素等方面。第一，非传统安全问题突出。项目实施、经贸开展以及人员往来需要安全稳定的社会环境，这是评价一个国家营商环境的最重要指标之一。"一带一路"建设在尼日利亚推进过程中，面临的最突出挑战便是地区武装力量对经济安全造成的破坏。第二，尼工业化掣肘因素较多。中尼共建"一带一路"有助于推进尼工业化进

---

[*] 本文作者李文刚，刊于《当代世界》2020 年第 6 期。

程，但当前尼工业发展仍存在较多短板，这难免对中尼深化合作有所影响。第三，非政府组织势力强大。尼日利亚人素有结社传统，无论是各民族、各宗教的原生非政府组织，还是各行各业的社会组织，如工会、学联和行业协会，抑或是专注于环保、人权、民主、女性权益等的专业组织，其影响皆不容小觑。此外，还有一些境外的人权、环保等非政府组织也较为活跃。第四，西方大国和新兴国家的竞争。尼日利亚是地区大国，无论是西方国家还是新兴国家，都在不断加大对尼的重视和投入力度。

展望未来，"一带一路"为中尼合作注入强大动力，并将成为新时代两国友好合作的新亮点：第一，加强治国理政经验交流以稳固合作基础；第二，深化安全合作为"一带一路"保驾护航；第三，优选合作方式助推可持续发展；第四，拓宽人文交流促进"民心相通"。尼日利亚的自身优势将在"一带一路"建设中得到更好发挥，必将推动社会经济持续发展，并最终惠及更多民众。

二　几内亚共和国

几内亚共和国（The Republic of Guinea，La République de Guinée）位于西非西部，北部与几内亚比绍、塞内加尔和马里相邻，南邻利比里亚和塞拉利昂，西濒大西洋，东邻科特迪瓦，国土面积为245857平方千米。几内亚沿海地区为热带季风气候，内地为热带草原气候。几内亚的行政区一共三级，分别为大区、省、专区，共有7个大区和1个首都科纳克里市（与大区同级）、33个省、304个专区。几内亚共有20多个民族，富拉族、马林凯族和苏苏族为三大主要部族，分别约占全国人口的40%、30%和20%。几内亚的官方语言为法语，但是各民族均有自己的语言。全国信奉伊斯兰教的人约占85%，信奉基督教的人约占5%，其他人信奉原始宗教。阿尔法·孔戴（Alpha Condé）自2010年11月当选几内亚总统以来，几内亚的政局总体保持稳定。几内亚于1992年4月实行多党制，主要政党包括：执政党——几内亚人民联盟（Rassemblement du Peuple de Guinée）、反对党——几内亚民主力量同盟（Union des Forces Démocratiques de Guinée）和几内亚共和力量同盟（Union des Forces Républicaines）、参政党——几内亚进步复兴联盟（Union du Progrès et du Renouveau）。农业和矿业是几内亚国家经济的支柱性产业。几内亚工业基础薄弱，粮食不能自给自足。几内亚自然资源丰富，铝、铁矿储量大，品质高，其中铝矿储量居世界第一。此外，几内亚还拥有丰富的钻石、黄金、铜、铀、钴、铅、锌等资源。几内亚是西非三大河流发源地，有"西非水塔"之称，因此水利资源丰富。几内亚国内可耕地有600万公顷，其中80%未开垦，农业发展具有良好的条件。本书选取了2017—2020年4篇有关几内亚的代表性学术文献，从政治、经济、社会发展和中几合作等方面对几内亚进行梳理与介绍。

1. 中国参与几内亚湾地区和平与安全合作：挑战与深化路径[*]

主要观点

几内亚湾是非洲最大的海湾，也是重要的国际航运通道，广义的几内亚湾地区包括几内亚、几内亚比绍、塞拉利昂、马里。当前，中国正在逐步深化与非洲大陆的和平与安全（以下简称"和安"）合作，研究几内亚湾地区的安全局势，分析当前存在的问题，将为中国推进在几内亚湾地区的和安合作提供有益借鉴。对此，本文对中国参与几内亚湾地区和平与安全合作面临的挑战与如何深化合作路径做了分析。

几内亚湾地区安全形势错综复杂，主要表现为传统安全和非传统安全问题交织，多股域外势力皆有涉足。21世纪以来，几内亚湾地区的传统安全问题有所缓解，但隐患犹在，特别是内战、政变及"老人政治"引发的国内问题，已经成为威胁该地区安全的主要因素。与此同时，非传统安全问题，诸如恐怖主义、海盗、气候变化、传染性疾病等，已经成为几内亚湾地区最重大的安全威胁。针对几内亚湾的安全形式，中国与几内亚湾地区国家开展了多种形式的和平与安全合作：支持地区国家的安保能力建设，参与联合国在该地区的维和行动，参与地区国家战后

---

[*] 本文作者李新烽、张梦颖、张春宇，刊于《国际问题研究》2017年第4期，文字顺序略作调整。

重建等。中国参与几内亚湾地区的和安合作虽然基础良好，取得了一定的成绩，但也面临一些挑战。第一，西方国家对几内亚湾和安事务的干涉对中国坚持不干涉内政原则形成了一定的舆论和道德压力。第二，参与渠道相对单一。第三，存在明显的软实力短板。中国全面参与国际和安事务的时间较短，在理念、能力和经验等方面与西方大国有差距。此外，中国在国际和安合作方面的人才储备也有限。

几内亚湾地区的安全局势对中国的影响越来越大，其中最直接的影响是中国在该地区人员的人身安全威胁。随着中国与几内亚湾地区的合作加深，双方在和安领域的合作亟须加强。未来，中国加强与几内亚湾沿岸国家和安合作，可考虑在以下几方面做出努力。第一，将预防冲突置于合作的优先位置。未来，中国可旗帜鲜明地提出预防冲突优先的原则，致力于冲突前端的管理，在明确察觉危机和冲突爆发迹象时即开展合作行动。当然，预防冲突的理念和实践需要一个成熟的危机和冲突早期预警体系，并据此建立一套系统的危机应对和解决机制，而上述体系和机制的形成都离不开超强的情报收集和分析系统。目前，中国在几内亚湾地区及非洲其他地区，此种能力尚有待提升。第二，深化和创新以发展促和平的理念和方式。中国坚持从发展的角度推进非洲的和平与安全，得到了非洲各界的普遍认可。在未来的合作中，中国应继续坚持以发展促和平这一理念，同时在以下方面有所提升。首先，寻求双方发展战略的契合处，优先推动符合双方战略利益的领域。其次，兼顾公平、惠及大众的包容性发展是非洲发展的应选之路。再次，借力"一带一路"倡议。最后，将发展援助同和安合作相结合。第三，加强中国参与和安合作的能力建设。中国需要从三方面加强参与国际和安事务的能力建设。首先，深化对目标国和地区的了解和研究。其次，提高参与和安事务人员的综合素质，包括语言能力、国际法和国际政治知识素养以及和安事务的实际处置能力等。最后，强化情报搜集与分析能力。第四，适度加大对几内亚湾地区和安事务的参与力度。中国应建设应对几内亚湾国家和安问题的系统长效机制，以确保在事件发生时，能够根据其不同性质和发展程度，第一时间实施不同的预案。第五，多渠道参与几内亚湾地区的和安事务。中国与几内亚湾地区和安合作渠道单一，制约了合作的深化及合作的效果，未来应在更多层面深化合作。一是加强与西方国家的沟通与协作。目前,中国与西方国家在经济领域开展的国际三方合作取得了明显成效,应逐步推广到和平与安全领域中来。二是加强与其他新兴国家的合作。巴西圣保罗州立大学政治和经济系副教授马科斯·科代罗·皮雷(Marcos Cordeiro Pires)指出,巴西和非洲有很多互动,中国和非洲也有很多互动,三方的互动将会让各自在和平与安全领域中的优势和实力得到更好地发挥。

2. 几内亚湾海盗问题及其治理[*]

主要观点

2013年,几内亚湾已超过索马里周边海域,成为非洲第一、世界第二的海盗犯罪高发区。时至今日,几内亚湾海盗不仅影响了中国与相关国家的海上贸易,而且对中国公民的人身安全造成了严重影响。基于上述严峻形势,本文以几内亚湾海盗为研究对象,分析其特点、成因、产生的危害及国际社会的应对。

进入21世纪以来,几内亚湾的海盗活动进入新一轮的高发期,呈现以下特点:第一,几内亚湾海盗犯罪案件数量居高不下。2011年,因海盗袭击事件频发,几内亚湾部分地区被列为"高风险海域"。至2013年,几内亚湾已超过索马里周边海域,成为非洲海盗犯罪最为高发的地区。第二,尼日尔河三角洲反政府武装人员与海盗相互勾结与借力。起初,海盗团伙多为临时拼凑而成,成员以尼日利亚闲杂人员为主。随着当地各类反政府武装的兴起,有着相似缘起背景的几内亚湾海盗也随即与部分反政府武装结合。第三,追求经济利益为海盗主要犯罪目标。无论是海上劫掠,还是袭击海上油气设施,抑或绑架人质,海盗均把获取经济利益作为其主要活动目标。第四,海盗行动能力与组织水平日渐提高。几内亚湾海盗的作案手法日益专业化。在最初的袭击中,几内亚湾海盗团伙是临时拼凑而成的,因此呈现出单打独斗、相互竞争的特点,并没有表现出作为具有同一政治目标的反政府武装而应具备的合作精神。经过近几年的发展,几内亚湾海盗不仅与在政治上对立的尼日利亚的官僚

---

[*] 本文作者曹峰毓,刊于《西亚非洲》2017年第6期。

集团建立了合作关系以寻求庇护，而且他们还建立起极为复杂的国际化犯罪网络。第五，海盗通过扮演"地方建设者"的角色笼络人心。当地社区自然将发展的希望投向本族群中的"成功人士"，而海盗作为族群中少有的拥有足够财力的团体便被寄予了推动社区发展的"厚望"。与此同时，海盗也需要得到民众的支持以便为他们从事的各类犯罪活动提供庇护。在族群政治文化与现实需求的推动下，海盗便将其不法所得中的一部分用于当地社区的建设，客观上承担了部分应由政府承担的责任。综上所述，几内亚湾海盗现已发展为兼具反政府武装、犯罪团体与社区建设参与者三重身份的矛盾复合体。

几内亚湾海盗问题本质上是尼日尔河三角洲的陆上危机向海洋的延伸，其成因主要包括以下几点：社会经济发展困境、政府政策失当、族群对立与安全局势恶化、政府海洋治理能力不足。几内亚湾海盗已成为该地区非传统安全领域的巨大挑战。他们通过向各类海上目标发动大量袭击，对几内亚湾的海上运输、沿岸国家乃至整个国际社会都造成了巨大危害，具体表现：给国际航运人员与财产造成巨大损失，对几内亚湾沿岸国家经济、社会及国家间关系产生负面影响，严重影响了该地区国家能源开发的国际合作。

面对几内亚湾海盗的威胁，区内国家与国际社会采取了一系列的应对措施，但目前取得的成效有限，具体原因主要在于：与尼日尔河三角洲陆地反政府武装相比，几内亚湾海盗由于活动空间宽泛，防治难度更大；与索马里海盗相比，几内亚湾海盗问题呈现出因周边国家与国际社会合作失调而治理成效欠佳的结果。

通过对几内亚湾海盗问题的研究，作者对治理几内亚湾海盗问题进行了如下思考：第一，把握组织的利益诉求。在缘起上，几内亚湾海盗与世界其他地区的非法武装组织相似，均是因对政治严重不满、经济上被边缘化以及政府能力缺失等多重因素共同交织的产物。而在发展过程中，它们也采取迎合一些民众的诉求，进而满足一定人群利益的举措。然而，这些外部利益常常与组织的内部利益相矛盾。一个组织不可能永久地调和多种相互矛盾的利益诉求，其结果必然是对某一类利益的淡化或压制。该过程对外表现则为组织行动路线的大幅调整，由此几内亚湾海盗展现出越来越强烈的经济利益导向性质。因此，把握这类组织的各种利益诉求，不仅有助于加强对此类组织本质的了解，还可以据此预测该组织未来的发展方向，并做出有效应对。第二，提早预防非传统安全威胁"由陆向海"转移。以陆地为主要活动范围的反政府武装通常滋生在政府权力难以触及的偏远地区，交通因素一方面限制了政府对这些组织的打击力度，另一方面也成为其发展的障碍。不过，以几内亚湾海盗为代表的海上安全威胁则不同。海洋的开放特性意味着只要有合适的交通工具，便可在其中几乎无阻碍的航行。因此，当地政府要提早预防陆地上的非传统安全威胁向海洋转移。第三，深入探析"压制性"的海盗治理方式。在治理方式上，尼日利亚等国将大量精力投入处理与海盗有关的陆缘性问题之中，有助于从根本上解决几内亚湾的海盗问题。而国际社会对索马里海盗的打击行动则以军事护航为主，基本属于"压制性"行动，治标不治本。不过，从结果上看，对索马里海盗的治理成效要远高于几内亚湾海盗，造成这一特例的本质原因值得学界进一步深入探析。

3. 中国对几内亚海洋渔业成套援助考论（1970—1979）[*]

主要观点

对外成套援助是中国"对外经济技术援助主要形式，其工作量在整个对外援助中占首位"。所谓对外成套援助项目，是指"由中国负责设计并提供全部或部分设备、材料，建成移交后能独立发挥作用的工程项目"。中国对几内亚海洋渔业成套援助，项目建成移交后转为技术合作，开启了中非渔业合作，在中国渔业史上具有里程碑意义，但这段援助历史尚未引起学界重视。本文根据原始档案，系统考察中国对几内亚海洋渔业成套援助历程、规模、内容、特点、成效和意义，有助于实施渔业"走出去"战略，扩大"一带一路"国际农业合作。

中国对几内亚海洋渔业成套援助项目，于 1970 年由几内亚总统杜尔提出，经毛泽东主席同意、周恩来总理批准确立；外经部、农林部和上

---

[*] 本文作者宋超、许琳，刊于《中国农史》2020 年第 3 期。

海市革委会决定,由上海市水产局筹建,国家建委、交通部所属单位协作,历时9年建成。根据中几两国政府1972年4月—1973年11月的四次换文,中国成套设备出口公司与几内亚畜牧渔业部就提供渔轮、浮船坞和建设冷库等问题会谈,于1974年7月23日在科纳克里市签订《关于援建渔业项目的会谈纪要》,确定项目内容规模:400匹马力300吨级(排水量)底拖网渔轮六艘;350吨级浮船坞一艘,供上述300吨级六艘渔轮上坞维修用;冷藏库一座,速冻10吨/日,制冰30吨/日,库容250吨。修理车间1座,供渔轮航次修理和冷藏库简单修理用。其中,库容在建设中变更为120吨。在确定援助项目的具体内容和规模后,中国成立援几筹备小组,并组织出国技术人员按工种分班培训学习法语、专业知识和操作方法等内容。

中国对几海洋渔业成套援助,本着技术先进实用与建成项目、教会技术原则、选择和实施方案,克服缺乏经验借鉴、测试仪器不全、吊装渔轮易变形、几方变更冷库地址等带来的困难。中国对几海洋渔业援助主要呈现出以下特点:第一,项目援款额度大,技术综合完整、配套全。中国对几内亚海洋渔业成套援助项目,决算援款达1535万元,具有援款额度大的特点。中国对几援助的各种相关技术的三个层次:实体形态技术、经验形态技术、知识形态技术,渔业技术综合完整。中国对几海洋渔业成套援助项目配套全。中国援几渔轮6艘,有2艘配冷冻设备,冷库配冷冻设备。同时,中国援几项目配备维修零件充足。第二,援助技术先进实用,克服诸多困难。中国对几海洋渔业成套援助主要克服了以下困难:中国首次开展对外渔业成套援助,缺乏经验借鉴;为达到援几技术先进实用要求,协作解决问题面临困难;上海市水产局组织召开12次座谈会讨论装运方案,与协作单位"研究和解决吊装、卸船,以及在运输途中遇到恶劣天气,防止渔轮变形等重大技术和安全措施问题"。第三,援助成效高,移交后转为技术合作。中国对几渔业援助严格质量要求且援助成效高。经一年培训和实践,几方人员完全掌握了渔轮海上作业各项技术,为几内亚发展海洋渔业造就了一批技术骨干,受到几方的好评和高度赞扬。1977年,在项目举行交接仪式后,该项目转为技术合作,又进行网具、制冰等技术培训。中国对几海洋渔业成套援助意义重大,服务于中国外交总体布局,帮助几方发展渔业经济以巩固国家独立地位。而且作为中国首个对外渔业成套援助项目建设,起到试水探路的作用,为援助也门、柬埔寨、越南、苏丹等国渔业成套项目建设提供经验借鉴和人才队伍。中国对几海洋渔业成套援助奠定中非渔业合作基础。中国对位于西非的几内亚海洋渔业成套援助,项目移交后转为技术合作,为中国远洋渔业实现"零"突破和渔业"走出去"奠定了基础。

综上所述,中国对几海洋渔业成套援助促进中几合作与共同发展,意义重大,不仅"授之以渔",提供先进实用的成套技术,促进几方海洋渔业发展,巩固国家独立。而且,为中国远洋渔业实现"零"突破、发展中非农业合作奠定基础,开辟道路。15世纪郑和七下西洋,船队规模、航海技术冠绝一时,但中国远洋渔业起步却晚于发达国家。而在近海"自20世纪70年代起,中国的海洋渔业资源就进入了衰退期"。70年代援几渔业项目建成移交并转为技术合作,为中国发展远洋渔业和中非渔业合作奠定了基础,并为80—90年代中国援几农技推广站重建项目和"中几农业合作开发"项目建设开辟了道路。

4. 1959年中国与几内亚建交历程述略[*]

主要观点

几内亚共和国(以下简称"几内亚")位于非洲西部,西濒大西洋,因拥有丰富的水资源和矿产资源被誉为"西非水塔"和"铝土之国"。自1959年10月4日中国与几内亚正式建交至2019年中几建交60周年,这60年来,中几双方在涉及彼此核心利益和重大关切问题上一贯相互理解和支持,全面深化拓展两国各领域的友好互利合作。对中几建交的回顾与分析有助于理解新时代中非关系深厚的历史积淀,更深刻地认识"中非命运共同体"这一重要理念的丰富内涵。鉴于此,本文对中国与几内亚建交历程进行了以下述略。

中非关系史,既是国际关系史不可分割的组成部分,又是认识中非战略合作意义的重要切入点。随着中非关系的深入发展,对非关系研究

---

[*] 本文作者孟瑾,刊于《当代中国史研究》2020年第4期。

日益细化。作为"新中国对非乃至对外关系发展的一座重要里程碑",中几建交的历程和意义是重要的研究对象,但现存有关中几建交的文献较少且分散,国内学界暂未对中几建交的背景及意义进行纵深分析,国外学者则通常受意识形态因素影响而有失客观。本文通过相关史料和访谈资料对中几建交的背景和过程进行梳理,试图在当今外交格局下深入理解和认识中几建交的意义。

在彻底摆脱殖民统治后,几内亚秉持"积极的中立主义"外交政策,自主开展外交活动。作为撒哈拉以南非洲第一个冲破法国殖民体系的国家,几内亚遭到极力维护其殖民势力范围的宗主国的打压。深受剥削和压迫的几内亚,将视角转向包括苏联、中国在内的社会主义阵营国家并开始探索自己的发展道路。与此同时,几内亚也积极同美国、英国等西方大国建立联系,以应对法国的压制政策。因此,中几建交的背景主要表现在几内亚独立与法国对新生政权的扼制,几内亚"积极的中立主义"外交政策。

中几建交以及合作关系的确定大致经历了以下过程:1958年10月2日,几内亚宣布独立;10月7日,毛泽东和周恩来就分别致电塞古·杜尔,祝贺几内亚共和国诞生;11月,塞古·杜尔致电毛泽东,表示希望几中两国建立正常的外交关系。1959年2月,几内亚经济事务和计划部部长贝阿沃吉率政府代表团出访匈牙利时,向中国驻匈牙利大使郝德青表示几内亚遵循一个中国原则,希望访华商谈建交事宜。1959年2月,贝阿沃吉率团访问中国期间,请求中国政府无偿提供1.5万吨大米,并提出最好在6月前先供给5000吨应急。1959年5月上旬,中国政府紧急运往科纳克里5000吨大米。1959年6月,中国政府特使、中国驻摩洛哥大使白认赴几内亚探寻两国建交的可能性。1959年10月1日,几内亚政府代表、几内亚教育部部长巴里·迪亚万杜访问中国,应邀出席中华人民共和国成立十周年庆祝典礼。1959年10月4日,陈毅和巴里·迪亚万杜就"发展两国关系问题进行了会谈,双方一致同意发表两国建交的联合公报","中华人民共和国政府和几内亚共和国政府决定建立外交关系,并且互派大使级的外交代表"。几内亚正式与中国建交,成为第一个与中国建交的撒哈拉以南非洲国家。

虽然几内亚在同中国建交谈判过程中略有迟疑,但中几建交开创了中国同撒哈拉以南非洲国家外交关系的新纪元，使中国在撒哈拉以南非洲的影响得以扩大，具体表现在：第一，中几建交为中国在撒哈拉以南非洲开展外交活动打开了局面。中几建交后，几内亚成为中国在撒哈拉以南非洲开展外交活动的重要突破口。中几建交冲破了西方国家在非洲设立的防线，打破了中国外交在撒哈拉以南非洲的僵局。同时，中国和马里共和国建交的过程说明中几建交为中国与撒哈拉以南非洲国家发展友好关系做了良好铺垫，几内亚坚定的反对帝国主义立场为中国争取非洲其他国家提供了重要支撑，进而为中国在撒哈拉以南非洲开展外交活动打开了局面。第二，中几合作为中国制定对外援助原则提供了实践基础。几内亚是第一个接受中国援助的撒哈拉以南非洲国家。对几内亚的援助是中国对外援助实践的重要组成部分，为中国制定对外援助的相关原则提供了实践基础。第三，中几建交的历史证明非洲在中国对外关系中战略地位的历史一致性。中国历来重视与非洲国家建立和发展外交关系，一方面出于巩固反帝反殖斗争成果的需要，另一方面是为了扩大中国的国际影响力。在新的形势下，中国更加需要发展、巩固与包括非洲国家在内的发展中国家的关系，为构建更加公正合理的国际政治经济新秩序而努力。几内亚曾在中国争取恢复联合国合法席位过程中发挥过突出作用。事实证明，在一些核心和重大利益问题上，中国需要非洲国家的发声和支持，延续并发扬与非洲国家的传统友好关系是中国外交工作的宝贵经验。

综上所述，当今快速发展的中非关系既是面向未来的，又是根植于历史的。中几建交一方面帮助几内亚度过了法国对其全面封锁的困难时期，另一方面也在一定程度上帮助中国打破了西方国家的孤立和封锁，为中国在非洲、在国际上开展外交工作打开了新局面。

三　加纳共和国

加纳共和国（The Republic of Ghana）位于非洲西部，因盛产黄金独立前被称为"黄金海岸"，并且加纳是世界著名的"可可之乡"。其北部与布基纳法索接壤，南部濒临大西洋，西部与科特迪瓦相邻，东部与几内亚湾北岸相邻。加纳的主要民族为阿肯族、埃维族、莫西—达戈姆巴族和加—阿丹格贝族。加纳人民主要信奉基督教、拜物教、伊斯兰教。加纳全国共设16个省，首都为阿克拉（Accra）。自2016年12月新爱国党赢得议会选举以来，加纳政局总体稳定。加纳在西非国家中经济较为发达，农业在加纳经济中占有较大比重。可可、黄金和木材是加纳三大传统产品，这三类传统产品的出口是加纳的经济支柱。加纳自1983年开始调整经济结构以来，国内经济显示持续性增长。联合国于1994年取消了加纳"最不发达国家"的称谓。20世纪90年代末期，由于国际市场黄金和可可等价格的下降，加纳的支柱产业遭到巨大冲击，从而陷入经济困境。2007年，加纳国内发现已探明的石油储量约12亿桶。在2010年石油实现商业开采之后，加纳从低收入国家进入中等偏低收入国家行列。本书选取了2017—2020年1篇有关加纳的代表性学术文献进行介绍。

争议海域油气资源开发活动对国际海洋划界的影响[*]

主要观点

油气资源是海洋划界争端的重要动因。纵观中国与周边国家的领土和海洋争端，诸如钓鱼岛的主权争端和东海划界问题、南海岛礁主权和海洋划界问题，其实都是在油气资源的巨大吸引下而激化的。出于维护中国海洋权益的需要，本文基于"加纳与科特迪瓦大西洋划界案"，深入探究了争议海域的油气资源开发活动对国际海洋划界的影响，并希望以此启发中国在维护海洋权益时的行动。

2017年9月23日，备受瞩目的"加纳与科特迪瓦大西洋划界案"（以下简称"加纳与科特迪瓦案"）宣判。该案裁决堪称国际海洋划界法的"教科书"，在沿袭和夯实以往国际司法裁决法理的同时，国际海洋法法庭特别分庭（以下简称"特别分庭"）阐述和澄清了诸多与海洋划界相关的法律问题。其中相当一部分裁决涉及争议海域的油气资源开发活动，对中国颇具启发意义。争端双方的油气开发活动是否足以构成确定海洋边界的默示协定；在"三阶段海洋划界法"中，能否将油气开发活动采

---

[*] 本文作者张华，刊于《法商研究》2018年第3期。

纳为相关情况,以调整临时海洋边界线;在海洋划界争端解决之前,争端一方在争议海域的油气开发活动是否侵犯了另一方的主权权利,并违反了《联合国海洋法公约》第 74 条和第 83 条中的行为义务;这些裁决对于中国在争议海域的油气资源开发活动有何启示?本文结合"加纳与科特迪瓦案"和相关的国际司法裁决,就上述问题进行深入剖析,以为中国化解当前的海洋划界争端提供法律层面的技术支持。

中国与周边国家存在复杂的海洋划界争端。无论是在历史上,还是自 1982 年《联合国海洋法公约》生效以来,中国长期以来一直在争议海域保持克制,避免使争端扩大化。这部分是因为中国始终奉行"搁置争议、共同开发"的外交方针,部分是因为中国严格遵守《联合国海洋法公约》第 74 条和第 83 条中的义务。除履行善意谈判义务之外,中国还尽一切努力提出共同开发的倡议,但总体上收效甚微、应者寥寥。与中国存在海洋划界争端的周边国家,如日本、菲律宾、越南等沉溺于在东海和南海进行单方的油气开发活动。中国的共同开发倡议和善意行为不但没有换来相关争端当事国的理解和积极响应,反而使中国在争议海域的油气资源开发方面投鼠忌器,远远滞后于肆无忌惮的其他争端当事国。中国现有的油气开发活动大多是针对周边国家在争议海域的不法行为而采取的反制措施。

虽然国际法上并不存在判例法,特别分庭的裁决也仅对加纳和科特迪瓦具有法律约束力,但从国际海洋划界司法裁决坚持一致性和可预测性的宗旨来看,国际司法判决事实上指引着国家的行为,预示着国际法的发展趋势。因此中国应该重视"加纳与科特迪瓦案"中有关油气开发活动的相关裁决。基于上述分析和评判,中国至少可以从中获得以下几点启示。

第一,油气开发活动通常不足以证成默示协定,也不构成相关情况。因此,对于周边国家的油气开发活动,中国在开展划界谈判时,可以自信地援引相关裁决作为对抗性主张,以避免这些国家以油气开发的既成事实来谋求更多海域。同时,中国在海洋划界谈判中除坚持自然延伸原则外,不妨适当考虑符合国际司法裁决一般规律的替代方案,即以等距离线作为划界谈判的出发点,主张存在需要进一步调整的相关情况,增加中国方案的可操作性,同时确保海洋划界的规则导向。

第二，中国应警惕周边国家加强油气开发活动的倾向。从"加纳与科特迪瓦案"的裁决来看，只要争议海域是争端双方善意主张的对象，无论海洋划界的结果如何，争端一方在争议大陆架上的活动不能被视为侵犯另一方的主权权利。国际海洋法法庭特别分庭在该案中的裁决等于纵容和鼓励争端当事国在争议海域加强油气开发活动并使自己处于不利地位。

第三，中国可以维持争议海域既有的油气开发活动。既然连特别分庭都对争议海域既有的油气开发活动持相对宽松的态度，中国亦不妨在周边国家质疑本国的油气开发活动时援引相关裁决，以作为有力的抗辩依据。这也意味着中国不应该因为其他国家的抗议而因噎废食。已有的油气开发活动不仅应当维持，而且还应该加强，无须墨守成规、自我设限。

第四，中国现阶段至少应着重对争议海域的油气资源进行地震勘探，以备进一步开发油气资源之需。诚如前文对"加纳与科特迪瓦案"的分析，特定情境下的油气勘探和开发活动仍然可以继续开展。因此，就近期而言，中国可以放心无虞地在黄海、东海和南海从事地震勘探活动，以获取油气资源的分布情况和数据信息，为接下来的实质性油气开发活动提供充分的知识储备。

第五，中国应妥善使用在争议海域从事油气勘探所获取的机密信息，在单方开发争议海域的油气资源时应事先通知周边国家并谋求合作。为避免不必要的法律争议，中国一方面应当加强对争议海域油气勘探所获信息的保密措施；另一方面应保持与其他争端当事国的沟通，始终为争议海域的合作开发留有余地，努力将中国周边海域建设成为"和平之海、友谊之海、合作之海"。

四　利比里亚共和国

利比里亚共和国（The Republic of Liberia）坐落于非洲西部，国土面积为111370平方千米，北接几内亚，西北邻塞拉利昂，东邻科特迪瓦，西南部濒临大西洋。利比里亚属热带季风气候，年平均气温约25℃。利比里亚是一个农业国，水稻和木薯为主要农作物，但粮食不能自给自足。

利比里亚拥有铁矿、黄金、钻石、铜、铅等丰富的自然资源。利比里亚森林资源丰富，出产红木等名贵木材。利比里亚全国划分为 15 个州。利比里亚的官方语言为英语，但是国内的 16 个民族中较多民族均有自己的语言。在利比里亚国内 85.6% 的居民信奉基督教，12.2% 的居民信奉伊斯兰教，2.2% 的居民信奉当地传统宗教或无宗教信仰。利比里亚的最高立法机构是议会，分参众两院。利比里亚的司法机构设最高法院、地方法院和特别军事法庭，一名法官及四名陪审法官组成了最高法院。利比里亚主要有三大政党：民主变革联盟（Coalition for Democratic Change）、团结党（Unity Party）、自由党（Liberty Party）。维阿总统就任后国内政局总体稳定。本书选取了 2017—2020 年 2 篇有关利比里亚的代表性学术文献进行梳理与介绍。

1. 非洲利比里亚真辉格党的兴起、治理与崩溃[*]

主要观点

利比里亚真辉格党从 1878—1980 年连续执政长达 102 年。纵览利比里亚的国家发展和真辉格党的百年历程，能够促使我们思考很多问题。为何利比里亚真辉格党能够连续执政？更重要的是，看似稳固的政权为何被 18 个人的小规模军事政变就轻易推翻，并且导致真辉格党自此崩溃？本文对该党的兴起、国家治理和突然崩溃进行了比较细致的分析，并尝试对这些问题进行解答，从而更好地理解利比里亚政党政治与国家治理的关系。

在 19 世纪美国内战之前，一些美国白人希望把这些通过奴隶贸易从非洲掠夺过来的黑人再送回非洲，让他们在那里建立自己的国家，这样做能够缓解美国社会中白人与黑人的矛盾。利比里亚就是在这样的背景下，由美国殖民协会送回非洲的这些黑人建立的国家。从 1847 年建国到 1878 年真辉格党开始执政，这是利比里亚两党制的形成和发展时期。在 1869 年，以蓄奴州被解放的黑人为主体的政客在克雷—阿什兰德镇（Clay-Ashland）对辉格党进行重组并改名为真辉格党，标

---

[*] 本文作者张春满，刊于《国外理论动态》2020 年第 5 期。

志着真辉格党正式建立。1878 年，真辉格党人安东尼·加迪纳（Anthony Gardiner）当选为利比里亚总统，从此拉开了真辉格党连续执政 102 年的序幕。

利比里亚真辉格党的治理是如何延续了百年的？从政治学的角度出发，有如下四个原因能够解释：第一，借用先进制度引领国家治理。利比里亚真辉格党能够连续执政超过百年的一个很重要的原因，就是利比里亚采纳了当时比较先进的制度建国。作为非洲大陆上第一个共和国，利比里亚建国之初直接采纳了美国的政治制度安排。更为重要的是，美裔黑人通过采纳西方制度为自己的上台执政赢得了合法性基础。上台执政的合法性具有牢固的制度和意识形态基础，利比里亚真辉格党的国家治理就有了稳固的支撑。第二，通过政策创新不断提升国家治理水平。真辉格党能够连续执政的另外一个原因是，不断通过政策创新来提高国家治理水平，从而应对复杂多变的国内外形势。20 世纪初，为了摆脱经济上的困局，执政党真辉格党的领导人果断采取"门户开放"的经济政策，大力吸引优质外资来利比里亚投资，积极推动本国经济与世界经济融为一体。在处理美裔黑人与土著黑人的关系上，执政党采取了"民族统一"的社会政策，积极改善二者之间的关系。第三，在对外开放的过程中积极利用大国的支持。利比里亚建国在一定程度上得到了美国的支持。自真辉格党开始执政后，利比里亚在对外开放的过程中更是积极寻求西方大国尤其是美国的支持。在美国的支持和援助下，利比里亚的国际声望不断提高。第四，执政党真辉格党重视政权安全与政党内部团结。政党能否实现长期执政与政权安全和政党团结密不可分。真辉格党内部尽管也存在一些政策分歧，但是该党在整个执政期间一直非常注意维护政党内部的和谐和团结。

政党崩溃是政党政治学近些年的一个研究热点。所谓政党崩溃是指一个极具竞争力的政党突然在选举中或者其他事件中遭遇失败并且从此一蹶不振。学术界发现，政党突然崩溃的原因是多种多样的。一些学者的研究指出，政党崩溃是因为执政党的执政绩效太差，从而失去了人民的支持。还有一些学者主张制度和结构变化是政党崩溃的主要原因。最新的一些研究表明，政党崩溃在很多时候是政党品牌被稀释与国家经济状况变差共同起作用的结果。学术界的这些理论似乎都不能用来解释利纳为相关情况，以调整临时海洋边界线；在海洋划界争端解决之前，争端一方在争议海域的油气开发活动是否侵犯了另一方的主权权利，并违反了《联合国海洋法公约》第 74 条和第 83 条中的行为义务；这些裁决对于中国在争议海域的油气资源开发活动有何启示？本文结合"加纳与科特迪瓦案"和相关的国际司法裁决，就上述问题进行深入剖析，以为中国化解当前的海洋划界争端提供法律层面的技术支持。

中国与周边国家存在复杂的海洋划界争端。无论是在历史上，还是自 1982 年《联合国海洋法公约》生效以来，中国长期以来一直在争议海域保持克制，避免使争端扩大化。这部分是因为中国始终奉行"搁置争议、共同开发"的外交方针，部分是因为中国严格遵守《联合国海洋法公约》第 74 条和第 83 条中的义务。除履行善意谈判义务之外，中国还尽一切努力提出共同开发的倡议，但总体上收效甚微、应者寥寥。与中国存在海洋划界争端的周边国家，如日本、菲律宾、越南等沉溺于在东海和南海进行单方的油气开发活动。中国的共同开发倡议和善意行为不但没有换来相关争端当事国的理解和积极响应，反而使中国在争议海域的油气资源开发方面投鼠忌器，远远滞后于肆无忌惮的其他争端当事国。中国现有的油气开发活动大多是针对周边国家在争议海域的不法行为而采取的反制措施。

虽然国际法上并不存在判例法，特别分庭的裁决也仅对加纳和科特迪瓦具有法律约束力，但从国际海洋划界司法裁决坚持一致性和可预测性的宗旨来看，国际司法判决事实上指引着国家的行为，预示着国际法的发展趋势。因此中国应该重视"加纳与科特迪瓦案"中有关油气开发活动的相关裁决。基于上述分析和评判，中国至少可以从中获得以下几点启示。

第一，油气开发活动通常不足以证成默示协定，也不构成相关情况。因此，对于周边国家的油气开发活动，中国在开展划界谈判时，可以自信地援引相关裁决作为对抗性主张，以避免这些国家以油气开发的既成事实来谋求更多海域。同时，中国在海洋划界谈判中除坚持自然延伸原则外，不妨适当考虑符合国际司法裁决一般规律的替代方案，即以等距离线作为划界谈判的出发点，主张存在需要进一步调整的相关情况，增加中国方案的可操作性，同时确保海洋划界的规则导向。

第二，中国应警惕周边国家加强油气开发活动的倾向。从"加纳与科特迪瓦案"的裁决来看，只要争议海域是争端双方善意主张的对象，无论海洋划界的结果如何，争端一方在争议大陆架上的活动不能被视为侵犯另一方的主权权利。国际海洋法法庭特别分庭在该案中的裁决等于纵容和鼓励争端当事国在争议海域加强油气开发活动并使自己处于不利地位。

第三，中国可以维持争议海域既有的油气开发活动。既然连特别分庭都对争议海域既有的油气开发活动持相对宽松的态度，中国亦不妨在周边国家质疑本国的油气开发活动时援引相关裁决，以作为有力的抗辩依据。这也意味着中国不应该因为其他国家的抗议而因噎废食。已有的油气开发活动不仅应当维持，而且还应该加强，无须墨守成规、自我设限。

第四，中国现阶段至少应着重对争议海域的油气资源进行地震勘探，以备进一步开发油气资源之需。诚如前文对"加纳与科特迪瓦案"的分析，特定情境下的油气勘探和开发活动仍然可以继续开展。因此，就近期而言，中国可以放心无虞地在黄海、东海和南海从事地震勘探活动，以获取油气资源的分布情况和数据信息，为接下来的实质性油气开发活动提供充分的知识储备。

第五，中国应妥善使用在争议海域从事油气勘探所获取的机密信息，在单方开发争议海域的油气资源时应事先通知周边国家并谋求合作。为避免不必要的法律争议，中国一方面应当加强对争议海域油气勘探所获信息的保密措施；另一方面应保持与其他争端当事国的沟通，始终为争议海域的合作开发留有余地，努力将中国周边海域建设成为"和平之海、友谊之海、合作之海"。

四 利比里亚共和国

利比里亚共和国（The Republic of Liberia）坐落于非洲西部，国土面积为111370平方千米，北接几内亚，西北邻塞拉利昂，东邻科特迪瓦，西南部濒临大西洋。利比里亚属热带季风气候，年平均气温约25℃。利比里亚是一个农业国，水稻和木薯为主要农作物，但粮食不能自给自足。

利比里亚拥有铁矿、黄金、钻石、铜、铅等丰富的自然资源。利比里亚森林资源丰富，出产红木等名贵木材。利比里亚全国划分为 15 个州。利比里亚的官方语言为英语，但是国内的 16 个民族中较多民族均有自己的语言。在利比里亚国内 85.6% 的居民信奉基督教，12.2% 的居民信奉伊斯兰教，2.2% 的居民信奉当地传统宗教或无宗教信仰。利比里亚的最高立法机构是议会，分参众两院。利比里亚的司法机构设最高法院、地方法院和特别军事法庭，一名法官及四名陪审法官组成了最高法院。利比里亚主要有三大政党：民主变革联盟（Coalition for Democratic Change）、团结党（Unity Party）、自由党（Liberty Party）。维阿总统就任后国内政局总体稳定。本书选取了 2017—2020 年 2 篇有关利比里亚的代表性学术文献进行梳理与介绍。

1. 非洲利比里亚真辉格党的兴起、治理与崩溃[*]

主要观点

利比里亚真辉格党从 1878—1980 年连续执政长达 102 年。纵览利比里亚的国家发展和真辉格党的百年历程，能够促使我们思考很多问题。为何利比里亚真辉格党能够连续执政？更重要的是，看似稳固的政权为何被 18 个人的小规模军事政变就轻易推翻，并且导致真辉格党自此崩溃？本文对该党的兴起、国家治理和突然崩溃进行了比较细致的分析，并尝试对这些问题进行解答，从而更好地理解利比里亚政党政治与国家治理的关系。

在 19 世纪美国内战之前，一些美国白人希望把这些通过奴隶贸易从非洲掠夺过来的黑人再送回非洲，让他们在那里建立自己的国家，这样做能够缓解美国社会中白人与黑人的矛盾。利比里亚就是在这样的背景下，由美国殖民协会送回非洲的这些黑人建立的国家。从 1847 年建国到 1878 年真辉格党开始执政，这是利比里亚两党制的形成和发展时期。在 1869 年，以蓄奴州被解放的黑人为主体的政客在克雷—阿什兰德镇（Clay-Ashland）对辉格党进行重组并改名为真辉格党，标

---

[*] 本文作者张春满，刊于《国外理论动态》2020 年第 5 期。

志着真辉格党正式建立。1878年,真辉格党人安东尼·加迪纳(Anthony Gardiner)当选为利比里亚总统,从此拉开了真辉格党连续执政102年的序幕。

利比里亚真辉格党的治理是如何延续了百年的?从政治学的角度出发,有如下四个原因能够解释:第一,借用先进制度引领国家治理。利比里亚真辉格党能够连续执政超过百年的一个很重要的原因,就是利比里亚采纳了当时比较先进的制度建国。作为非洲大陆上第一个共和国,利比里亚建国之初直接采纳了美国的政治制度安排。更为重要的是,美裔黑人通过采纳西方制度为自己的上台执政赢得了合法性基础。上台执政的合法性具有牢固的制度和意识形态基础,利比里亚真辉格党的国家治理就有了稳固的支撑。第二,通过政策创新不断提升国家治理水平。真辉格党能够连续执政的另外一个原因是,不断通过政策创新来提高国家治理水平,从而应对复杂多变的国内外形势。20世纪初,为了摆脱经济上的困局,执政党真辉格党的领导人果断采取"门户开放"的经济政策,大力吸引优质外资来利比里亚投资,积极推动本国经济与世界经济融为一体。在处理美裔黑人与土著黑人的关系上,执政党采取了"民族统一"的社会政策,积极改善二者之间的关系。第三,在对外开放的过程中积极利用大国的支持。利比里亚建国在一定程度上得到了美国的支持。自真辉格党开始执政后,利比里亚在对外开放的过程中更是积极寻求西方大国尤其是美国的支持。在美国的支持和援助下,利比里亚的国际声望不断提高。第四,执政党真辉格党重视政权安全与政党内部团结。政党能否实现长期执政与政权安全和政党团结密不可分。真辉格党内部尽管也存在一些政策分歧,但是该党在整个执政期间一直非常注意维护政党内部的和谐和团结。

政党崩溃是政党政治学近些年的一个研究热点。所谓政党崩溃是指一个极具竞争力的政党突然在选举中或者其他事件中遭遇失败并且从此一蹶不振。学术界发现,政党突然崩溃的原因是多种多样的。一些学者的研究指出,政党崩溃是因为执政党的执政绩效太差,从而失去了人民的支持。还有一些学者主张制度和结构变化是政党崩溃的主要原因。最新的一些研究表明,政党崩溃在很多时候是政党品牌被稀释与国家经济状况变差共同起作用的结果。学术界的这些理论似乎都不能用来解释利比里亚真辉格党的崩溃。本文认为，真辉格党突然崩溃的根本原因是利比里亚国家治理中长期积累的根本性矛盾没有得到解决。具体而言，我们可以从以下四个方面进行讨论：第一，美裔黑人与土著黑人的根本矛盾没有解决。利比里亚最严重的社会问题就是两大社会群体的关系问题。虽然真辉格党对此实行了"民族统一"政策，但"民族统一"政策的真正目的是积极改善和调和两大社会群体的关系，而无法真正解决美裔黑人与土著黑人的根本矛盾。两大社会群体的根本矛盾是权利和资源的不平等，而这种不平等随着时间的推移会越来越成为社会不满的催化剂，成为执政党的危机根源。第二，利比里亚真辉格党变成了封闭的特权阶层。真辉格党在进入20世纪后变得愈加封闭，党内高层成了严重脱离社会的特权阶层。这方面的一个重要表现就是党和国家最重要的几个职位被少数几个政治家族长期垄断。占据人口绝大多数的土著黑人在政治上的上升通道基本上被堵死，没有机会参与到国家政权和国家政策的制定当中。普通民众的呼声也很难被党内精英和政府高层知晓。当真辉格党成为几个少数家族的政治工具的时候，它也就失去了广泛的支持。而且，党内高层的来源范围过于狭窄，这也极大地限制了党内人才的选拔，而人才储备不足会导致本党的发展缺乏后劲，遇到危机时可能一击即溃。第三，美式民主的脆弱与虚伪腐蚀了国家治理的根基。19世纪，美式民主制度被移植到利比里亚，美裔黑人也因此获得了政权的合法性。然而，能够享有选举权和议会代表权的主要是美裔黑人，广大土著黑人的政治权利长期被剥夺。这导致利比里亚的美式民主从一开始就是一种脆弱的民主，没有稳固的社会基础。而一旦民主没有强大的社会基础，就很难真正孕育出民主的精神和公民精神。第四，没有按照本国国情推动制度建设和发展。利比里亚在建国之初几乎完全采用美国的制度安排，这在当时的历史背景下是一种较为明智的选择。但是，国家的长治久安不能完全依赖外来制度，而是需要根据本国的国情、党情和民情积极推动制度建设和创新，以适应本国的实际。

2. 赴利比里亚抗击埃博拉军人心理健康需求特点及心理干预研究[*]

主要观点

自 2014 年 3 月以来，埃博拉疫情在西非大规模暴发，感染及死亡人数都达到历史最高。世界卫生组织在 2014 年 8 月宣布，埃博拉疫情为国际关注的突发公共卫生事件。而利比里亚是当时疫情最严重的国家之一，我国于 2014 年 10 月组建了中国人民解放军首批援利医疗队，于 2014 年 11 月赴利比里亚执行抗击埃博拉出血热任务，这是我军首次成建制赴海外执行烈性传染病防控任务。它不同于以往的任何一次抗震救灾和国际维和任务，没有既往经验和现成模式可借鉴。面对严峻的疫情、恶劣的自然条件和复杂的社会文化环境，医疗队员承受着巨大的生理压力和心理压力。研究认为，海外执行特殊任务军人承受较大的身心压力，是心理问题的高发人群。本文致力于了解援利医疗队官兵的心理需求，并探讨了海外执行烈性传染病防控任务军人的心理干预方法。这对维护海外执行特殊任务军人心理健康、维护部队安全，探索海外远程心理卫勤保障及提升部队战斗力均具有十分重要的意义。

本文以执行海外烈性传染病防控任务的军人为调查对象，了解其常见的心理问题及心理健康需求，探讨军人执行海外特殊任务的心理干预方法，旨在为探索海外执行特殊任务军人心理健康保障提供参考。在研究方法上，本文采用自编抗击埃博拉军人心理健康需求半开放式问卷，对某部派出的赴利比里亚抗击埃博拉疫情的 130 名军人进行调查，按人员类别分组，进行卡方检验。对调查数据进行分析以后得出以下结果：第一，需要心理服务的军人为 47 人，占 39.2%；第二，军人常见的心理问题排在前四位的依次为工作压力、情绪问题、东西方文化冲突和人际交流问题，医生、护士和行政后勤不同人员类别间常见心理问题比率无显著差异（$p > 0.05$）；第三，军人遇到心理问题的常用处理方式排在前四位的依次是娱乐消遣、亲人朋友支持、书报电视、运动宣泄，不同人员

---

[*] 本文作者杨国愉、晏玲、张晶轩，刊于《西南大学学报》（社会科学版）2017 年第 2 期。

类别间无显著差异（p>0.05）；第四，军人最喜欢的心理健康服务方式依次是心理训练、书报影视、与专业人员进行交流、心理讲座，医生、护士对心理训练的需求显著高于行政后勤人员（P<0.01）；第五，心理干预内容依次是情绪与压力管理、重大事件应激心理调适、心理健康分析、掌握心理状态的方法，护士和行政后勤组在重大事件应激心理调适内容上的需求显著高于医生组（p<0.05），行政后勤组在心理学常识教育内容上的需求显著高于护士组（p<0.05）；第六，军人希望开展的心理训练项目有情绪调控训练、心理承受能力训练、压力管理训练、应急能力训练等，不同人员类别间差异无统计学意义（p>0.05）。

调查结果显示，护士和行政后勤组在重大事件应激心理调适内容上的需求较为突出，而以战士为主的行政后勤人员在心理学常识教育内容上的需求较为突出。这提示，赴利比里亚抗击埃博拉军人心理问题及心理健康需求存在明显的人群差异，心理干预要充分考虑人群特点和需求差异，以提高其适用性。

针对上述心理需求，我们采用全程心理监控、系列心理讲座、团体心理训练、个别心理咨询和自我心理调适等多种方法手段，结合不同人员类别差异，有针对性地进行系统的全程心理健康保健。开展心理普查，了解队员的心理特点是心理保障的前提和基础。作者积极深入科室、走进班组，根据各阶段任务特点，通过走访、座谈和问卷调查等方式对军人进行定期心理普查，探讨部队军人的心理特点、常见心理问题及重要影响因素，同时发现重点问题人群。团体心理训练在心理学专业人员的引导下，利用团体内部心理的相互影响，促进团体良好氛围的形成和发展，解决其存在的共同问题。个别心理咨询主要针对有明显心理问题的重点人员，采取一次或多次一对一的个别咨询方式，以使咨询更有针对性和时效性，这种方式主要用于极度不适应新环境、心理普查发现有明显问题以及自愿求助的军人，帮助他们克服心理障碍，重树生活信心。

五 塞内加尔共和国

塞内加尔共和国（The Republic of Senegal）是非洲最西端的国家，首都为达喀尔，邻国包括马里、毛里塔尼亚、几内亚以及佛得角群岛，境内海岸线约 700 千米。公元 9 世纪开始，在经历了建立泰克鲁王国，被马里帝国征服，建卓洛夫王国，遭葡萄牙、荷兰、法国和英国的争夺入侵之后，1677 年，塞内加尔成为法国殖民地。1895 年，塞内加尔被并入法国建立的西非管辖区。1946 年，塞内加尔成为法国海外省。1958 年，塞内加尔成为法兰西共同体内的自治共和国。1959 年塞内加尔与马里结成联邦，1960 年退联邦后成为独立共和国。农业是塞内加尔最大的产业，主要出口其经济作物花生。塞内加尔拥有丰富的森林资源和可耕地资源，产业主要有采矿、渔业、旅游业和制造业。塞内加尔的铁矿和磷酸盐储量巨大。本书选取了 2017—2020 年 2 篇有关塞内加尔政治和文化的代表性学术文献进行梳理与介绍。

1. 塞内加尔政党制度演变及其特点[*]

主要观点

自 1960 年 9 月民族独立以来，塞内加尔经历了从事实上的一党制转为有限多党制、再转为全面开放多党制的历程。然而，多党制的实现并不意味着民主制度的真正确立，新父权主义在多党竞争外衣下继续维系着权力和利益的平衡。近年来，塞内加尔政治生活呈现出施政重心向经济发展转移、民众在选举投票时思维理性化等新趋势。与此同时，宗教势力的政治影响依然存在，立法权的独立性仍有待加强。本文通过呈现塞内加尔政党制度的历史变迁，并借助对塞内加尔最新总统选举的观察，透视其政治生活的新趋势和新动向。

当今塞内加尔政治生态既延续了其政治制度的历史特点，又随着国际国内形势的变化呈现出新动向，主要表现在以下几个方面：第一，作为民族独立后出生的新一代领导人，萨勒总统奉行以经济发展和民生问题为重点的治国理念。第二，民众在选举投票时思维呈理性化趋势。近年来，随着信息化程度的提高，城市、农村之间人口流动的加快，选民能够更加全面地了解各政党及其候选人的竞选口号和执政理念，从而做出更加客观、理性的选择。第三，宗教等传统因素的政治影响力减弱，

---

[*] 本文作者孟瑾，刊于《当代世界与社会主义》2019 年第 6 期。

但依旧影响民主化进程。随着社会开放程度和文化教育水平的提高，信徒能够更加独立地思考和分析国家政治举措，而不是完全听信和追随宗教领袖的政治意愿。因此，宗教领袖的政治影响力呈逐渐衰弱的趋势，但依旧是民众参与政治生活的重要媒介和参考。第四，立法程序继续受到政治权力的左右。塞内加尔宪法规定行政权、立法权、司法权三权分立，宪法的权威性得到各政党的尊重与保护。无论是执政党还是反对派都不能通过违反宪法的方式维护或者夺取政权。但是，由于执政党通常在立法机构中占大多数席位，执政党能够通过影响和控制立法机构来对法律条文进行修改，进而为其执政提供相应便利。

随着塞内加尔经济建设和政治改革的深入推进，其民主政治面临着多重机遇与考验。首先，国家战略向经济发展转移，为铲除新父权主义提供了前提条件。塞内加尔政府制定以经济发展为中心的长期发展战略，不仅能有效改善民众的生活水平，增强政权合法性，更为重要的是能推进经济多元化，减少非正式经济占比，激发实体经济活力。政府部门将不再是家庭经济收入的主要来源，与政治权力的密切联系不再是获得经济利益的主要手段，这阻隔了政治权力与经济利益的转化条件，从根本上扼制了新父权主义滋生的根源，进而净化了国家治理的环境，巩固了民主制度的基础。其次，民主意识带动下社会关系的调整是政治变革的真正动力。塞内加尔民主政治制度的确立和巩固为政治改革提供了基本构架，民众较高的政治觉悟和频繁的民主参与对政治制度起到加固作用。稳定的政治制度提升了民众对民主制度的信心，长期的民主实践提高了其民主意识。这种思想与实践、意识与制度的良性互动将是塞内加尔民主发展的根本动力。最后，新的国际环境为塞内加尔实现崛起提供了宝贵机遇。近年来，一些发展中国家通过新的发展道路和治理方式实现了崛起，这为塞内加尔等非洲国家探索适合自身国情的发展道路提供了新思路，加强与包括中国在内的发展中国家的治国理政经验交流有助于塞内加尔政府创新执政理念、提升执政能力。因此，如何完善经济结构、引导社会变革力量、把握国际合作机遇是萨勒总统在其第二任期面临的重要课题，也是塞内加尔人民长期的历史使命。

2. 殖民时期法国对塞内加尔同化政策评析*

主要观点

殖民时期，法国是仅次于英国的第二大殖民国家。法国在其占领的西非殖民地进行直接统治，实施同化政策，其中以塞内加尔最为典型。法国对塞内加尔的同化政策肇始于18世纪末，并且披上大革命"自由、平等、博爱"的外衣。19世纪中叶至20世纪20年代，是法国在塞内加尔实质性推进同化政策的时期。法国在塞内加尔的同化政策涵盖政治同化、经济同化、文化同化和身份同化四个方面。由于现实利益纠葛、文化排斥以及殖民地人民的反抗，同化政策在塞内加尔最终归于失败。本文以塞内加尔为个案，比较全面地探讨法国在西非的同化政策及其影响。

塞内加尔成为法国同化政策的重点对象，原因有三个方面。第一，法国在塞内加尔尤其是沿海经营的时间长久，有比较好的统治基础。早在17世纪60年代，法国人在塞内加尔就建立了圣路易港。在之后的时间里，这里成为法国在非洲沿海商业活动的中心，为塞内加尔成为法国实行同化政策最具代表性的地区提供了前提。第二，塞内加尔的地理位置重要，是法国向西非内陆扩张的跳板和基地。第三，经济因素。19世纪中叶，法国在塞内加尔推行单一产品种植制，塞内加尔成为法属非洲最重要的殖民地。塞内加尔殖民地的花生出口从1897—1914年增长6倍，达到30万吨。

法国的同化政策主要包含四个层面的内容。第一，政治同化。总的来说，法国对塞内加尔实行政治同化，主要通过三种方式：首先，将宗主国的省县行政制度搬到塞内加尔，削弱当地酋长的权力。其次，通过塞内加尔总议事会，法国殖民者假惺惺地为塞内加尔人提供参政、议政的权利，实则拥有议政权利的黑人少之又少。最后，将宗主国的司法体制搬到塞内加尔，建立第一法庭和上诉法庭。然而在塞内加尔的四个市区，法国法庭和穆斯林法庭并存，使得司法同化大打折扣。第二，经济同化。首先，转变土地制度，将土著土地转变为殖民地土地。其次，推

---

* 本文作者张弛、沐涛，刊于《高等学校文科学术文摘》2019年第4期。

行单一经济作物种植制。最后，基础设施的修建也是为殖民统治服务的。第三，文化同化。文化同化的主要目的是将法兰西文化灌输给殖民地人民，以取代当地文化传统，制造"法国黑人"，增加对宗主国的认同感，培养认同法国文化的殖民地臣民，进而从空间上扩大法兰西的版图。文化同化主要有传教、教育等方式。一般来说，法国对塞内加尔实施教育同化的措施具体表现在如下三个方面：首先，建立学校，传播法国文化；其次，提供财政资助和奖学金，鼓励当地人学习法语；最后，开设女子课程，为法国殖民者培养会说法语的女仆。第四，身份同化。法国政府做了一些授予塞内加尔人公民资格的尝试。从一定程度上讲，身份同化是最直接的同化方式。但是，在塞内加尔殖民地真正能够取得法国身份的人是很有限的，并且法国人也没有想让多数塞内加尔人取得公民权。因此，身份同化收效甚微。

19世纪中后期到20世纪20年代，法国在塞内加尔推行的同化政策是法国在其非洲殖民地实施的最为全面和彻底的同化政策。该同化政策在一定程度上加强了生活在塞内加尔四个市区内的不同群体与法国的联系。法国对塞内加尔的同化政策取得的效果，可以总结为两点：其一，塞内加尔的行政同化和经济同化在一定程度上取得了成功；其二，白黑混血人比较认同文化同化，但绝大多数塞内加尔人依然保留自己的生活方式，对法国文化生活并没有表现出太多的向往之情。因此，其同化政策并没有达到预期效果，总体上是失败的。20世纪20年代以后，随着非洲殖民地人民开始觉醒，法国国内开始反省自己的同化政策，并以"联合"政策代替了"同化"政策，在"尊重"当地社会风俗的基础上进行有效地管理，一改之前蛮横的作风。但是，不管法国制定怎样的政策，其出发点都是以牺牲殖民地人民的利益为代价来成全法国的繁荣。所以，直到1960年塞内加尔赢得独立，该国人民才算有了掌握自己的命运与未来的新起点。

六 尼日尔共和国

尼日尔共和国（The Republic of Niger）坐落于非洲中西部，北接利比亚和阿尔及利亚，南接贝宁和尼日利亚，西邻布基纳法索和马里，东邻乍得。尼日尔是世界最不发达国家之一，农业是最基本的经济生产部门。尼日尔基础设施落后，工农业基础薄弱，对外来投资依赖较大。自2013年尼日尔政局日趋稳定以来，政府通过制定一系列政策吸引投资，从而实现经济发展。因为恶劣的自然条件、容量狭小的市场等因素限制，该国经济发展存在一定的困难，同时也意味着尼日尔在广泛的领域里具有较大的发展潜力和机遇。本书选取了2017—2020年1篇有关尼日尔的代表性学术文献进行介绍。

非洲商人的中国文化适应
——以来华尼日尔商人为例[*]

主要观点

20世纪90年代以来，随着中国与非洲国家政治与经贸关系的快速发展，越来越多的非洲人来到广州和义乌经商。尼日尔虽然是世界上最贫穷的国家之一，但是其具有商贸历史文化传统。豪萨人自古擅长经商，是富有进取心的商人。豪萨商人不仅走遍西非各地，而且最早组织了沙漠商队穿越撒哈拉沙漠，到北非和中东一带做生意。来华尼日尔商人继承了祖先的贸易传统和商业基因，在义乌和广州开展贸易往来。作者从2014年开始，对在义乌和广州的尼日尔商人进行跟踪调查，主要以田野调查和深度访谈为主，调查对象为累计在中国居留半年以上的尼日尔商人，力图从空间和时间维度来观察、体验、把握、揭示和解释在华尼日尔商人群体的跨文化适应情况。

来华尼日尔商人大都选择广州和义乌作为他们的目的地。他们的这一商人身份就决定了其在中国的生活与贸易有着积极性、主动性和策略性。由于来华尼日尔商人数量不多且流动性大，受本国文化的影响，其社会交往表现出保守性、被动性和封闭性。同时，受到传统宗教文化和商业文化的双重影响，来华尼日尔商人的宗教文化适应表现出灵活性和多元性的倾向。由于义乌和广州两地展示出不同的的地域文化和商贸文化，两地的尼日尔商人在生活适应、社会交往适应、贸易适应和宗教文

---

[*] 本文作者陈宇鹏，刊于《北方民族大学学报》（哲学社会科学版）2017年第1期。

化适应等方面表现出不同的地域性特点。

作者通过对在义乌和广州的尼日尔商人跨文化适应的考察，发现以下几个特点。第一，来华尼日尔商人的"中国梦"只是发财梦，并以此为文化适应的出发点。第二，来华尼日尔商人的"过客"心理导致其在华文化适应程度较低。第三，来华尼日尔商人网络社区有利于其内部整合，不利于其中国文化适应和社会融入。本文根据来华非洲商人的生活与工作状况，对来华尼日尔商人跨文化适应提出以下建议。第一，政府在制定外国人管理的相关法规政策时，应考虑到来华非洲商人的中国文化适应程度和水平具有国别差异性和地域差异性。第二，在来华非洲商人的社会管理过程中要重视和加强网络社区管理。第三，提高来华非洲商人社区建设能力和中外居民的跨文化交流水平。

七　马里共和国

马里共和国（La République du Mali）是西非国土面积第二大的国家。其北部边界恰好位于撒哈拉沙漠中心，气候干燥、降雨稀少，因此马里居民大多集中在塞内加尔河流域的南部。1895年，马里沦为法国殖民地，时称法属苏丹。1904年，马里被并入法国建立的管辖区法属西非州。1958年，法兰西共同体在马里法属社区内建立自治共和国，并将法苏丹更名为苏丹共和国。1959年，苏丹共和国与塞内加尔合并成立马里联邦。1960年9月22日，马里联邦独立为马里共和国。分别于1979年及1992年成立第二、第三共和国。马里的农业、畜牧业、渔业在国民经济中占有重要地位且发展潜力巨大。这三大产业共占国内生产总值的1/3，并为国内80%的人口提供就业。除棉花和纺织、制糖、啤酒和饮料等个别产业以外，马里的工业基础十分薄弱且几乎没有体系化的产业。本书选取了2017—2020年1篇有关马里的代表性学术文献进行介绍。

图阿雷格人和马里政府冲突型民族政治关系探究[*]

主要观点

民族政治关系指的是族际政治关系，也就是族类群体和国家之间的政治关系。二者有两种基本模式，即整合与冲突，其中冲突模式意味着紧张与对抗。图阿雷格人与马里中央政府之间的角逐就是民族政治冲突型关系的典型特征。本文立足于前人成果，从民族政治关系理论视角出发，深入发掘图阿雷格人和马里政府冲突型民族政治关系的表征、成因与影响。作为生活在撒哈拉沙漠的游牧民族，图阿雷格人自独立之初就与马里国家主体民族以及域内其他族裔融合度较低。二者冲突型民族政治关系主要表现在如下三个层面：第一，以暴力叛乱为主的民族与国家关系。就民族与国家之间的关系而言，由于意识形态差异、国家的现代化政策以及治理不善，马里图阿雷格人与政府的矛盾最终会导致暴力叛乱。第二，相互竞争型的族际政治关系。就域内族际关系而言，马里图阿雷格人与桑海人、富拉尼人以及阿拉伯人混居，在较长的历史时期，形成了相互竞争型的族际政治关系。第三，分裂型的民族主义叙事。凯塔政权生硬的去部落化政策催生出分裂型民族主义观念，图阿雷格精英以"一个国家、一个目标、一个民族"为口号，要求实现图阿雷格民族统一与解放，并且建立独立的国家。

马里政府与图阿雷格少数族群的矛盾作为冲突型民族政治关系的一个层面，其核心问题是生产资料、生活资料、权力与地位等有"价值"的东西的分配。其决定性因素是民族国家构建与族体发展之间存在矛盾，图阿雷格人和马里政府冲突型民族政治关系的形成与二者矛盾运动之下衍生的相对剥夺感密不可分。其矛盾主要体现在：第一，权力垄断与权力分享之间的矛盾。图阿雷格人分享权力的愿望与凯塔政府垄断权力的巨大落差产生了相对剥削感，这是造成双方冲突型民族政治关系的首要

---

[*] 本文作者韩志斌、高文洋，刊于《陕西师范大学学报》（哲学社会科学版）2018 年第 6 期。

因素。第二，马里民族国家现代化与图阿雷格人发展之间的矛盾。马里民族国家的现代化蓝图与图阿雷格人的发展需求存在巨大落差。马里政府实施的定居化、农业化与义务劳动等现代化政策都没有充分考量图阿雷格人的历史传统与发展需求，从而导致图阿雷格人的强烈不满。第三，国族文化与民族文化之间的矛盾。马里国家的主体人口为曼德人和班巴拉人，所以马里民族主义叙事和认同构建所使用的多数元素都来自曼德历史文化。然而，作为一种具有深根性的传统族裔文化，图阿雷格文化呈现出以部落主义为基调的封闭性与排他性。其政治认同与政治忠诚以血缘为纽带，和现代民族国家认同不具有同质性。因此，在种族主义叙事和游牧与农耕生活的差异下，马里国家立足于曼德文化的国族文化与图阿雷格民族文化常常不相契合，形成"文化断层线"。第四，部落认同与民族国家认同的不兼容性。图阿雷格人最广为人知的特征就是社会以部落为基本组织。因此，对马里的图阿雷格人而言，部落认同远远大于国家认同。第五，图阿雷格社会内部盛行的等级制度与种族主义。图阿雷格人严格的社会等级，尤其是贵族与自由民对贝拉奴隶的剥削与歧视，在他们与马里政府的关系中起到了相当程度的负面作用。第六，居住地区地位的边缘化。图阿雷格人传统上聚居于难以控制的偏远地域，政府对他们的关注与基础建设投资都较为有限，使之成为所在国最贫困的地区之一，导致少数族裔与中央政府发生冲突。

20世纪60年代以来，以四次图阿雷格叛乱为标志的图阿雷格人和马里政府冲突型民族政治关系造成部落社会经济失序，给图阿雷格人和马里国家带来了五个方面不可估量的影响。第一，图阿雷格人以游牧为主的传统经济方式被摧毁。第二，图阿雷格人参与跨境走私并卷入毒贩与圣战组织的犯罪活动。第三，传统部落结构外的新力量及民族独立主义主张的形成。第四，北部地区社会权力的碎片化与利益的分散化。第五，国家政治和地域安全稳定受到威胁。图阿雷格人和马里政府冲突型民族政治关系的历史变迁表明，唯有在清明稳定且外部干预适度的政治环境下，马里政府立足于社会经济根因，积极展开对话并另行构建北部秩序，二者冲突型民族政治关系才能真正得到重塑与缓解，实现和谐有序的民族政治关系。

（资料收集与整理：匡亚林　孟雅琪　张海琳）

第六章

西非研究专著选介

本部分选取 2017—2020 年来自加纳的三本书进行介绍。《加纳独立 60 年后的经济》分析了加纳独立 60 年后的经济发展状况及困境,《在加纳经商:机遇与挑战》则在加纳独立的背景基础上进一步探讨了商人在加纳经商所面临的机遇与挑战,《加纳的政治市场与管理:一种新架构》阐释了加纳一种新的政治市场与管理架构。

1. 加纳独立 60 年后的经济*

本书作者之一是 Ernest Aryeetey,现任加纳大学副校长;作者之二是 Ravi Kanbur,为美国康奈尔大学经济学教授。

随着独立六十周年的临近,加纳未来的发展仍为乐观和焦虑并存。以历史标准衡量,过去十年加纳经济增长速度很快,但结构转型滞后。本书汇集了来自加纳国内外知名的年轻经济学家,分析和评估了加纳经济在进入第七个十年和国家走向 3/4 世纪独立时面临的挑战。其中,各章涵盖了加纳宏观经济和微观部门面临的主要问题以及社会问题,特别是石油繁荣对加纳发展的影响。

---

* Ernest Aryeetey, Ravi Kanbur, *The Economy of Chana Sixty Years after Independence*, Oxford University Press, 2017.

具体而言，第一部分分析了独立六十年的加纳的基本情况，亚瑟·刘易斯与加纳经济政策的根源以及加纳的财产与自由；第二部分介绍了加纳的宏观经济与金融状况，例如财政政策和货币政策，银行与资本市场，以及独立以来的汇率、贸易政策和对未来的展望；第三部分从行业视角出发，阐述加纳的农业政策和工业政策，以及城市化进程、基础设施状况和环境的治理现状；第四部分探讨了加纳的就业和劳动力市场，其中正式和非正式企业均是就业的驱动者和吸收者，并且要通过教育来消除加纳的性别差距与培养青年人才，以实现经济和社会转型，同时还要关注卫生和医疗保健领域，推广社会健康保险。

2. 在加纳经商：机遇与挑战[*]

本书作者之一是 John E. Spillan，为美国北卡罗来纳大学彭布罗克分校商学院管理学教授；作者之二是 Domfeh Obed King，为加纳 Nuistdok 咨询公司的首席执行官。

本书对加纳经商的现实状况提供了全面的观察和研究视角，概述其经济、社会、科技和文化层面的现况。加纳基于 GDP 增长、政治和政府系统以及其他因素，为企业家提供了深入了解本地区市场的机会。加纳被认为是非洲的希望灯塔，其劳动力市场具有较强的竞争力，是一个拥有稳定的政治环境，且能为新的商业机会提供大量经济机会的国家。就影响加纳商业发展的主要问题，本书将提供有效信息，并向管理者和领导者提供在非洲推出产品或服务的必要路径。

本书简要介绍了在加纳经商的情况，分析当地的商业环境，基于加纳经商的历史视角，探讨影响加纳商业活动的文化问题、政治氛围和企业家精神，进而总结加纳经济环境的利弊，为商人在加纳开展商业活动提供经验借鉴。

---

[*] John E. Spillan, Domfeh Obed King, *Doing Business in Ghana: Challenges and Opportunities*, Palgrave Macmillan, 2017.

3. 加纳的政治市场与管理：一种新架构[*]

本书着重探讨以市场营销、管理和组织概念为基础的新的政治参与架构。此架构不仅涉及政治竞选活动，还包括商业理论，涉及市场研究、社交媒体、品牌架构和人力资源等。在众多专家的帮助下，加纳就政治市场与管理提出了自己的见解，即非洲政治运动的开展是有独特的符号象征的，与西方技术驱动过程区分开来。本书提供了对非洲政治及其主要参与者之间的供需互动的全面理解，这对政治科学、传播学、市场营销学以及商业管理学感兴趣的学者而言较有价值。

本书首先简要地介绍了加纳媒体的政治传播与公共关系，即通过宣传来营造社会的情感环境。其次，本书分析了党的领导、党的品牌形象和选民选择的变化。再次，本书涉及加纳的政治筹资情况，展示了加纳的政党财政报告。在从业者看来，加纳的民主发展不仅激励着选民的参与，还推动加纳各政党的政治管理和人力资源实践。最后，本书展望了非洲现代民主的前景与其未来发展的局限性，并强调了尤其要关注和发挥领导者的积极作用。

（资料收集与整理：匡亚林　张海琳　孟雅琪）

---

[*] Kobby Mensah, *Political Marketing and Management in Ghana: A New Architecture*, Palgrave Macmillan, 2017.

第三篇

西非大事记

本部分收集并整理了西非国家和地区 2017—2020 年的时政热点和社会动态，按年份收录了西非国家与地区 47 条西非大事记，以期为研究西非地区的机构、学者、实践者提供有效资讯。

2017 年大事记

1 月　尼日利亚提交接受世界贸易组织《贸易便利化协定》议定书

2017 年 1 月 20 日，世界经济论坛年会期间，尼日利亚正式提交接受世界贸易组织《贸易便利化协定》议定书，成为第 107 个接受议定书的世界贸易组织成员。此举是尼日利亚利用贸易全球化契机，推动经济多元化而迈出的实质性一大步。

2 月　西非国家经济共同体通过推动性别平等观念议案

2017 年 2 月 10 日，西非国家经济共同体部长理事会通过了 4 项重要文件，推动将性别平等观念纳入主流，将妇女纳入政治、和平与安全进程。这些文件包括《2017—2022 年性别平等与选举战略框架和行动计划》，西共体预防冲突框架下的《2017—2022 年妇女、和平与安全行动计划》，《2016—2019 年防治产科瘘区域行动计划》以及"关于执行《非洲联盟 2063 年议程》可持续发展补充法案路线图"。

3 月　拉伊铁路正式开工

2017 年 3 月 7 日，由中国铁建中土尼日利亚公司承建的拉各斯至伊巴丹段（拉伊铁路）正式开工。这是继阿布贾至卡杜纳铁路项目（阿卡铁路）段 2016 年 7 月正式运营通车后，尼日利亚第二段现代化铁路。因此，该项目对尼国家建设和民生改善意义重大。

5 月　冈比亚设立国家安全办公室

2017 年 5 月 15—19 日，西非国家经济共同体、欧洲联盟和西萨办对冈比亚进行了联合访问，确保所有利益攸关方就该国的安全部门改革需求达成共同理解，并协助制定联合支助计划。访问结束后，作为安全部门改革途径之一，冈比亚设立了国家安全办公室。

6月　西非国家经济共同体第51届首脑会议召开

2017年6月4日，西非国家经济共同体第51届首脑会议在蒙罗维亚举行，多哥总统福雷·埃索齐姆纳·纳辛贝当选为主席。会议原则批准摩洛哥加入西非国家经济共同体，成为其第16个成员国；会议还批准土耳其成为西非国家经济共同体观察员。

6月　西非国家经济共同体批准摩洛哥的入会申请

2017年2月，摩洛哥就已申请加入西非国家经济共同体。2017年6月4日，尽管摩洛哥位于北非，但在蒙罗维亚峰会上，摩洛哥仍然"原则上"地获得了成员资格。然而，由于法律和政治因素，其成为正式成员的努力因强大且带有保护主义的西非经济参与者的反对而停滞不前。这意味着它成为正式成员之路可能比预期更长。

7月　塞内加尔举行议会选举

2017年7月30日，塞内加尔举行了议会选举，执政党联盟Benno-Bokk Yakar获得了国民议会165个席位中的125个席位，前总统阿卜杜拉耶·瓦德总统领导的联盟位居第二。

9月　尼日利亚东南部爆发分裂主义风潮

2017年9月12日，尼日利亚南部河流州（Rivers State）首府哈科特港（Port Harcourt）卫星城镇（Oyigbo），地方分离组织"比夫拉原住民"（Indigenous People of Biafra，IPOB）支持者与尼安全部队发生冲突。南部地方分离组织与军警发生冲突，引发了尼南部比夫拉地区更多示威冲突与局部动荡，尼日利亚东南部再度爆发鼓动比亚法拉国独立的分裂主义风潮。

9月　加纳在科特迪瓦海洋划界争议案中获胜

2017年9月23日，国际海洋法法庭特别分庭宣布加纳在200海里范围内进行的石油勘探并未侵犯科特迪瓦的权利。特别法庭通过采用"等距离/相关情况"的方法，维持了国际海洋划界规则的一致性。

12 月　西非最大太阳能发电中心建成

2017 年 12 月 15 日，西非规模最大的 Zagtuli 太阳能发电中心在布基纳法索建成。该项目由欧盟和法国开发署供资，占地 60 公顷，造价 4750 万欧元。该电站计划最大发电能力达到 33 兆瓦。该工厂拥有 12.96 万块 260 瓦太阳能电池板，每年能向国家电网输送 56 吉瓦，占全国总发电量的 5%。

2018 年大事记

1 月　西非经济共同体为持续防范药物和毒品问题举办讲习班

2018 年 1 月 7—9 日，西非经济共同体在联合国的支持下举办了讲习班，以提高民间社会组织预防药物滥用的能力。此外，联合国毒品和犯罪问题办公室于 1 月 23—25 日在阿尔及尔举办跨区域论坛，为马格里布区域和萨赫勒国家加强合作打击非法贩运和跨国有组织犯罪确定了框架。

2 月　乍得湖问题国际会议召开

2018 年 2 月 28 日，在乍得湖流域委员会和联合国教育、科学及文化组织的支持下，尼日利亚政府主办的乍得湖问题国际会议如期举行。喀麦隆、中非共和国、乍得、加蓬、尼日尔和尼日利亚的国家元首和政府首脑通过了一个宣言，重申致力于加强合作以保护乍得湖并应对气候变化和局势不稳定对社会经济造成的影响。

3 月　《非洲大陆自由贸易区协定》签署

2018 年 3 月 21 日，44 个非洲国家领导人在卢旺达基加利举行的非洲联盟大会第十届特别峰会上签署了成立非洲大陆自由贸易区的协定，即《非洲大陆自由贸易区协定》。该协定于 2019 年 5 月 30 日生效。非洲大陆自由贸易区的主要目标是建立一个单一的非洲大陆商品和服务市场，实现商业人员和投资的自由流动；在各区域经济共同体和整个非洲大陆扩大非洲内部贸易；提高竞争力，支持经济转型。

《非洲大陆自由贸易区协定》是非洲大陆最具雄心的一体化倡议，它构成了非洲大陆自贸区的法律框架，标志非洲成立大陆自由贸易区的程序正式启动。

5月　中华人民共和国与布基纳法索恢复外交关系

2018年5月24日，布基纳法索政府发表声明，宣布同中国台湾断绝所谓的"外交关系"。26日，中方同布基纳法索在北京签署《中华人民共和国与布基纳法索关于恢复外交关系的联合公报》，即日恢复大使级外交关系。

布基纳法索政府承认世界上只有一个中国，中华人民共和国政府是代表全中国的唯一合法政府，台湾是中国领土不可分割的一部分。布基纳法索承诺不同中国台湾发生任何官方关系，不进行任何官方往来。

7月　西非第一条城市铁路正式通车

2018年7月12日，由中国土木工程集团尼日利亚有限公司承建的尼日利亚首都阿布贾城铁正式开通，尼日利亚总统布哈里出席开通仪式。这是西非地区开通的第一条城铁。该铁路的开通对于西非来说意义重大，该项目的实施改善了阿布贾城区交通拥堵的局面，实现阿布贾国际机场、西北卫星城库布瓦与市区中心的互联互通，并与进出口银行支持的阿布贾至卡杜纳铁路项目和阿布贾新航站楼项目实现无缝衔接，以此助力尼日利亚首都阿布贾立体交通体系的构建。

7月　塞内加尔同中国签署"一带一路"合作文件

2018年7月21日，中国国家主席习近平访问塞内加尔。两国元首见证了共建"一带一路"等多项双边合作文件的签署，塞内加尔成为第一个正式加入"一带一路"的西非国家。双方将加强在基础设施建设、工业化、农产品加工、人力资源开发等领域的交流合作，全面提升中塞合作水平。

8月　马里举行总统选举

2018年8月12日，马里举行总统选举第二轮投票，选民在现任总统易卜拉欣·凯塔和反对党候选人苏迈拉·西塞之间选出新一届马里总统。易卜拉欣·凯塔再次当选马里总统，并于10月15日签署《和平契约》，这为重振马里和平进程、加速执行《马里和平与和解协议》以及为执行政府和签署协议的武装团体于3月22日商定的路线图提供了一个机会。

9月 中非合作论坛北京峰会在京举行

2018年9月3日，中非合作论坛北京峰会在人民大会堂隆重开幕。本次峰会主题为"合作共赢，携手构建更加紧密的中非命运共同体"，重点探讨加强中非在共建"一带一路"、联合国《2030年可持续发展议程》、非洲联盟《2063年议程》等领域的合作。

中非合作论坛由中国、53个与中国建交的非洲国家和非洲联盟委员会共55个成员组成。会议发表了《关于构建更加紧密的中非命运共同体的北京宣言》，通过了《中非合作论坛—北京行动计划》，凝聚了中非双方对当前重大国际和地区问题的共识，向世界传递了中非携手并进的强烈信号。

9月 加纳为联合国前秘书长安南举行国葬

2018年9月13日，前联合国秘书长科菲·安南在其家乡加纳举行全国性葬礼后下葬，一些世界领导人、当地领导人和王室成员出席了该葬礼。安南于2018年8月在瑞士的家中去世，享年80岁，为期三天的哀悼仪式在国际会议中心举行。加纳当局称，联合国秘书长安东尼奥·古特雷斯，以及科特迪瓦、利比里亚、纳米比亚、埃塞俄比亚、尼日尔和津巴布韦的首脑和领导人都出席了此次追悼会。

12月 塞内加尔黑人文明博物馆举行开馆仪式

2018年12月6日，塞内加尔黑人文明博物馆举行开馆仪式暨开馆展览开幕式。中国文化和旅游部部长雒树刚、塞内加尔总统萨勒等出席仪式。萨勒在讲话中对中国援建塞内加尔黑人文明博物馆，并派雒树刚部长率团出席开馆仪式表示感谢。中方此次派出了贵州省民族博物馆馆藏的20个面具及配套服饰等展品参加了开馆展览。

12月 西非国家经济共同体第54届首脑峰会召开

2018年12月22日，西非国家经济共同体第54届首脑峰会在尼日利亚首都阿布贾召开，此次峰会聚焦深化区域一体化进程、建立和平与繁荣的西非地区。一项来自中国的倡议在峰会上亮相，该倡议有助于推动非洲清洁能源开发、解决电力短缺难题。

2019 年大事记

1 月　中国外交部部长王毅正式访问布基纳法索等西非国家

2019 年 1 月 2—6 日，中国国务委员兼外交部部长王毅对布基纳法索、冈比亚、塞内加尔进行正式访问。这是王毅 2019 年的首访，也延续了中国外长连续 29 年来每年首访都会选择非洲的良好传统。访问期间，王毅分别与布基纳法索总统卡博雷、冈比亚总统巴罗、塞内加尔总统萨勒会谈。

2 月　尼日利亚总统穆罕默杜·布哈里再次当选

2019 年 2 月 27 日，尼日利亚国家独立选举委员会宣布尼日利亚总统穆罕默杜·布哈里以 56% 的选票赢得该国选举，成功连任。在全部 36 个州的选票清点完毕后，全体进步大会党总统候选人布哈里获得 1520 万张选票，而人民民主党候选人阿布巴卡尔获得了 1120 万张选票。国家独立选举委员会主席马哈茂德·雅库布于当日凌晨宣布，现任总统、全体进步大会党候选人布哈里赢得 23 日举行的大选，再次当选尼日利亚总统。

3 月　几内亚比绍举行立法选举

2019 年 3 月 10 日，几内亚比绍全国举行立法选举，以选出"全国人民议会"的 102 个席位。13 日，国家选举委员会公布选举初步结果，现任总统瓦斯所在的"几内亚和佛得角非洲独立党"获得 47 席，成为此次选举最大赢家。2015 年 8 月以来，几内亚比绍各方因任命总理问题产生分歧，引发政治僵局，政局尚不稳定，因而此次立法选举被视为结束该国近几年政治危机的关键。

4 月　中国非洲研究院成立

2019 年 4 月 9 日，中国非洲研究院成立大会在北京召开，研究院旨在促进中非文明互鉴,加强治理与发展经验交流。为共建"一带一路"合作、中非面向未来的全面战略合作伙伴关系提供智力和人才支持,构建更加紧密的中非命运共同体。研究院将围绕四个方面发挥交流平台作用:积极开展中非学术交流,加深相互了解,促进人文交流;研究基地组织合作研究项目,促进中非共建"一带一路"合作;中非合作聚集人才、培养高端人才的枢纽;交流中非友好合作故事的窗口。

4月 "一带一路"中尼经贸合作论坛在阿布贾举行

2019年4月16日,由中国驻尼日利亚使馆主办,尼日利亚中国总商会承办的"一带一路"中尼经贸合作论坛在尼首都阿布贾国际会议中心举行,同时还举行了中尼"一带一路"合作成果展及第二届"一带一路"中尼企业交流展,共有60余家中资工程承包和投资企业参展。尼方表示,中尼经贸合作互补性强,具有巨大潜力和广阔前景。"一带一路"倡议是中国为推动国际间合作与互联互通所做的努力,将加强中国与包括尼日利亚在内的152个国家和国际组织间基础设施、贸易和投资联系。

6月 第一届中国—非洲经贸博览会召开

2019年6月27日,第一届中国—非洲经贸博览会在长沙拉开帷幕,博览会以"合作共赢,务实推进中非经贸关系"为主题,聚焦贸易促进、投资推介、农业技术、能源电力、合作园区、基础设施及融资合作等重点领域,举办形式多样、内容丰富的各项活动。中国—非洲经贸博览会也是中非合作论坛机制下最重要的经贸合作平台之一。

7月 非洲大陆自由贸易区签署成立

2019年7月7日,非洲大陆自由贸易区由非洲44个国家签署成立,其秘书处设在加纳首都阿克拉。该自贸区旨在通过加强人员、资本、货物和服务的自由流动,促进农业发展、粮食安全、工业化和结构性经济转型,从而深化非洲经济一体化。

9 月　西非国家经济共同体特别峰会聚焦打击区域恐怖主义

2019 年 9 月 14 日，西非国家经济共同体特别峰会在布基纳法索首都瓦加杜古举行，西共体 15 个成员国以及毛里塔尼亚、乍得首脑出席。与会各方就共同筹措 10 亿美元资金用于装备各国安全部队和跨国联合安全部队、增强各国情报搜集能力，以打击区域内跨境恐怖主义等方面达成一致。

11 月　西非国家经济共同体耗资 70 亿美元电力项目将于 2023 年完工

2019 年 11 月 19 日，据《太阳报》报道，尼日利亚联邦政府表示，西非国家经济共同体耗资 70 亿美元的 330 千伏电力互联项目将在 2023 年完工。该项目将加强西非电力池尼日利亚—尼日尔—多哥/贝宁—布基纳法索电力互联系统的完整性，增加跨境电力交换的机会，扩大该区域内国家间的贸易联系；完善有关国家的电力系统，并提高输电线路沿线居民的社会经济福祉。

12 月　西非经济货币联盟特别峰会闭幕

2019 年 12 月 3 日，西非经济货币联盟特别峰会在塞内加尔的贾姆尼亚贾闭幕，峰会宣布向同为该联盟和萨赫勒五国集团成员国的马里、尼日尔和布基纳法索提供 1 亿美元资金支持，用于打击萨赫勒地区恐怖主义。西非经济货币联盟成立于 1994 年，现有贝宁、布基纳法索、科特迪瓦、马里、尼日尔、塞内加尔、多哥和几内亚比绍 8 个成员国。

12 月　西非国家经济共同体第 56 届首脑会议召开

2019 年 12 月 21 日，西非国家经济共同体在尼日利亚首都阿布贾举行第 56 届首脑会议，重点讨论了经济形势与区域一体化、货币联盟、能源与交通基础设施建设、和平安全与稳定等问题。

12 月　西非八国启用新的共同货币

2019 年 12 月 31 日，科特迪瓦总统阿拉萨内·瓦塔拉宣布"与其他西非经济货币联盟国家元首达成协议，决定将共同货币的名称改为'Eco'"，这将切断与非洲金融共同体法郎（FCFA）的联系，但"Eco"仍将与欧元挂钩，成员国将50%的外汇储备存入法国财政部的规定将被取消。此外，该地区央行理事会的法国代表将被免职，赋予该机构自治权。

2020 年大事记

2 月　多哥总统纳辛贝成功连任

2020年2月22日，多哥进行了总统选举。根据宪法法院认可的官方结果，现任总统福雷·埃索齐姆纳·纳辛贝获得70.78%的选票，阿格贝·约梅·科乔位居第二，获得19.46%的选票。然而，科乔拒绝接受选举结果。应检察官的请求，议会于3月16日吊销了科乔先生的豁免权。4月21日，科乔及其政党中的几名官员因涉嫌破坏公共秩序和国家安全以及发布虚假信息被捕，之后获准保释，等待司法程序的结果。5月3日，纳辛贝宣誓就职。

2 月　贝宁总统候选人被禁止在五年内参选

2020年2月22日，贝宁法院以前总理、总统候选人利昂内尔·津苏在2016年总统选举期间竞选费用超额为由，禁止他在五年内参选。

3 月　几内亚举行立法选举和宪法公投

2020年3月22日，几内亚举行了立法选举和宪法公投。各主要反对党抵制投票，声称选民登记册存在违规行为，并怀疑宪法改革是现任总统寻求三届连任的伎俩。科纳克里某些街区和全国各地其他城镇发生了暴力事件，影响了选举活动。4月6日，总统颁布新宪法，据宪法法院称，新宪法得到了89.76%的选民的支持。执政党几内亚人民联盟及其盟友赢得了议会114个席位中的97席，18名新当选的代表是女性。

3 月　冈比亚提交宪法草案限制总统两届任期

2020年3月30日，在广泛的全国协商之后，冈比亚宪法审查委员会向阿达马·巴罗总统提交了最终的宪法草案。该提案引入了总统连任两届的限制，以及限制总统行政权力的条款。宪法公投应在2021年12月下届总统选举期前六个月内举行，否则将以现行的1997年版宪法为准。

5月　中非携手抗疫

2020年5月13日，莱索托卫生部宣布该国出现第一例新冠肺炎确诊病例，这意味着非洲国家也出现了新冠疫情。

携手抗疫是2020年中非合作的头等大事，自疫情发生以来，中国向非洲共派出5支抗疫医疗专家组，同非洲国家举行近30次专家视频会议。40多支中国援非医疗队也在当地积极行动，开展各类培训活动近400场，同非方分享抗疫经验，培训当地各类人员2万多人次。

7月　中国—加纳建交60周年

2020年7月5日，中国国家主席习近平同加纳总统阿库福—阿多互致贺电，庆祝两国建交60周年。习近平对中加建交60年来日益深厚的友谊和富有成果的合作表示赞赏。近年来，两国双边合作发展势头强劲，给两国人民带来了实实在在的利益。习近平指出，愿同阿库福—阿多总统一道努力，以两国建交60周年为契机，弘扬中加传统友谊，在共建"一带一路"和中非合作论坛框架内深化各领域的合作，造福两国和两国人民，为构建更加紧密的中非命运共同体做出积极贡献。

7月　西非法郎改革受阻

作为使非洲成为更加一体化的大陆的一部分，西非国家经济共同体的领导人计划在西非使用单一货币。15位西非国家经济共同体成员于2019年6月29日阿布贾峰会结束后宣布了这一决定。然而原计划于2020年7月1日推出的通用货币"Eco"未能如期面世。主要原因是西非部分国家国内存在高赤字高负债率，以及成员国内部对"Eco"是否与欧元保持固定汇率存在分歧等。如不解决目前面临的问题，西非法郎改革将进入死胡同。

8月　马里总统辞职和政府重组

2020年8月18日，广泛的示威和一场政变促使马里总统易卜拉欣·布巴卡尔·凯塔辞职。作为回应，西非国家经济共同体实施了制裁，要求建立一个由文职人员领导的过渡政府，马里也由此开启为期18个月的政治过渡期。10月1日，马里发布了过渡时期宪章，10月5日组建了过渡政府。前国防部长巴·恩多和军政府前领导人阿西米·戈伊塔上校分别被任命为过渡期总统和副总统。这使得西非国家经济共同体取消了其实施的制裁。这些事态发展是在2015年和平协定执行缓慢、社会经济环境恶化、安全和人权局势恶化的背景下发生的。12月3日，121名全国过渡委员会成员获得任命。12月5日，在对政府决定任命军官为国家文职代表的一片关切中，马利克·迪奥上校被任命为该委员会主席。

9月　加纳总统当选西非国家经济共同体新任主席

2020年9月7日，加纳信息部于当地时间发布消息称，加纳总统阿库福—阿多在尼日尔首都尼亚美举行的第57届西非国家经济共同体首脑会议上当选为西共体新任主席，任期一年。

10月　尼日利亚爆发全国抗议活动

2020年10月，尼日利亚爆发大规模游行示威活动，抗议"特别反抢劫行动队"的不当行为。10月11日，尼日利亚当局宣布解散"特别反抢劫行动队"，但抗议活动持续升级，部分地区发生暴力事件。10月20日，拉各斯州实施24小时戒严。

10月　习近平同塞内加尔总统就中非合作论坛成立20周年共致贺电

2020年10月12日，中国国家主席习近平同中非合作论坛非方共同主席国塞内加尔总统萨勒就中非合作论坛成立20周年共致贺电。习近平和萨勒在贺电中强调，值此中非合作论坛成立20周年之际，中国和塞内加尔作为论坛中方和非方共同主席，愿同广大非洲国家一道庆祝这一重要且意义特殊的时刻。

11 月　加纳启动 100 亿塞地关怀计划

2020 年 11 月 18 日，加纳在阿克拉启动了"加纳 COVID-19 缓解和振兴企业支持倡议"。"加纳关怀计划"是一项前所未有的、耗资 100 亿加纳塞地的疫后复苏计划，旨在稳定、振兴和转型加纳经济，为加纳人创造就业机会。该计划共分为两个阶段：2020 年 7 月—2020 年年底的稳定阶段和 2021—2023 年的中期振兴阶段。

11 月　布基纳法索举行立法和总统联合选举

2020 年 11 月 22 日，布基纳法索举行了立法和总统联合选举，包括一名女性在内的 13 名候选人参加了总统选举的角逐，同时包括 265 名女性在内的 5000 多名候选人竞争 127 个立法席位。选举在基本平和的环境中进行，但大约 7% 的选民因不安全因素导致关闭投票站而无法投票。应指出的是，8 月 25 日，国民议会修订了选举法，允许在由于不安全而估计有 17% 的地区无法进行正常投票的情况下，也可以确认投票结果。

12 月　阿库福—阿多胜选加纳总统

2020 年 12 月 7 日，加纳进行了总统选举，有 12 名候选人参加竞选，其中包括 3 名女性。尽管有个别暴力事件导致人员伤亡，但投票是和平进行的。选举委员会宣布当前执政的新爱国党的现任总统纳纳·阿多·丹夸·阿库福—阿多胜选，获得 51.3% 的选票，主要反对党全国民主大会党的前总统约翰·德拉马尼·马哈马获得 47.3% 的选票。

（资料收集与整理：任　洋　黄　锐　Asfaw Seyfu Alebachew　余曼靖）

附录

电子科技大学西非研究中心介绍

一 中心概况

电子科技大学西非研究中心成立于2017年4月,是由电子科技大学与加纳大学、加纳海岸角大学、加纳行政管理学院、加纳温尼巴教育大学、加纳发展大学共同筹建的联合研究中心。中心依托电子科技大学公共管理学院,由赵蜀蓉教授担任中心主任。

西非研究中心的成立,是电子科技大学践行国家哲学社会科学"走出去"战略的一项重要举措,也是电子科技大学构建国际化跨学科研究体系、打造新型高端"智库"的有益探索。

西非研究中心立足于电子科技大学学科与国际交流优势,着眼于西非国家发展的现实问题和需求,以留学生人才培养为基础,搭建高水平的国际学术交流平台,发布研究课题,开展联合研究,为我国及西非国家提供高水平智库服务。

2021年3月,电子科技大学西非研究中心入选教育部高校国别和区域研究备案中心。

二 中心研究

研究对象:以加纳、贝宁、塞内加尔等重点西非国家为主的西非国别研究。

研究领域：中国—西非政治、经济与社会发展、公共管理、教育、文学、文化等领域研究；中国—西非经贸合作；中国—西非政府间关系研究。

三 中心的目标和任务

西非研究中心联合加纳 5 所高校成员单位、电子科技大学西非校友会和加纳中华工商总会，着力打造集留学生人才培养基地、学术交流平台、西非研究智库为一体的"1+1+1"中非合作新模式。

第一，构建一个人才培养基地。中心将协助拓展来华留学生的西非生源，丰富电子科技大学本科、硕士、博士多层次留学生培养体系；开展西非海外干部培训、师资培训、定制化 ICT 与工程培训、学生暑期实践项目等，致力于构建集学历教育、在职培训、实训实践为一体的多元化、特色化的海外人才培训基地；帮助中资企业培养本土化人才，解决经济与社会发展问题。

第二，搭建一个学术与文化交流平台。通过定期举办"西非论坛"等国际性学术会议、中非友谊·学术文化交流月活动，推广文化资源3D平台海外落地展项目、中国—西非国际产学研合作项目，致力于搭建集学术、人文、科技等多领域的中非交流与合作平台，提升中国高校、企业在非洲的影响力与文化软实力。

第三，建立一个西非研究智库。中心结合海内外成员单位的学科优势与研究特色，致力于西非经济、政治、人文交流的研究，加强与加纳"伊曼尼政策教育中心"（全球智库排名第113）、"统计、社会和经济研究院"（全球智库排名第164）等西非智库组织合作，加强联合研究、发布与承接西非研究课题，为中国政府及西非国家提供政策咨询，在教育与人才培养、科技服务、经济与企业管理及公共与政治管理等方面为国家提供高水平智库服务，发展成为具有一定影响力的西非研究智库中心。

四　中心成员单位

西非成员单位：加纳大学、加纳海岸角大学、加纳行政管理学院、加纳温尼巴教育大学、加纳发展大学、西非校友会。

电子科技大学成员单位：公共管理学院、经济与管理学院、外国语学院、国际教育学院、马克思主义教育学院、科学技术发展研究院、机械与电气工程学院、信息与软件工程学院。

五　中心信息化建设

中文网站：https：//cwas. uestc. edu. cn/sy. htm。

英文网站：https：//cwas. uestc. edu. cn/English/Home. htm。

微信公众号：gh_bfde9ecc926a（公众号名称：电子科技大学西非研究中心）。

六　联系方式

电话：0086 - 028 - 61831756/61831706

邮箱：cwasuestc@163. com

通信地址：成都市高新区（西区）西源大道2006号电子科技大学清水河校区西非研究中心综合楼450办公室。